LA NOBLESSE

EN FRANCE

AVANT ET DEPUIS 1789.

Paris. — IMP. DE LA LIBRAIRIE NOUVELLE. — Bourdilliat, 15, rue Breda

LA NOBLESSE

EN FRANCE

AVANT ET DEPUIS 1789

PAR

M. ÉDOUARD DE BARTHÉLEMY

Auditeur au Conseil d'État.

> « La noblesse expose sa vie pour le salut de l'État et pour la gloire du souverain ; le magistrat décharge le prince d'une partie du soin de juger les peuples : voilà de part et d'autre des fonctions bien sublimes et bien utiles. »
>
> (LA BRUYÈRE, chap. IX, *des Grands*.)

PARIS

LIBRAIRIE NOUVELLE

BOULEVARD DES ITALIENS, 15

La traduction et la reproduction sont réservées

1858

Dans une brochure publiée il y a quelques mois [1], au moment où le conseil d'État avait été saisi d'un projet tendant à rétablir des mesures répressives contre les usurpateurs de distinctions nobiliaires, brochure qui a été accueillie avec une bienveillance que je n'osais espérer, j'ai examiné seulement l'état de la question, quant aux moyens de réprimer de regrettables abus; mais en même temps j'ai été conduit à approfondir ce sujet et à reconnaître qu'on ignore généralement aujourd'hui les règles et l'histoire de la noblesse. Il m'a semblé qu'il ne serait pas sans intérêt, à la veille peut-être du rajeunissement d'une honorable institution, de réunir dans un volume tout ce qui intéresse son passé, sa rénovation sous le gouvernement impérial et son rétablissement sous la restauration. Comme je le disais dans mon précédent travail, j'avais depuis longtemps le désir de pouvoir aborder ce sujet, plus curieux qu'on ne le croit généralement, mais je n'osais le faire, de peur de paraître entretenir mes lecteurs de ce qu'on est convenu d'appeler

---

[1] *De la Noblesse au dix-neuvième siècle et du rétablissement des mesures pénales applicables à l'usurpation des titres.* — In-18, chez Dentu.

des vieilleries, en se reportant aux regrettables folies de la nuit du 4 août, de cette nuit qu'un membre de l'Assemblée Constituante a nommée « le tombeau de la vanité. » Mais l'histoire de la noblesse n'est pas encore, ce me semble, une étude tout-à-fait archéologique, et je crois que bon nombre de ceux qui honnissent et dédaignent titres et distinctions aujourd'hui, auraient bien vite oublié ces plaisanteries, si demain ils se réveillaient revêtus de l'une d'elles : assurément, ils trouveraient très-mauvais qu'on les leur rappelât.

La noblesse est plus qu'un souvenir, ainsi que quelques-uns le prétendent; elle est et peut être une institution utile dans un gouvernement régulier. « Que la noblesse apparaisse comme le prix du courage, a dit avec une haute raison M. le premier président Delangle, dans son rapport au Sénat, le 28 février 1855, sur la pétition de M. Voysin de Gartempe, des services rendus à la patrie, du devoir poussé jusqu'au sacrifice; que l'espoir de la conquérir excite et soutienne l'émulation; une telle idée mérite faveur: elle profite à la société. Mais que les titres soient laissés en pâture à l'intrigue et à la sottise, l'intérêt public et l'intérêt privé s'en offensent également. C'est un mal d'avilir ce qui peut servir de but et de récompense à de généreux efforts. » Si la noblesse n'était même qu'un souvenir, qu'un sillon lumineux laissé dans notre histoire, comme le disait éloquemment le R. P. Félix, dans une de ses conférences de l'an dernier à Notre-Dame, elle a rendu assez de services pour qu'on lui témoigne un peu de reconnaissance et pour qu'on se souvienne que c'est avec son sang et son argent, que la France a repoussé ses limites au point où elles sont aujourd'hui. Comme je le disais moi-même, c'est une mauvaise action que de laisser déshonorer un bien qui est devenu le patrimoine des familles, en échange d'efforts héroïques, de pertes cruelles, et il est souverainement juste de leur conserver l'héritage que leur ont légué leurs pères, sans que de vils intrigants ou que de sots parvenus viennent se parer des mêmes honneurs, et les affliger en se mettant sur la même ligne aux yeux d'un public ignorant.

C'est précisément pour combattre cette ignorance que j'ai pensé ne pas faire un travail inutile en écrivant ce livre où je veux étudier brièvement, mais complétement toutefois, l'origine et l'histoire de la noblesse, l'origine et la nature des titres, leurs divers modes de concession, les grandes charges de la couronne, la pairie, l'ancienne organisation féodale, en y joignant une esquisse de la noblesse impériale, et des transformations qu'elle a eu encore à subir depuis 1814 jusqu'à nous. Je n'ai pas la prétention de dire rien de bien neuf, car en pareille matière on ne peut pas innover : je me suis seulement permis d'attaquer quelques-unes des idées admises à l'égard de l'origine des anoblissements. Pour tout le reste, je me suis efforcé de résumer brièvement et clairement ce qui se trouve épars dans un grand nombre de volumes anciens et modernes, citant tous les textes ; j'ai essayé surtout d'indiquer exactement les mesures pénales dirigées de tout temps, comme on le verra, contre les faux nobles.

Je dois signaler spécialement les écrivains auxquels je suis le plus redevable, et nommerai avant tous le père Ménétrier, ce vénérable auteur auquel il faut inévitablement remonter quand il s'agit d'étudier la noblesse ou le blason ; puis, en parlant d'abord des anciens, de la

Roque, Gilles Ménage, le président Fauchet, Waroquier, Hevin, d'Argentré, Duchesne, puis aussi Et. Pasquier, Chassanée, Ducange, Loyseau, le père Anselme, Chérin, le père Honoré de Sainte-Marie. Parmi les modernes, M. Natalis de Wailly, M. de Saint-Allais, M. de Courcelles et M. Borel d'Hauterive, qui rend un véritable service à la science héraldique, en publiant chaque année l'Annuaire de la noblesse.

LA NOBLESSE

AVANT ET DEPUIS 1789.

CHAPITRE PREMIER.

De l'origine de la noblesse. — Hiérarchie féodale. — Deux genres de noblesse : de naissance et d'anoblissement. — De la noblesse de race. — Familles croisées. — Le gentilhomme de parage. — De la noblesse utérine ou coutumière. — Honneurs de la cour. — Imprescriptibilité de la noblesse. — Des preuves.

La noblesse ne se perd point, comme on pourrait le dire, dans la nuit du temps ; elle n'a pas cependant d'origine parfaitement connue et ne peut pas en avoir ; car, pour aborder sans détour cette espèce de problème historique, comment supposer qu'un individu ait créé un premier noble ? quel aurait été cet individu, sinon lui-même un noble pour doter son semblable, son égal, d'un caractère, d'une qualité qu'il n'avait pas ? La noblesse est une des conséquences de l'organisation de la société, un de ses éléments constitutifs ; c'est la classe dominante des nations anciennes, la caste militaire qui, prenant à sa charge la défense de la multitude, s'adjugeant ainsi les périls et les fatigues de la guerre, devait naturellement avoir pour indemnité au moins morale une supériorité réelle sur le reste du peuple et quelques priviléges. Le mot même de noblesse est un terme relativement récent, et qui dans les auteurs anciens a un tout autre sens. Un *nobilis vir*, à Rome, était souvent loin de mériter le titre de gentilhomme tel qu'on l'a compris depuis ; car, si j'ai bonne mémoire, Tite-Live affecte la dénomination de *nobile scortum* à cette Hispala Fecennia, qui joua un rôle important à Rome, en découvrant à une multitude aveuglée les honteuses débauches qui se commettaient durant les bacchanales. Or, cette *nobilis Hispala* était, l'illustre historien l'indique assez par l'énergique épithète dont il se sert, tout au plus une princesse du demi-monde romain. A cette époque, et sous la plume de ces antiques écrivains, noble, c'est-à-dire *nobilis*, n'avait encore d'autre sens que celui du verbe *noscere*, (connaître) dont il dérivait. Hispala Fecennia était effectivement une courtisane connue, comme le *noble* adultère d'Hélène, dont parle Ovide, était un adultère fameux ; comme le *noble* Socrate, suivant l'expression de Cicéron, était un philosophe en renom. Je trouve encore une preuve de ce sens primitif du mot qui excita si vivement depuis l'envie et la jalousie, dans cette phrase de la comédie de l'*Eunuque*, que Térence fait adresser par Pythias à l'esclave Parmenon en lui reprochant de ne pas cacher les scandaleux désordres de son maître : « *Tu qui adolescentulum nobilitas flagitiis,* » toi qui *illustres* ce jeune homme à l'aide de ses débauches! On comprend aisément le travail par lequel ces mots *nobilis, nobilitas* reçurent peu à peu un sens déterminé, précis, spécial, et ne servirent plus en effet qu'à désigner les nobles, c'est-à-dire les patriciens.

La constitution de la noblesse dans les Gaules a soulevé de vives discussions. Je n'ai pas la prétention d'entamer ici une longue dissertation sur une question qui, du reste, me semble véritablement jugée ; je me contenterai d'indiquer les faits qui sont assez simples d'eux-mêmes, et parlent assez haut pour ne pas avoir besoin d'être accompagnés de longs commentaires. Montesquieu dit que les Francs apportèrent une distinction de caste reposant sur les prérogatives appartenant à certaines familles. M. Augustin Thierry, qui a profondément creusé cette intéressante matière, a proposé un système quelque peu différent, ingénieux cependant, mais trop rigoureux pour ne pas exciter les observations de la critique la plus bienveillante. Il suppose qu'après la conquête les vainqueurs ont tous été nobles, et les vaincus tous roturiers ; or, c'est sur cette base qu'il s'est appuyé pour retrouver à toutes les époques de notre histoire, les traces de deux races ennemies, se poursuivant dans les révolutions qui ont trop souvent ensanglanté notre pays. On ne peut pas se dissimuler qu'en mettant de côté ce que, comme je viens de le dire, ce système a de réellement exagéré, en ne nous attachant pas à vouloir reconnaître après de longs siècles ces antagonismes de races et de castes certainement imaginaires, M. Augustin Thierry n'ait été dans le vrai, et que parmi les vaincus, c'est-à-dire parmi les aborigènes gaulois, un très-petit nombre d'individus, ceux-là seulement qui furent décorés du titre de *convives du roi*, aient dû être admis parmi cette bruyante noblesse composée des *leudes*, des *arhimans* et des *antrustions*. La noblesse avait de tout temps existé chez les Germains, et par conséquent chez les Francs, et Tacite à cet égard nous donne un texte qui établit une distinction curieuse. Dans son livre XI, *De moribus Germanorum*, il dit : « *Reges sumunt ex nobilitate, duces ex virtute.* » L'arrivée des conquérants dans les Gaules modifia cet état de choses, et l'un des textes les plus anciens que nous possédions à ce sujet est ce passage du titre XXVI de la loi des Burgondes : «*Si quis, quolibet casu, dentem* OPTIMATI BURGUNDIONI *frangit, vel Romano nobili, solidos* XXV *cogatur exsolvere; de* MEDIOCRIBUS PERSONIS INGENUIS, *tam Burgundionibus quam Romanis, si dens excussus fuerit,* X *solidis componatur; de* INFERIORIBUS PERSONIS, V *solidos.* » Mais cette aristocratie avait très-peu de similitude avec celle qui l'a remplacée ; le cachet spécial de cette noblesse primitive, était un caractère qui semblerait au contraire une cause de destruction pour une caste privilégiée. Jusqu'aux Carlovingiens, les charges, les titres furent purement viagers et ne constituèrent pas un patrimoine, mais bien un simple office; l'arhiman, seul, possédait un domaine irrévocablement, tandis que le leude ne le détenait que comme bénéficiaire, et par conséquent très-précairement. Après le règne de Charlemagne et quand le capitulaire de Kierzy-sur-Oise, en 877, eut reconnu l'indépendance et la propriété des seigneurs possesseurs véritables ou simples bénéficiaires, en même temps que l'hérédité des comtes et autres officiers, la noblesse subit une profonde modification, tout à son avantage : elle devint féodale, c'est-à-dire, elle prit ce caractère foncier, si je puis ainsi parler, qu'elle a toujours conservé depuis, et qui peut être encore aujourd'hui son principal signe distinctif. « Point de seigneur sans terre » fut en effet l'axiome de cette époque, et pendant plusieurs siècles la noblesse demeura exclusivement attachée à la possession du sol qui fournit alors aux familles presque tous leurs noms. Tant que la féodalité subsista intacte, la royauté fut singulièrement annihilée, car le principe fondamental de cette organisation est une complète confusion de la terre et de la souveraineté. Le baron dans son château, au milieu du domaine qu'il tenait de ses pères ou de son épée, exerçait alors tous les droits régaliens, frappait monnaie, affranchissait les serfs, donnait des lois, jugeait en dernier ressort.

Quelle importance peut-on attacher au serment de foi et hommage dû au roi, obligations insignifiantes dont on se dispensait fréquemment d'ailleurs, comme du service militaire de quarante jours qui n'était généralement observé que quand cela ne dérangeait rien des projets personnels?

C'est à tort qu'on a cherché à formuler une hiérarchie qui a pour but, en plaçant le roi au sommet, de diviser le monde féodal en certains échelons dépendant les uns des autres : cela n'a été vrai qu'au déclin de la féodalité, et seulement quand elle eut perdu la plus grande partie de son indépendance. Un des savants érudits de notre époque, M. Chéruel, me semble avoir très-sainement apprécié cette question, quand il dit que, primitivement, la hiérarchie féodale était loin d'être aussi nettement établie qu'on a bien voulu l'écrire depuis. Chaque seigneur, isolé dans son château, ne s'inquiétait que médiocrement des ordres de son suzerain. Les croisades portèrent un coup terrible à cette fière noblesse, dont quelques membres avaient eu une puissance au moins égale à celle des premiers rois capétiens, plus grande même, tant que ces princes furent réduits à un mince patrimoine territorial. La féodalité, une fois atteinte, perdit rapidement sa haute influence, quoiqu'elle ait subsisté longtemps encore; elle avait joué son rôle, et malgré les accusations dont on écrase cette antique forme de notre société, je ne puis, tout en confessant ses torts et même ses excès, me refuser à reconnaître aussi les services qu'elle a rendus, et qui sont plus grands qu'on ne croit. Les innombrables seigneuries, petites souverainetés indépendantes, tout en maintenant le désordre en France, ont grandement contribué au développement de la société française, et tout en se montrant hostiles à la royauté, ont été ses plus fermes appuis, car elles ont empêché, par le morcellement même du pays, aucun pouvoir rival de se dresser assez fort en face de l'autorité royale pour la terrasser. L'affaissement de la féodalité eut pour conséquence immédiate le rehaussement du pouvoir des rois, qui se hâtèrent de saisir l'occasion et de refaire de ces fiers barons les premiers serviteurs de la monarchie : les parlements ne tardèrent pas à compléter ce mouvement réactif accompli au treizième siècle sous la main vigilante et habile de saint Louis. Ce prince poussa plus loin, selon moi, ses entreprises contre la noblesse, et c'est probablement le premier de nos rois qui créa des nobles, en considérant la collation de cette dignité facultative à l'autorité souveraine, comme celle des grades ou fonctions. C'est de Philippe-le-Hardi cependant seulement qu'on a consacré la mention d'un premier anoblissement, en faveur de Raoul, son argentier et son orfèvre.

Dès lors il y eut deux noblesses, celle de race et celle d'anoblissement avec laquelle devaient naturellement se confondre ultérieurement celles de la magistrature et de l'échevinage, dont je m'occuperai spécialement.

Chassanée définit en ces termes le gentilhomme de race ou de nom et d'armes : *Certum est quod nobiles ex origine sunt qui longa serie et prosapia predecessorum habent sua arma et insignia, et communiter tali tempore, cujus initii memoria non exstat in contrarium* [1]. André Duchesne répète textuellement ce passage en le traduisant, et je crois inutile d'y ajouter aucun commentaire. Cette noblesse, dont Henri IV disait, à l'ouverture des États, à Rouen, en 1596, que « la qualité de gentilhomme était le plus beau titre qu'il possédât, » jouit toujours à la cour de priviléges honorables. comme de voir ses membres seuls admis aux présentations. Au siècle dernier, il ne lui restait malheureusement plus que cette prérogative, et encore seulement à l'état de préférence ; elle n'avait plus que le souvenir des charges et des fonctions qu'anciennement elle pouvait seule exercer et remplir. Le roi publia, le 17 avril 1760, un règlement qui obligeait les hommes et les femmes demandant à être présentés, à prouver de leur noblesse antérieure à l'an 1400, sans anoblissement connu, chaque degré de la généalogie étant certifié par trois titres originaux : « Défend Sa Majesté (au généalogiste des ordres, chargé de cet exa-

---

[1] Il est bon de noter que la noblesse ne peut pas se prescrire, quant à l'acquisition ; beaucoup d'individus se sont fondés sur la possession séculaire pour acquérir, soit elle, soit un titre. Ce raisonnement était parfaitement vicieux, car le droit coutumier a soin de répéter sans cesse : « Que possesseur de malle foy ne peut prescrire. » Et certes, celui qui s'affuble ainsi doit être réputé de mauvaise foi.

men) d'admettre aucun des arrêts de son conseil, de ses cours supérieures, ni de jugements rendus par ses différents commissaires, lors des diverses recherches de noblesse faites dans le royaume, et de ne recevoir, pour quelque considération que ce puisse être, que des originaux, des titres de famille. Si voulant, à l'exemple des rois ses prédécesseurs, n'accorder qu'aux seules femmes de ceux qui sont issus d'une noblesse de race, l'honneur de lui être présentées, S. M. enjoint également audit généalogiste de ne délivrer aucun certificat, lorsqu'il aura connaissance que la noblesse dont on voudra faire preuve, aura pris son principe dans l'exercice de quelque charge de robe ou d'autres offices, ou par lettres d'anoblissement, exceptant **toutefois**, dans de pareils cas, ceux dont de pareilles lettres auraient été accordées pour des services signalés rendus à l'État, se réservant, au surplus, d'excepter de cette règle ceux qui seront pourvus de charges dans la couronne et dans sa maison, et les descendants, par mâles, des chevaliers de ses Ordres, lesquels seront seulement tenus de prouver leur jonction avec ceux qui ont été décorés desdits Ordres. » Ce règlement contenait assez d'exceptions pour ouvrir les portes aux gros parvenus, et assez de restrictions pour les fermer à nombre de familles bien autrement dignes de cet honneur. Louis XV le reconnut lui-même et en écrivit au duc d'Aumont, son premier gentilhomme de service, le 9 juillet 1774.

Voici cette lettre, qui mit à néant ces clauses rigoureuses, et prouve dans son auteur un louable bon sens : « Mon cousin, j'ai vu les moyens que vous me proposez pour remédier aux abus qui se sont glissés dans les présentations à la cour. Je conviens avec vous que c'est à la noblesse la plus distinguée à jouir des honneurs de la cour, mais je n'approuve pas les moyens que vous me proposez pour y parvenir. Je reconnais bien que le règlement de 1760 est mauvais ; vous m'en proposez un autre, qui est meilleur, mais qui pourtant a ses inconvénients. Il est beaucoup trop fort sur les choses qui sont susceptibles de faveur. Outre cela, nous retomberions dans l'abus du règlement, qui fait croire à tous ceux qui sont dans le cas d'être présentés, que c'est un déshonneur de ne pas l'être, et souvent il y a des raisons qui en empêchent : un gentilhomme, peu riche, vient manger ses biens à la cour et faire des sottises, n'ayant pas eu une éducation convenable, quoique, d'ailleurs, d'une grande naissance. Outre cela, si l'on en excluait un mauvais sujet, sa famille en serait déshonorée, et quelquefois même il y a des gens de moindre naissance, qui se mettent dans le cas d'être présentés, par de belles actions, et c'est un aiguillon pour eux. Par toutes ces raisons, voici ce que je règle : le règlement de 1760 n'aura plus lieu ; ceux qui voudront se faire présenter, s'adresseront au premier gentilhomme de la chambre d'année, qui me donnera le mémoire, que j'examinerai, et par qui je ferai réponse. Je veux bien que vous disiez dans le public qu'il n'y aura que les gens de naissance et de mœurs reconnues qui y seront admis et pas si jeunes qu'auparavant. Sur ce, etc. » Dès-lors, les familles chevaleresques perdirent même le privilége des honneurs à la cour, et les partagèrent non-seulement avec les descendants des grands officiers, des chevaliers des Ordres, des ministres, mais même avec tous ceux que le bonplaisir voulut leur adjoindre. Ces honneurs consistaient dans le droit d'être admis aux cercles du roi, aux bals de la reine, aux chasses et à monter dans les carrosses.

La noblesse se prouvait par titres et par témoins; anciennement, c'est-à-dire avant le seizième siècle environ, on la prouvait seulement par la notoriété : des hérauts proclamaient le fait de noblesse, et les gentilshommes présents approuvaient ou discutaient. Depuis que l'on admit les degrés et les quartiers, il fallut procéder à l'aide de documents authentiques, et le plus souvent originaux. La preuve, par degrés ou lignes, constate la génération du fils au père, du père à l'aïeul, de l'aïeul au bisaïeul, etc.; la preuve par quartiers constate les familles dont le postulant descend ; dans ce dernier cas, la progression des quartiers, par rapport aux degrés, est du double; un degré produit deux quartiers, deux degrés produisent quatre quartiers, etc. On a calculé que la progression des quartiers de Louis XVI à Robert-le-Fort, qui est au vingt-neuvième degré, pro-

duirait 536,870,912 quartiers. L'usage général est
de fournir seize quartiers, c'est-à-dire de remonter
jusqu'au degré du bisaïeul ; on va quelquefois jusqu'à
trente-deux, mais c'est l'exception, et ce n'était
même exigé qu'en Allemagne.

L'arbre généalogique se dressait selon ces règles,
en commençant par le bas, où se plaçait le postulant,
et formant deux lignes principales, paternelle et maternelle,
se subdivisant pareillement elles-mêmes à
chaque degré. On dressait aussi, quelquefois, le
pennon, c'est-à-dire un écusson, écartelé d'autant
de parties que l'on veut représenter de quartiers.

Je n'insiste pas ici sur la nature des preuves à
produire ; on en trouvera le détail dans le cours de
cet ouvrage.

L'ancienne noblesse chevaleresque disparaît naturellement
un peu tous les jours, bon nombre de
familles cependant existent encore, et pour en fixer
autant que possible le souvenir, je crois devoir rapporter
ici les noms de celles admises dans les galeries
de Versailles, en exécution des ordres du roi Louis-
Philippe, en 1839, et après preuves fournies sur
document original de la présence de quelques-uns de
leurs membres à l'une des croisades, depuis celle de
1095 jusqu'à celle de 1270. Il y a dans ces salles, que
Louis XIV aurait dû faire peindre des premières dans
son splendide Versailles, environ huit cents écussons
correspondant à autant de familles ; car, pour faire de
la place, on n'a admis qu'un seul représentant du

même nom. Je ne mentionnerai que les maisons subsistantes :

d'Abzac,
d'Agout,
d'Albon,
d'Allonville,
d'Andigné,
de l'Angle,
d'Aubusson,
d'Audiffred,
Audren,
d'Aumont,
de Balaguier,
de Barres,
de Beauffremont,
de Béarn,
de Beaufort (Artois),
de Beaumont (Dauphiné),
de Beaumont (Maine),
de Beaupoil,
de Beauvau,
de la Beraudière,
de Béranger.
de Berghes,
de Biencourt,
de Biron (de Gontaut),
de Boisbaudry,
de Boisberthelot,
de Boisbily,
de Boisgelin,

de Boispéan,
de Bonneval,
de Bosredon,
de Bouillé,
de la Bourdonnaye,
de Bournonville,
de Brancion,
de Breteuil,
de Briey.
de Briqueville,
de Broc,
de Broyes,
de Bruc,
de Budes,
de Cany,
de Canteleu,
Carbonnel de Canisy,
de Carbonnières,
de Carné,
de Castelbajac,
de Castelnau,
de Castillon,
de Caulaincourt,
de Caumont,
de Caylus,
de Cayeux,
de Chabannes,
Chabot,
de Chambly,

de Chanaleilles,
de Chastellux,
de Chastenay,
de Chateaubriand,
de Châteauneuf-Randon.
de Chaumont,
de Chaunac,
de Chauvigny,
de Chavagnac,
de Cherisey,
de Cherisy,
de Choiseul,
de Clairon,
de Clermont-Tonnerre,
du Coetlosquet,
de Cosnac,
de Cossé,
de Couédic,
de Courbon,
de Courson,
de Courcy,
de Courtarvel,
de Croix,
de la Cropte,
de Damas,
de Dienne,
de Digoine,
de Dion,
de Drée,
de Durfort,
d'Escayrac,

des Escorailles,
d'Espinay,
d'Espinchal,
d'Estourmel,
de Foudras,
de Gamaches,
de Gand,
de Gasc,
de Gironde.
de Goulaine,
de Gourcuff,
de Gourdon,
de Gouyon,
de Grave,
de Grossolles,
de Grouchy,
de la Guiche,
de Harcourt,
d'Hauteclocque,
d'Hautefort,
d'Hautpoul,
de Hédouville,
Hersart,
d'Hinnisdal,
d'Houdetot,
de Jaucourt,
de Kergorlay,
de Kergariou,
de Kerguelen,
de Kerouartz,
de Kersalion,
de Kersauson,

de Las Cases,
de Lastic,
de Lasteyrie,
de la Laurencie,
de Lentilhac,
de Lestranges,
de Levis,
de Lezay,
de Ligne,
de Lostanges,
de Lubersac,
de Lusignan,
des Lyons,
de Maillé,
de Mailly,
Malet,
de Mathan,
de Mauléon,
de Mellet,
de Melun,
de Menou,
de Mérode,
de Messey,
de Montalembert,
de Montault,
de Montbel,
de Montboissier,
de Montesquiou,
de Montmorency,
de Montredon,
de Moreton,
de Moreuil,

de Morges,
de Mornay,
de la Moussaye,
de Moustier,
de Narbonne,
de Nédonchel,
de Nettancourt.
de Noailles,
de Noé,
d'Osmond,
de la Panouse,
de Pechpeyrou,
de Pérusse,
de Pins,
de Polastron,
de Polignac,
de la Porte (Artois),
de la Porte (Dauphiné),
de Pracomtal,
de Preissac,
de Quatrebarbes,
de Quelen,
de Raigecourt,
de Raymond,
de Rechignevoisins,
de Reinach,
de Riencourt,
de la Roche-Aymon,
de Rochechouart,
de la Rochefoucault,
de Rochefort,
de la Roche-Lambert.

de Rochemore,
de Roffignac,
de Rohan,
de Roquerolles,
de Roucy,
de Rougé,
du Roure,
de Sabran,
de Sade,
de Saint-Chamans,
de Saint-Gilles,
de Sainte-Hermine,
de Saint-Mauris,
de Saint-Pern,
de Saint-Phalle,
de Saint-Simon,
de Salignac,
de Sarcus,
de Saulx,
de Saveuse,
Séguier,
de Ségur,
de Sesmaisons,
Siochan,
de Sourdeval,
de Straten,
Taillepied,
de Talleyrand,
de Thésan,
de Tilly,
de la Tour-du Pin,
de Tournon,
de Tramecourt,
de Trasignies,
de la Trémoïlle,
de Vallin,
de Valon,
de Vandeuil,
de Verdonnet,
de Vezins,
de Villaret,
de Villeneuve,
de Villiers,
de Virieu,
de Voisins,
de Wignacour,
d'Yzarn.

Je n'ai nullement la prétention de donner ici l'état des familles de noblesse chevaleresque, ni même de toutes celles qui ont eu des membres aux croisades, mais seulement de celles pour lesquelles de nos jours il y a eu constatation officielle.

A côté du gentilhomme de race, il y avait encore le

gentilhomme de parage, qui se disait le descendant
puîné de famille chevaleresque : le mot parage signifiait le partage d'un fief entre des frères, « *in quo,*
dit Cujas, *pares sunt qui feudum tenent, jure pa-
ragii,* » mais où cependant l'aîné prenait pour lui
seul les deux tiers, demeurant chargé de l'hommage
et du devoir envers le seigneur. A vrai dire, les gentilshommes de parage se confondent avec ceux de
race ou haut parage : il n'en était pas de même pour
le gentilhomme de quatre lignes; quoique pour l'être,
dit le père de Sainte-Marie, « il ne suffit pas seulement d'avoir huit quartiers de noblesse, tant du côté
du père que du côté de la mère ; il faut encore une
grande ancienneté et être allié avec des maisons anciennes, et enfin que ces maisons anciennes ne soient
pas anoblies ou roturières, suivant l'usage des tournois. » Cette noblesse était en quelque sorte le type
ordinaire de la noblesse, étant applicable à toutes
celles que le hasard ou la faveur n'avait pas mises à
même de jouir de grandes charges ou de vastes domaines. Elle a donné lieu à un usage dont on ignore
certainement l'origine, et que Ducange raconte ainsi :
« Elle se représentait par quatre cierges armoriés qui
se mettent aux quatre coins du cercueil du défunt,
et que maintenant, par abus, l'on augmente ; ces
quatre cierges devant être portés par les quatre plus
proches du lignage. »

Il était de principe général que la noblesse ne se
transmettait que de mâle en mâle : « La gentillesse,

dit Beaumanoir, est toujours rapportée de par les pères, et non de par les mères, ce qui se doit entendre de la noblesse de sang. » Ce principe ne doit pas cependant être pris littéralement, et, dans nombre de provinces, le fils d'une mère noble et d'un père roturier était noble, mais peu apte à acquérir la chevalerie.

Saint Louis, dans ses *Etablissements* (an 1270), dit positivement que « l'usage n'est pas que la femme anoblisse l'homme, mais l'homme anoblit la femme ; car si un homme de grand lignage épousait la fille d'un vilain, leurs enfants pourraient être chevaliers de droit. » Ces termes constatent bien l'existence d'exceptions à l'usage, et, en effet, à cette époque, on lit dans le livre des *Droits et coutumes de Champagne*, an 1224, à l'article xx : « Il est de coustume en ce pais que se enfans nobles demeurent de père et de mère soient nobles ; ou de père ou de mère ; se il y a hoir aisnés, il doit avoir l'avouerie de ceaulx qui sont soubs aagiés. » On retrouve les mêmes dispositions, ou à peu près analogues, au chapitre xlv des Coutumes de Beauvoisis, à l'article 198 de la Coutume d'Artois, dans celles de Chaumont, de Troyes et de Lorraine ; et Monstrelet, au chapitre lvii de son livre Ier, dit que Jean de Montagu, né à Paris, était fils de Gérard de Montagu et gentilhomme de par sa mère.

Mais il faut reconnaître toujours une certaine infériorité à cette noblesse utérine ou de ventre, ou encore coutumière[1]. On est très-incertain sur la cause qui motiva cette mesure : l'opinion le plus généralement adoptée est qu'elle remonte à Henri-le-Libéral, comte de Champagne (1155-1181), et qu'un grand nombre de gentilshommes champenois ayant péri à la bataille des Fosses de Jaulnes, près de Bray, le prince voulut reconstituer sa noblesse épuisée, usage imité depuis ; mais on ne trouve nulle part la date de ce terrible combat [2].

1 De nombreux arrêts confirment cette noblesse, notamment ceux de 1547, 1551, 1552, 1599, 1608, 1622, 1627, 1673 ; mais à cette époque elle n'était plus considérée qu'en ce qui concernait les droits de succession.

2 Une ordonnance du 15 novembre 1370 soumit aux droits de franc-fief les individus issus de père vilain et de mère noble, ainsi que saint Louis l'avait déjà admis. On appelait franc-fief l'héritage noble que les nobles seuls pouvaient originairement posséder. Louis XI, par des lettres d'amortissement accordées à la Normandie, déclara anoblis tous les roturiers possesseurs de franc-fiefs, ce que l'ordonnance de Blois, en 1579, révoqua pour tout le royaume, où cet usage s'était peu à peu introduit.

CHAPITRE II.

De l'anoblissement. — Opinion nouvelle à ce sujet. — Abus des anoblissements. — Édits à ce sujet. — L'anobli de quatre races, gentilhomme d'extraction. — De la dérogeance. — Cas de non-dérogeance : médecine, commerce maritime, avocats, agriculteurs, verriers, etc. — Privilége des Bretons. — Noblesse de Corse et des colonies. — Réhabilitation.

L'anoblissement constitue la seconde transformation de la noblesse, mais une transformation radicale et qui tendait, dans un temps appréciable, à en dénaturer complétement la composition, puisque désormais tous les individus de ce grand corps qu'on appelle la société pouvaient successivement y être agrégés, suivant la volonté des souverains. Nous venons de voir l'organisation de la classe noble au commencement de la dynastie capétienne : les grands barons vassaux immédiats de la couronne, les barons vassaux de ceux-ci, les chevaliers et les écuyers, pour ne citer que les catégories principales. Les descendants des leudes et des fidèles disparaissaient peu à peu, soit par les guerres extérieures, soit dans les combats qu'ils se livraient entre eux, soit enfin par l'extinction naturelle des familles. C'est cet appauvrissement des vieilles races qui conduisit logiquement à la pensée de créer de nouveaux nobles par la voie de l'anoblissement. Il y avait là toute une révolution. Jusqu'alors la terre seule faisait la noblesse : c'était la base, le principal rempart de la féodalité. Les rois capétiens n'étaient nobles qu'au même titre que leurs barons, puisque leur puissance avait la même origine, la même date, et qu'ils ne devaient leur élévation qu'à un heureux coup du hasard et au concours de ceux qui étaient la veille leurs égaux. S'attribuer le droit d'instituer des gentilshommes, c'était constituer un pouvoir pour ainsi dire surhumain, se faire créateur. L'anoblissement levait en réalité la séparation entre les castes, jusquelà insurmontablement divisées; on pouvait, par le courage, par les talents, par les richesses, franchir cette barrière; c'était, en un mot, malgré l'apparence paradoxale peut-être de cette pensée, un acte admettant l'égalité entre les hommes, non plus seulement en fait, mais en droit, non plus seulement par la loi religieuse, mais encore par la loi civile.

A en croire certains historiens, Robert est le premier de nos rois qui ait usé du droit de l'anoblissement; d'autres citent Philippe Ier et disent qu'il anoblit Eudes, le maire, en reconnaissance de ce qu'il exécuta pour le compte de son souverain le vœu que celui-ci avait fait d'aller visiter le Saint-Sépulcre ; mais la plupart sont d'accord pour attribuer à Philippe-le-Hardi la première lettre royale d'anoblissement, donnée à Raoul, son argentier. Je me permets cependant de douter de ce fait et de croire, comme je l'indiquais plus haut, que c'est à saint Louis, l'auteur illustre des *Etablissements*, qu'il faut faire remonter cette grande innovation. Il est hors de doute qu'avant Philippe III, les hauts barons faisaient eux-mêmes des nobles, et je crois qu'on ne doit reconnaître à ce prince seulement d'avoir privé ses feudataires de ce pouvoir pour le réunir exclusivement à l'autorité royale. Un arrêt du parlement de Paris, de l'année 1281, me semble un puissant argument en faveur de cette opinion : il défend à Robert III, comte de Flandre, et à Guy, comte de Nevers, qui venaient de créer deux roturiers chevaliers, d'anoblir à l'avenir, « *non obstante usu contrario ex parte comitis Flandrensis proposito, dictum et pronunciatum fuit contra comitem quod non poterat nec debebat facere de villano militem sine auctoritate regis.* » L'intervention du parlement dans une question de ce genre constitue une preuve d'abord de l'importance de cette matière, et ensuite il est difficile de croire que le comte de Flandre se soit avisé de faire des nobles, si le roi de France ne lui en avait déjà donné l'exemple ; le *sine auctoritate regis* d'ailleurs, ne peut laisser aucun doute. De plus, il me paraît encore peu vraisemblable que le roi ait fait usage d'un droit si nouveau et d'une si grande valeur, en faveur d'un de ses officiers secondaires, et n'ait pas voulu consacrer cette innovation d'une manière plus éclatante, et qui lui donnât même immédiatement une certaine popularité.

Je crois donc que Philippe-le-Hardi consacra seulement irrévocablement ce principe : « *Ad regem solum pertinet nobilitare in regno suo*, » et qu'il commença à multiplier ces concessions. Ses successeurs se servirent de ce moyen à la fois pour récompenser nombre de gens, pour battre monnaie et surtout pour annihiler la caste des nobles, en lui enlevant peu à peu ses droits régaliens et la réduisant, pour ainsi parler, en servitude, mais en servitude dorée, autour du trône, et en étendant son cadre de manière à lui enlever ses traditions, son caractère et son vieil esprit. Philippe de Valois, le premier, exigea le *visa* de la cour des comptes pour la validité des lettres d'anoblissement (1339), ce que Charles VI confirma la 21 juillet 1368. Le premier document de ce genre, conservé au Trésor de Chartres, est une lettre du 24 février 1374 reconnaissant, moyennant finances, la noblesse d'un individu à qui on la contestait [1], et il pa-

---

[1] On y voit aussi des lettres de noblesse datées de Lyon, avril 1476, accordées par Louis XI à Jéhanne de Favères, veuve de Jean Louan, bourgeoise de Blois, à cause de son honorabilité, de ses bonnes mœurs et de ses vertus nombreuses. — Henri IV anoblit de même, en 1590, Jeanne Forest, veuve de Nicolas Leclerc, tanneur près d'Ivry, pour lui avoir généreusement prêté une somme considérable, sans intérêts, avec laquelle il paya des Suisses et put gagner la bataille d'Ivry. Le fils de cette bonne femme devint conseiller au Parlement, et a été la souche de la famille des marquis de Lesseville,

raît qu'on eut quelquefois recours à ce moyen comme assez lucratif pour les coffres de l'État, car la Roque nous apprend qu'on « en voyait qui ont été faits nobles par force, par édits, ayant été choisis comme riches et aisés pour accepter ce privilége, moyennant finance; de ce nombre a été un gros marchand du pays d'Auge, qui fut obligé d'accepter ce privilége et de payer mille écus de finance, l'an 1577; j'en ai vu les contraintes entre les mains de son fils. »

Ces anoblissements excessifs, causés non plus seulement par les concessions royales, mais bientôt par les nombreuses charges qui entraînaient avec elles les collations de noblesse et qu'on pouvait acheter, multiplièrent à l'infini le nombre des membres de cette caste, la dénaturèrent en y faisant entrer les éléments les plus divers et les plus opposés; la finance surtout y fit une large brèche, et au dix-huitième siècle, très-peu de grands noms résistèrent au désir d'acquérir des millions en s'alliant à quelques riches traitants. Il fallut partant abaisser le niveau jusqu'alors exigé dans la plupart des chapitres nobles; comme dans l'armée, on se contenta d'exiger une noblesse paternelle, sans plus s'occuper de la

---

encore existante en Champagne. Du reste, on pourrait citer encore de nombreux anoblissements féminins, depuis Jeanne d'Arc : jusqu'en 1614, les descendants mâles et femelles de sa famille eurent le privilége d'anoblir les maisons dans lesquelles ils entraient; l'édit de 1614 en priva les femmes pour l'avenir, mais sans rétroactivité.

ligne maternelle. On essaya cependant de la *réforme*, mais sans amener de grands résultats, quoique le règlement de 1603 exigeât, ou l'exhibition d'un titre régulier d'anoblissement ou la preuve de la noblesse de race, ce qui se pratiquait en produisant l'état de noblesse des père et aïeul du postulant, et l'acte constatant qu'on en était légitimement issu. L'édit de 1664 demanda la possession de noblesse depuis 1550. Au siècle dernier, on se contenta généralement de la présentation de titres authentiques ayant au moins cent ans[1], mais il faut remarquer que ces preuves n'étaient pas admises, si antérieurement à la possession d'état duement constatée, il était prouvé que l'impétrant avait eu des ancêtres roturiers, la prescription ne pouvant jamais s'appliquer au fait de noblesse. Ces mesures furent rendues inutiles par la création d'une maîtrise spéciale des armoiries, par Louis XIV, en 1696, et l'ordre de dresser un armorial, ce qui fut exécuté par généralités, en 1698 : les originaux en sont conservés à la Bibliothèque impériale et sont incessamment feuilletés par un nombre incroyable de personnes chaque jour ; mais ce fut malheureusement encore une mesure finan-

---

[1] Il faut se hâter de dire que l'anoblissement de ces marchands, paysans ou petits bourgeois par l'avidité des traitants, qui y trouvaient leur compte, fut révoqué par des édits postérieurs, et jamais d'ailleurs enregistré. Il y avait aussi des armes de fantaisie que prenaient nombre de bourgeois et de marchands, notamment à Paris, qui n'avaient aucune valeur, n'étaient pas reconnues, et blessaient même habituellement beaucoup les règles de la science héraldique.

cière développée sur les plus larges bases, et qui donna des armes à une multitude de petits bourgeois et de marchands pour des taxes assez faibles. L'édit de mars 1696, anoblissant « cinq cents personnes des plus distinguées du royaume, par leurs vertus et par leurs mérites, » eut de nombreuses imitations, notamment en mai 1702, juillet 1702 et décembre 1711.

Il se forma vers le dix-septième siècle deux classes principales parmi les anoblis : les simples anoblis et ceux qui étaient reconnus gentilshommes de quatre races ou d'extraction : *Nobilitas*, dit Barthold, *est qualitas per principem illata, non perficitur usque ad quantum gradum.* C'étaient donc les parfaits anoblis, prouvant la noblesse de leur bisaïeul paternel; il fallait absolument remplir cette condition pour être reconnu gentilhomme en Lorraine.

Charles VIII déclara par des lettres de 1484, que ceux qui prouveraient leur noblesse par-delà la quatrième génération, seraient réputés nobles de race. Il ordonna aussi que tout noble fasse sa généalogie jusqu'au quatrième degré pour en remettre copie au bailli de sa circonscription et à la charge par ses descendants de continuer ce tableau.

Un gentilhomme ne dérogeait pas en faisant le commerce maritime. Henri IV le déclara formellement pour favoriser l'extension de la puissance coloniale du royaume; il en fut de même pour le commerce en gros. En Bretagne, par un privilége spécial, les nobles ne dérogeaient pour aucun commerce ; seulement, pendant tout le temps qu'ils se livraient « au trafic, négoce et usoient de bourse commune, » leur noblesse *dormait* et elle reprenait d'elle-même par une simple déclaration de ne plus faire le commerce, notifiée au siége de la circonscription et aux marguilliers de la paroisse. *Nobilitas dormit, sed non extinguitur.* Dans quelques provinces, il y avait des états qui entraînaient dérogeance et pas dans d'autres ; la plupart des plus savants jurisconsultes placent parmi les dérogeants les notaires, qui n'éprouvaient pas cette humiliation en Bretagne et en Normandie, et étaient tirés des meilleures familles en Dauphiné et en Provence. Les médecins n'étaient jamais réputés déroger ; et, en Dauphiné, ceux qui n'étaient pas nobles étaient exempts du payement des subsides, pourvu, bien entendu, qu'ils fussent docteurs.

Ne dérogeaient point non plus, le gentilhomme cultivant des terres, ni les avocats reçus en parlement. Une ordonnance du 6 septembre 1500, accorde ce privilége aux procureurs de la cour des comptes, et un autre du 4 mars 1543, aux juges de Bretagne, où on le leur avait contesté. Les gentilshommes pouvaient être verriers, d'après un arrêt de la cour des aides de Paris, de 1581, mais un autre arrêt, en 1601, vint ajouter : « sans qu'à l'occasion de l'exercice et trafic de verrerie, ces verriers pussent prétendre avoir acquis le degré de noblesse, » parce que beaucoup d'individus profitaient de cette erreur encore accréditée que la verrerie anoblissait. C'est en Champagne, en Thiérache et en Picardie qu'on rencontrait le plus de gentilshommes verriers, et il existe encore dans la première de ces provinces, vers la frontière des Ardennes, quelques familles nobles —l'une d'elles, les de Bonnay, remonte aux croisades — qui continuent d'exercer cette profession depuis trois ou quatre cents ans.

Quand un gentilhomme avait dérogé, c'est-à-dire avait exercé quelques arts réputés vils et mécaniques, ou quelques charges incompatibles avec la noblesse, ou avait été fermier d'autrui,—on était loin cependant, aux derniers siècles, de l'ordonnance de saint Louis portant que les nobles ne pourraient acquérir aucuns offices vénaux, — il fallait que le dérogeant ou ses descendants obtinssent des lettres patentes de réhabilitation du roi. Quand il s'agissait des enfants, il fallait distinguer : si l'enfant était né avant le fait de dérogeance, il était noble et n'avait besoin de réhabilitation que si seulement il avait partagé le commerce ou la profession de son père ; s'il était né postérieurement, les lettres devenaient nécessaires. En Bretagne, pour toutes les dérogeances, la déclaration que j'ai mentionnée plus haut suffisait pour réveiller toutes les noblesses dormantes; les articles 51 et 52 de la Coutume disaient formellement que la noblesse ne pouvait se perdre dans cette province, ni par prescription, ni par dérogeance, ni par désistement, quelque long laps de temps qui ait pu s'écouler.

La déclaration royale du mois d'avril 1770 exigea des familles corses la preuve, par-devant le conseil supérieur de l'île, de deux cents ans pour obtenir la confirmation de leur noblesse, le roi se réservant de statuer en faveur de ceux qui ne pourraient satisfaire à ces règles, et se trouveraient jouir d'une possession d'état sérieuse[1]. L'édit du 25 août 1782, règle la même matière pour nos colonies, en accordant également à leurs habitants le droit de se servir d'un acte de notoriété de noblesse dressé par le conseil supérieur de la colonie, sur les conclusions de son procureur général.

---

[1] Voici la liste des familles dont la noblesse fut reconnue légalement, de 770 à 1789 :

Abbatucci, Anfriani, Antoni, Arrighi; Bacciochi, Belgodère, Benielli, Buonaparte, Bustoro, Buttafoco, Boerio; Cardi, Casabianca, Caraccioli, Caraffa, Casalta, Castelli, Castagnolla, Cattaneo, Ceccaldi, Cesari Rocca, Colonna, Costa, Corsi, Cuneo, Cutoli-Coti; Dangelo; Fabbiani, Farinole, Ficarella, Follacci, Fozzani, Frediani, Fraticelli; Giacomini, Giubera, Gentile; Mari, Massei, Matra, Morlas, Morelli, Murati; Ortoli; Pianelli, Pietri, Petriconi Pervice, Peretti, Poggi, Poli, Pozzo di Borgo, Pruno: Questa; Rossi, Rocca-Serra; Santini, Susini, Suzzarelli; Tomei; Varese; Zerbi.

CHAPITRE III.

Des noms. — Noms héréditaires. — La plupart des noms tirés des fiefs. — Noms de baptême devenus patronymiques. — Des substitutions de noms et d'armes. — Nécessité de multiplier les substitutions. — Législation à cet égard.

Je ne crois pouvoir mieux faire, pour donner quelque clarté à cet obscur sujet, que de céder la place à M. Natalis de Wailly qui, dans un des plus savants ouvrages de l'érudition contemporaine, les *Eléments de Paléographie*, a brièvement et excellemment traité ce sujet.

« Chez les Français qui habitaient au nord de la Loire et sur lesquels l'influence romaine n'agissait pas aussi puissamment, on ne portait en général qu'un nom. A la fin du dixième siècle ou au commencement du onzième, les surnoms se multiplièrent peu à peu; mais cet usage, qui pour les rois remonte à Pépin-le-Bref, ne devint général pour les particuliers qu'au treizième siècle. Il ne s'est pas d'ailleurs introduit à la même époque dans les différentes provinces.

» En Languedoc, Guillaume III, prit pour la première fois, vers l'an 1030, le surnom de Montpellier dont il était seigneur; ce fut également au onzième siècle que les nobles commencèrent, dans plusieurs diocèses de Bretagne [1], à prendre des surnoms qui étaient tirés, ou de leurs terres ou de quelques sobriquets; dans les diocèses de Léon et de Cornouailles, on se contenta, jusqu'à la fin du douzième siècle, de distinguer les personnes d'une même famille, en ajoutant à leur nom celui de leur père. Les surnoms ne devinrent communs en Bourgogne, que vers le treizième siècle [2]. Ce sont en général les nobles qui, dans les différentes provinces de France, ont les premiers adopté cet usage, mais il ne se répandit guère parmi les ecclésiastiques et les moines, quoiqu'on puisse opposer à cette règle des exceptions assez anciennes. Les bénédictins citent un acte du onzième siècle, dans lequel quatre moines sont distingués par des surnoms. Archambaud de Sully, archevêque de Tours, et Raymond de Vendôme,

---

[1] Voyez à ce sujet : *Histoire des diocèses bretons,* par MM. Anat. de Barthélemy et G. de Bourgogne, chez Dumoulin, et les différents travaux de M. de Courcy sur la noblesse bretonne.

[2] En Champagne, les surnoms paraissent avoir envahi plutôt la partie non noble de la population. Aux onzième et douzième siècles, les paysans étaient très-généralement désignés par le nom de leur village joint à celui qu'ils avaient reçu au baptême.

évêque de Paris, furent les premiers qui ajoutèrent, l'un en 986, l'autre en 988, leur nom de famille en surnom à leur nom de baptême. D'un autre côté, on voit encore au quinzième siècle plusieurs roturiers qui n'ont pas de surnoms. Au dixième siècle et surtout au onzième, les surnoms sont annoncés par les formules *appellatus, cognominatus, nuncupatus, vocatus*, ou *qui vocor, qui vocatur, qui vocabatur*, etc. L'usage des surnoms remonte à une haute antiquité chez les Danois, les Flamands et les Irlandais. On en rencontre quelques exemples, au huitième siècle, chez les Anglo-Saxons; au dixième, en Italie, au onzième, en Espagne. Dès le douzième siècle, les surnoms des familles nobles étaient devenus communs en Allemagne; mais il est bon de savoir que les nobles d'un rang inférieur empruntaient souvent le surnom de leur suzerain; cet usage n'est pas d'ailleurs particulier à l'Allemagne; on le retrouve aussi en Écosse et en Italie. Dans le principe, les vassaux croyaient sans doute faire honneur à leur suzerain, en lui empruntant son nom, mais dans la suite, la vanité expliqua cette communauté de nom par des relations de parenté[1].

» Puisque les nobles se qualifiaient ordinairement du nom des lieux soumis à leur dépendance, le par-

---

[1] On trouve en général beaucoup de familles infimes portant le nom de la maison de haute noblesse qui a longtemps dominé dans une contrée. Ainsi, dans le pays de Rohan, pour ne citer qu'un exemple, il y a une infinité de paysans et de manouvriers s'appelant Rohan.

tage d'une succession, une vente, une acquisition, pouvaient faire prendre des noms nouveaux aux membres d'une même famille et quelquefois à une même personne. Par la même raison, les femmes pouvaient n'avoir que des noms de baptême. Quelquefois elles prenaient le nom de leurs maris; au commencement du treizième siècle, cet usage était consacré pour les veuves de la haute noblesse. Les surnoms s'écrivirent d'abord en interligne au-dessus du nom propre ; plus tard on les écrivit à la suite. »

Ce n'est qu'au treizième siècle, en résumé, que l'usage du nom héréditaire paraît avoir été assez généralement accepté, bien qu'il y ait quelques exceptions antérieures : la plupart des seigneurs prirent ainsi le nom de leurs fiefs ; un petit nombre au contraire donnèrent le leur à leur seigneurie. Il est plus difficile de préciser l'époque de la naissance, si j'ose dire, du nom de la moyenne noblesse, qui ne commença guère qu'au quatorzième siècle et même au quinzième à faire suivre le nom de baptême de celui d'un domaine. Jean du Tillet dit « que les rustiques et les serfs qui n'étaient pas capables de fiefs, prirent leurs noms du ministère où ils s'employaient, des lieux, des métairies qu'ils habitaient et des métiers qu'ils exerçaient. » Mézeray remarque de même que « les gentilshommes prenaient le plus souvent leurs noms des terres qu'ils possédaient, les gens de lettres du lieu de leur naissance, et les riches bourgeois de la ville où ils demeuraient ; quant aux roturiers, ils les empruntaient à la couleur ou à la manière du poil, à l'habitude et aux défauts du corps, à la façon des habits, à la profession, au métier, aux bonnes ou mauvaises qualités. » Plusieurs familles de noblesse chevaleresque conservèrent aussi leurs prénoms pour noms, comme les Adhémar, les Grimoard, les Albert, les Béranger, devant lesquels l'usage a fait dans la suite introduire la particule dite nobiliaire.

Anciennement, quand une famille menaçait de s'éteindre dans les mâles, le dernier survivant pouvait la faire revivre, au moyen d'une substitution qui obligeait celui qui épousait l'unique héritière à ajouter au sien le nom et à son écusson les armes de sa femme ; l'autorisation du souverain était alors inutile et les actes notariés et authentiques suffisaient. On en reconnut cependant de bonne heure les abus, et Henri II établit à cet égard par l'article IX de l'ordonnance d'Amboise, le 26 mars 1555, cette règle rigoureusement observée : « Pour éviter les suppositions des noms et des armes, défenses sont faites à toutes personnes de changer leurs noms et leurs armes, sans auparavant avoir obtenu des lettres de dispense et de permission, à peine de 1,000 livres d'amende, d'être punies comme faussaires et dégradées de la noblesse. » Le 20 mars 1572, le roi par une déclaration spéciale, se réserva absolument ce droit, et de nouvelles défenses furent publiées les 22 décembre 1599 et 19 janvier 1629 ; celle-ci ajoutait que les bâtards ne pourraient prendre le nom des familles dont ils étaient issus, que du consentement des parties intéressées.

De nos jours, cette matière a été régulièrement établie, et l'on peut relever à son profit le nom soit de sa femme, soit de ses ascendants, soit de collatéraux, en obtenant l'autorisation du souverain, qui la donne selon sa volonté, après une enquête judiciaire dans le pays du postulant, l'examen du conseil d'État et l'avis de la chancellerie.

Un grand nombre de nos principales familles n'existent plus qu'au moyen de ces substitutions; qu'on ne saurait trop encourager pour conserver des noms illustres de notre histoire : pour ne citer que les plus connus, je nommerai les ducs de Brancas (Hibon de Frohen), de Richelieu (la Chapelle de Jumilhac), de Sabran (de Pontevez), de Choiseuil-Stainville (Marmier); déjà, dans la noblesse moderne, nous voyons M. le duc de Conegliano (Gillevoisin), et ce ne peut pas être sans regret qu'on a vu s'éteindre, depuis le commencement du siècle, tant de familles ducales qui auraient pu être perpétuées par les descendants d'alliances directes, Beauvilliers de Saint-Aignan, de la Vauguyon, de Saulx-Tavannes, de Serent, de Tourzel, etc.

Quelques familles s'étant anciennement divisées en plusieurs branches, celles-ci ont pris des surnoms différents; négligeant de conserver leurs noms primitifs, leurs descendants sont devenus véritablement étrangers aux parents de leur sang : telles sont les maisons de Sabran et de Villeneuve-Bargemont et Trans.

CHAPITRE IV.

Des manières de perdre la noblesse. — Dérogeance. — Non-réhabilitation de l'anobli dérogeant. — Jurisprudence répressive. — Recueil des édits relatifs à cette matière. — Armorial dressé par généralités. — Recherche des nobles. — Révocation des anoblissements. — Mesures fiscales. — Édits somptuaires. — Jurisprudence à cet égard. — De la livrée. — Son origine, son usage.

Nous avons vu que la noblesse se perdait habituellement par dérogeance, et j'ai déjà donné quelques-unes des causes par lesquelles on l'encourait. Elle était encore prononcée contre les nobles qui ne prenaient pas les armes selon les charges de leurs fiefs (édit de mars 1579); les divers anoblis qui ne payaient pas les droits exigés (déclaration et arrêts de février 1640, 8 janvier 1653, 17 septembre 1657, 6 décembre 1666, mars 1667, août 1669, 31 juillet 1696, janvier 1713, 30 septembre 1723, 1er juillet 1725, décembre

1727, 2 mai 1730, avril 1771) : c'étaient autant de mesures bursales prises pour obtenir de l'argent.

Le crime de lèse-majesté dépouillait de noblesse l'accusé et sa descendance ; pour tous les autres crimes, l'accusé seul encourait ce châtiment qui ne rejaillissait pas sur sa postérité.

Quand plus de deux générations de suite avaient dérogé, le petit-fils était obligé de solliciter de nouvelles lettres de noblesse. Il en était de même pour tous les descendants d'anoblis ayant dérogé : leurs noblesses étaient éteintes.

Il me reste à examiner la jurisprudence répressive en matière nobiliaire. Ce n'est pas de notre temps seulement que l'on a pu se plaindre du pillage des noms et des titres. On connaît une ordonnance de Philippe de Valois, de l'année 1342, dirigée contre des individus qui avaient fabriqué un grand nombre de fausses lettres de noblesse. Puis, dès 1514, parut un édit punissant de l'amende de 1,000 livres, partageable entre le trésor, le receveur des amendes et le dénonciateur, celui qui usurpait la qualification d'écuyer et se déclarait faussement noble. De nombreux édits renouvelèrent dans les mêmes termes ces prohibitions et ces peines : juillet 1549 ; ordonnance d'Amboise, article VII, 26 mars 1555 ; ordonnance d'Orléans, article CX, janvier 1560 : « Ceux qui usurperont faussement et contre vérité les nom et titre de noblesse, ou porteront armoiries timbrées, seront mulctés d'amendes arbitraires par nos juges, et au payement d'icelles contraints par toute voye »; juillet 1576 : « Défense aux roturiers de prendre des titres de noblesse, et à leurs femmes de porter le costume des demoiselles, sous peine d'amendes arbitraires » ; mars 1579, renouvelant les défenses de l'ordonnance d'Orléans et portant l'amende à 2,000 livres; mai 1579, ordonnance de Blois, article 257 : « Amende arbitraire sera prononcée contre ceux qui prendront le nom et le titre de noblesse, d'écuyer, ou porteront armoiries timbrées » ; — article 258 : « Les roturiers et non nobles achetant fiefs nobles ne seront pour ce anoblis, ni mis au rang des nobles, de quelque revenu et valeur que seront les biens acquis par eux »; mars 1583; 23 août 1598; mars 1600, article XXV : « La licence et la corruption du temps ont été cause aussi que plusieurs, sous prétexte de ce qu'ils ont porté les armes durant les troubles, ont usurpé le nom de gentilhomme pour s'exempter induement des tailles ; pour à quoy remédier, défendons à toute personne de prendre le titre d'écuyer et de s'ingérer au corps de la noblesse, s'ils ne sont yssus d'un ayeul et père, qui ayent fait profession des armes, ou servy au public en quelques charges honorables, de celles qui par les lois et mœurs du pays peuvent donner commencement à la noblesse de postérité, sans jamais avoir fait aucun acte vil et dérogeant à ladite qualité, et qu'eux aussi, se rendant imitateurs de leurs vertus, les ayent suivis en cette louable façon de vivre, à peine d'être dégradés honteusement de la noblesse qu'ils auront osé usurper. »

Les États généraux, réunis en 1614, se plaignirent cependant hautement encore, et demandèrent au roi d'ordonner « à tous gentilshommes de signer en tous actes et contrats, le nom de leurs familles et non de leurs seigneuries, sous peine de faux et d'amende arbitraire ; » et aussi « de défendre à tous gentilshommes de prendre la qualité de chevaliers s'ils n'estoient honorés de l'un des ordres de Sa Majesté, à peine de 1,000 livres parisis d'amende, applicables les deux tiers à l'Hôtel-Dieu et l'autre tiers au dénonciateur; et qu'aucun ne puisse prendre l'ordre du roi sans avoir fait preuve en la forme accoutumée, et que ceux qui seront trouvés n'être pas en cette qualité et l'avoir obtenue par argent et illégitimement, en soient privés comme indignes, et condamnés à pareille amende, applicable comme ci-dessus. » Louis XIII, en conséquence, signa l'édit de janvier 1629, dont l'article 2 répète l'ordonnance de mars 1579, et renouvelle la défense de l'ordonnance de Blois; il les confirma encore en janvier 1634.

Au dix-septième siècle, cet état de choses s'aggrava notablement, et, dans sa seconde moitié, il s'opéra un mouvement de désordre qui ne peut se comparer qu'à ce qui se passe en ce moment. La Bruyère nous dit, en nous parlant de ces pseudo-gentilshommes : « On voit leurs armes sur les vitres et sur les vitrages, sur les portes de leurs châteaux, sur le pilier de leur haute justice, où ils viennent de faire pendre un homme qui méritait le bannissement [1]. Elles s'offrent aux yeux de toutes parts; elles sont sur les meubles et sur les serrures; elles sont semées sur leurs carrosses; les livrées ne déshonorent pas leurs armoiries. Je dirais volontiers aux Sannions : Votre folie est prématurée; attendez du moins que le siècle s'achève sur votre race ; ceux qui ont vu votre grand-père, qui lui ont parlé, sont vieux et ne sauraient vivre longtemps. Qui pourra dire comme eux : là il étalait et il vendait très-cher [2]? » Louis XIV cependant, tout en multipliant outre mesure les anoblissements, chercha, par tous les moyens possibles, à réprimer un abus dont il sentait les conséquences et qui compromettait même le succès de sa trop libérale générosité en fait de noblesse. On trouve dans le recueil de ses ordonnances, édits et déclarations, des documents de ce genre aux dates des 30 décembre 1656, 8 février 1661, répétant encore la clause de l'ordonnance de mars 1579, avec la même amende de 2,000 livres [3]; du 22 juin 1664, du 26 février 1665,

---

[1] Ceci est une fantaisie du célèbre auteur des *Caractères*, car les seigneurs ne pendaient pas leurs vassaux. On a publié à ce sujet de curieux travaux qui démontrent qu'une procédure capitale était ruineuse pour le seigneur qui l'engageait et réussissait.

[2] Ce passage ne semble-t-il pas écrit d'hier, tant il photographie exactement nos gentilshommes de la veille !

[3] Arrêt du Parlement du 13 août 1660 : « Défense à tous propriétaires de terres de se qualifier barons, comtes, marquis, vicomtes, chevaliers, et d'en prendre les couronnes à leurs armes, sinon en vertu de lettres patentes bien

dans les mêmes termes; du 22 mars 1666, du 4 septembre 1696, des 3 mars et 8 décembre 1699, cette dernière portant à son article 4 : « Il est défendu à ceux qui deviennent propriétaires d'une terre ou d'un fief, dont le nom est le surnom d'une famille noble, d'en porter le nom et les armes, ne leur étant permis que de se dire seigneurs d'une pareille terre; et il est encore défendu aux roturiers, qui ont des terres titrées, d'en porter les titres honorifiques, à peine de 100 florins par contravention; » 30 janvier 1703, contre ceux qui produisaient des titres faux; 16 janvier 1714.

Outre ces mesures répressives, le gouvernement royal eut encore recours à d'autres moyens plus énergiques, et qui avaient pour but de dresser comme le bilan de la noblesse française et de corriger, rudement à la vérité, les excès commis par les anoblissements concédés en masse. Je veux parler, d'une part, des recherches et réformes; d'autre part, des révocations pures et simples. Ces mesures furent les plus violentes. Henri IV, par un édit de janvier 1598, révoqua tous les anoblissements accordés depuis 1578, et soumit les titulaires dépossédés à une sévère révision; Louis XIII agit de même en janvier 1634 et en novembre 1640. Sous le règne de Louis XIV, nous

---

et duement vérifiées à la cour ; à tous gentilshommes de prendre les qualités de messires et de chevaliers, sinon en vertu de bons et valables titres; à ceux qui ne sont point gentilshommes de prendre les qualités d'écuyers, à peine de 1,500 livres d'amende. »

trouvons les révocations déclarées par édits de juin 1643, août 1647, août et septembre 1664, celles-ci provoquées par Colbert et rigoureusement exécutées; janvier 1667; décembre 1692, portant annulation de toutes les lettres de réhabilitation accordées depuis le 1er janvier 1600 et non enregistrées à la cour des aides. Puis ce sont celles d'août 1715, du 2 mai 1730 révoquant tous les anoblissements, réhabilitations, etc., accordés depuis 1643 jusqu'au 1er septembre 1715, à moins que leurs titulaires ne payassent, dans un délai de trois mois, au roi, 2,000 livres et 2 sols pour livre pour joyeux avénement; enfin, un édit de même nature parut au mois d'avril 1771, menaçant des mêmes peines tous les gens anoblis depuis le 1er janvier 1715, à moins de payer 6,000 livres et 2 sols par livre.

Les réformes furent plus justes : elles commencèrent au quinzième siècle et eurent lieu dans plusieurs provinces de France, notamment en Bretagne; elles furent renouvelées au commencement du siècle suivant, puis en 1666; cette fois un arrêt du conseil décida qu'il serait fait un catalogue contenant les noms, surnoms, armes et demeures des véritables gentilshommes par bailliages, et un autre arrêt du 28 février 1669, ordonna aux vrais nobles de représenter leurs titres et armes pour la composition de ce grand travail qui fut rapidement achevé, mais demeura très-incomplet, beaucoup de familles n'ayant pas voulu se soumettre à cette procédure. On la recommença en 1697, et, enfin, un édit du 11 mars 1776 ordonna « aux gentilshommes de reproduire à la cour des aides les titres et pièces qui y ont été précédemment registrées, concernant la noblesse, à cause de l'incendie du palais de la cour. »

Je crois assez curieux de finir ce chapitre pénal en reproduisant les principales lois somptuaires promulguées par nos rois, pour arrêter un luxe dont ils redoutaient le développement, et qui concernent directement la noblesse. Philippe-le-Bel promulgue, en 1298[1], que :

« Nul bourgeois n'aura de char et ne se fera conduire, le soir, qu'avec une torche de cire ; nul bourgeois ni bourgeoise ne portera vair, ni gris, ni hermine, ni or, ni pierres précieuses, ni couronnes d'or ou d'argent.

» Nul clerc, s'il n'est prélat ou établi en personnage ou dignité, ne pourra porter vair, ni gris, ni hermine, sinon dans le chaperon seulement.

» Les ducs, comtes et barons de 600 livres de revenus par an, pourront porter quatre robes par an et non plus ; leurs femmes autant.

---

[1] Saint Louis avait, dès 1224, publié une ordonnance de ce genre : elle ne permettait pas qu'on mît plus de 16 ou 18 sols à l'aune pour les robes. C'est Charlemagne qui, le premier, promulgua ces réglements somptuaires, en 808, défendant qu'on mît plus de 20 sols à une robe de dessous, et de 50 sols à celle de dessus, sous peine de 40 sols d'amende. Louis-le-Débonnaire les développa, prohiba l'usage des bijoux, dorures, etc.

On conserve dans les archives des Pyrénées-Orientales de très-curieux réglements somptuaires, faits, aux douzième et treizième siècles, par les comtes de Roussillon et les rois d'Aragon. Il paraît, d'après ces documents, que le luxe avait atteint dans ce pays une exagération inouïe.

» Nul chevalier ne donnera à aucun de ses compagnons que deux robes par an.

» Tous prélats auront seulement deux paires de robes par an,

» Tous chevaliers n'auront que deux paires de robes par an, soit par achat, présent ou autrement.

» Les chevaliers qui auront 3,000 livres de terre ou plus, et les baronnets, pourront seulement avoir trois robes par an, dont une sera pour l'été.

» Nul prélat ne donnera à ses compagnons qu'une paire de robes et deux chapes par an.

» Tout écuyer n'aura que deux robes par an.

» Tout varlet n'aura qu'une paire par an.

» Nulle demoiselle, si elle n'est châtelaine ou dame de 2,000 livres de terre, n'aura qu'une paire de robes par an. »

Et les prix étaient fixés pour les robes : celles des prélats et barons, 25 sols tournois ; celles des femmes de barons, 30 sols ; des bannerets, 18 ; de l'écuyer, fils de baron, 15 ; de l'écuyer « qui se vet de son propre », 10 ; des bourgeois, 12 sols et demi et 10, selon leur fortune, etc. »

Charles VIII renouvela ces défenses, le 17 décembre 1485, défendant l'usage des draps d'or et d'argent à tous les Français, sauf aux nobles, vivant noblement, qui pouvaient s'habiller de soie, moyennant qu'ils jouissent de 2,000 livres de rente, et encore les écuyers ne pouvaient-ils employer ni le damas, ni le velours. François Ier confirma ces règlements, en ne reconnaissant le droit de se servir du drap d'or, d'argent, broderies de Venise et étoffes barrées encore de même, qu'aux princes du sang. Henri II y ajouta une amende de 1,000 écus d'or contre les défaillants et enleva même aux gentilshommes, par un édit du 12 juillet 1549, les étoffes de velours et soie cramoisies, sinon pour en faire des pourpoints, des hauts-de-chausse, des jupes et des manches; les princes et princesses pouvaient seuls les tailler en robes. Les pages ne devaient être habillés que de drap, avec une broderie de soie. Charles IX fit publier deux édits sur cette matière, le 22 avril 1561 et le 4 février 1567 ; je citerai seulement celui-ci :

« Tous gens d'église se vêtiront d'habits modestes, convenables à leur état, sans qu'ils puissent porter aucun drap de soie, à l'exception des cardinaux, lesquels en useront discrètement, sans aucun enrichissement, et les archevêques et évêques pourront porter des robes de taffetas ou de damas pour le plus, et de velours et satin plein pour les pourpoints et soutanes.

» Les frères et sœurs du roi, les oncles et les tantes, les princes et princesses, ducs et duchesses seulement, pourront avoir des habits de drap ou toile d'or et d'argent, user de parfilure, de broderies, de passements, de tortils, de canetilles, de recamures de velours et de soie ou toiles barrées d'or et d'argent.

» Tous seigneurs, gentilshommes et autres personnes, de quelques qualité et condition qu'elles soient, ne pourront faire porter à leurs pages aucuns draps de soie, broderies, velours, ni autres enrichissements de soie, le tout réservé seulement aux pages du roi, de la reine et à ceux des princes et princesses, ducs et duchesses.

» Les gentilshommes, dames et demoiselles demeurant à la campagne, hors des villes, pourront s'habiller de robes de soie de toutes les couleurs.

» L'usage des robes de soie est permis seulement aux présidents des cours souveraines, maîtres des requêtes de l'hôtel du roi et trésoriers généraux de France, et leurs femmes et demoiselles pourront porter toutes robes de soie, hors le velours ; la soie aussi est permise aux conseillers aux parlements, maîtres des comptes, conseillers en la cour des aides, avocats et procureurs-généraux et greffiers desdites cours, lieutenants civils et criminels des siéges principaux du royaume, secrétaires de la chancellerie et maison de France ; toutes personnes vivant noblement dans les villes ; les receveurs généraux des provinces, leurs femmes et demoiselles pourront porter du satin de soie et du taffetas en robes, même la femme porter des jupes, manches, doublures de manches de robes, de toutes sortes de soies et couleurs, excepté le cramoisi et sans aucun enrichissement[1].

---

[1] Cet article abrogeait celui de l'ordonnance précédente, qui maintenait au contraire contre ces magistrats toutes les anciennes prohibitions. Dans ce

» Dans la permission de porter le taffetas, ne sont pas compris les taffetas veloutés, ni chenillés, mais le taffetas plein seulement et sans déguisement.

» Lesdites demoiselles et dames ne pourront porter dorures en leurs têtes, de quelque sorte qu'elles soient, sinon la première année qu'elles seront mariées, mais seulement des chaînes, carcans et bracelets sans émail, le roi en interdisant l'usage dans le royaume.

» Les femmes de marchands, et autres de moyen état, ne pourront porter de perles ni de dorures, sinon en bracelets, et non autrement.

» Défenses aux artisans, laquais, gens de métier, manouvriers, valets, de porter aucunes soiéries dans leurs habits, même en doublures, et de porter d'autres souliers que de cuir, sans mules, ni chausses. »

Henri III confirma tous ces édits, le 24 mars 1583, en ajoutant de nouvelles prohibitions contre l'usage des broderies, dorures, etc., détaillant les bijoux que les femmes pourraient posséder, la façon du harnais, ne reconnaissant qu'aux gentilshommes le droit d'avoir la poignée de leurs épées et leurs éperons en or ou en argent, etc. Henri IV, en 1599, 1601 et 1604, revint à la charge, et, cette dernière fois, introduisit dans son édit cet article qui pendant quelque temps eut plus d'effet que toutes les menaces et les amendes

même document, les amendes à prononcer contre les contrevenants sont fixées à 200 livres; sauf contre les gens de la dernière catégorie, où elle n'est que de 50 livres, mais avec de la prison.

précédentes : « Défendons à tous nos sujets de porter ni or, ni argent sur leurs habits, excepté pourtant aux filles de joie et aux filous, en qui nous ne prenons pas assez d'intérêt pour leur faire l'honneur de faire attention à leur mise. »

Louis XIII, cependant, dut encore s'occuper de cette matière en 1613, 1633, 1634, 1636, 1640; Louis XIV lui-même parut vouloir suivre cet exemple ; mais ces défenses étaient illusoires, et le luxe fabuleux, corrupteur même de la cour n'amena qu'une recrudescence qui causa de terribles ravages dans les mœurs et la société.

On sait que ce fut Louis XIV qui inventa ces fameux justaucorps splendides, pour vingt gentilshommes qu'il distinguait ainsi particulièrement, et qui furent presque aussi sollicités que le cordon des Ordres.

Nos rois même, en plusieurs circonstances, cherchèrent à réprimer les prodigalités qui se faisaient à l'occasion des fêtes et des repas. Ce serait sortir du cadre que je me suis tracé que de m'arrêter sur ces piquants détails; j'indiquerai cependant l'ordonnance de 1294, l'édit du 20 janvier 1563 et celui de 1629, le dernier sur cette matière : il n'autorisait pas plus de trois services, d'un seul rang chacun et de six pièces au plus par plat ; interdisait les repas de réception et défendait aux traiteurs de prendre plus d'un écu par tête pour les festins.

Quelques mots en finissant sur l'origine des livrées.

Anciennement, c'est-à-dire au moyen-âge, les barons et les chevaliers avaient à leur suite un certain nombre de *compagnons*, généralement petits gentilshommes, que leur patron, si je puis me servir de ce mot dans le sens qu'il avait à Rome, devaient habiller. Les lois somptuaires constatent le nombre de robes dont ils pouvaient opérer la *livraison* en leur faveur, et l'usage était que tous les compagnons d'un même seigneur fussent habillés uniformément. Cette coutume se maintint : les pages furent habillés aux couleurs de leurs maîtres, puis les domestiques, et du mot *livraison*, qui fut conservé, on a fait celui de *livrée*. Autrefois, les gentilshommes avaient droit à une livrée, et l'article 12 du décret impérial du 1er mars 1808 le constate.

Les livrées étaient aux couleurs des armes et elles furent toutes révisées par d'Hozier, juge d'armes de France, lors de la vérification nobiliaire de **1698**.

CHAPITRE V.

De la noblesse militaire. — Priviléges accordés à l'armée. — Écoles nobles.

Je ne veux pas parler ici de la noblesse militaire, c'est-à-dire chevaleresque qui formait l'élite de la classe des gentilshommes et ne reconnaissait pas d'anoblissement connu, mais de la position de l'armée à son égard et des priviléges dont elle jouit.

Le roi Henri III, considéra le premier que l'état militaire devait être un moyen de parvenir à la noblesse ; il décida par son édit du mois de mars 1583 que « dix années consécutives de service militaire suffisaient pour faire jouir les non nobles des exceptions réservées aux nobles, » mais il n'osa pas établir une règle qui cependant était de stricte justice. Henri IV alla plus loin et consacra ce grand principe qui rétablit l'équilibre entre l'armée et la magistrature, qui jouissait déjà de ce privilége considérable.

On lit dans l'édit du mois de mars 1600, article 25 :

« Défense est faite à toute personne de prendre le titre d'écuyer, si elle ne justifie pas être issue d'un aïeul et d'un père *ayant fait profession des armes* ou exercé un emploi public, donnant lieu à un commencement de noblesse. »

« ART. XXVII. Ceux-là qui justifieront de vingt années de service militaire, soit dans le grade de capitaine, soit dans le grade de lieutenant et d'enseigne, jouiront des exceptions des nobles tant qu'ils resteront sous les drapeaux ; et après ces vingt années, ils pourront, par lettres vérifiées en la cour des aides, être dispensés dudit service militaire et jouir des mêmes exceptions leur vie durant, en signe de reconnaissance de leur vertu et de leur mérite. » Cette noblesse *personnelle* devenait donc héréditaire en faveur du petit-fils, aux termes de l'article 25, du moment où le père et le fils en avaient été revêtus et constituait bien un anoblissement régulier. »

Nos rois consacrèrent constamment ces équitables principes, et Louis XV les régularisa définitivement par un édit du mois de novembre 1750, dont voici les principales dispositions:

« ART. II. Tous les officiers généraux non nobles actuellement au service, seront et demeureront anoblis avec toute leur postérité née et à naître en légitime mariage.

» ART. III. Veut Sa Majesté qu'à l'avenir le grade d'officier général confère la noblesse de droit à ceux qui y parviendront.......... à compter du jour et de la date de leurs lettres et brevets.

» Art. x. Tout officier, né en légitime mariage, dont le père et l'aïeul aurait acquis l'exemption de la taille en exécution des articles ci-dessus (— décharge de la taille pour tout officier non noble au service ; décharge viagère pour tout officier non général ayant servi trente ans et sera chevalier de Saint-Louis, ou ayant quitté le service avant ce temps pour blessure ; l'officier né au service ne dérangeait pas les droits du petit-fils —) sera noble de droit après toutefois qu'il aura été créé par Sa Majesté chevalier de l'ordre de Saint-Louis, qu'il l'aura servie le temps ci-dessus prescrit et qu'il aura profité de la dispense par suite de blessure.

» Art. xi. Ladite noblesse passera de droit aux enfants légitimes de ceux qui y sont parvenus, même à ceux qui sont nés avant que leurs pères seraient devenus nobles. »

Et dans sa déclaration du 22 janvier 1752, le roi ajoutait :

« L'intention de Sa Majesté a été que la profession des armes pût anoblir de droit, à l'avenir, ceux des officiers qui auraient rempli les conditions qui y sont prescrites, sans qu'ils eussent besoin de recourir aux formalités des lettres particulières d'anoblissement. Elle a cru devoir épargner à des officiers parvenus aux premiers grades de la guerre et qui ont toujours vécu avec distinction, la peine d'avouer un défaut de naissance souvent ignoré; et il lui a paru juste que les services de plusieurs générations, dans une profession aussi noble que celle des armes, pussent par eux-mêmes conférer la noblesse. »

Comme on le voit, et malgré les récriminations d'un grand nombre d'auteurs, non-seulement l'armée n'était pas fermée aux gens non nobles, mais encore elle fournissait à tous un moyen de parvenir à la noblesse plus honorablement, plus brillamment surtout qu'en achetant ce qu'au siècle dernier on appelait une savonnette à vilain, quelque charge infime de magistrature et de finance. Il y avait cependant certaines compagnies pour lesquelles les preuves nobiliaires étaient exigées. Pour entrer dans les compagnies des gardes du corps du roi ou des princes du sang, de leurs gendarmes, il fallait produire un acte de naissance et un certificat par lequel quatre gentilshommes de la province du pétitionnaire certifiaient sa noblesse. Dans les chevau-légers de la garde du roi, l'élève, d'après le règlement du 22 mai 1781, prouvait au moins quatre degrés paternels par pièces originales : le généalogiste des Ordres du roi examinait tous ces papiers.

La même ordonnance, sans rien changer aux libérales concessions accordées par Louis XV, renouvelle les anciens règlements qui exigeaient au moins quatre degrés de noblesse paternelle y compris le présent, pour ceux qui voulaient entrer comme officiers dans l'armée de terre : il en fut de même pour les aspirants gardes de la marine.

On sait que Louis XV, approuvant le généreux projet que lui proposa le riche financier Pâris Duverney, fonda, en 1751, l'*École royale militaire* destinée à l'éducation de cinq cents jeunes gentilshommes, ayant prouvé quatre degrés paternels et dont les parents avaient été officiers, et avaient péri au service, et n'avaient pas de ressources suffisantes pour assurer l'avenir de leurs enfants, « ne pouvant, lit-on dans le préambule de la lettre de fondation, envisager sans attendrissement que plusieurs de notre noblesse, après avoir consommé leurs biens à la défense de l'État, se trouvassent réduits à laisser sans éducation des fils qui auraient pu servir un jour d'appui à leurs familles, et qu'ils éprouvassent le sort de périr ou de vieillir dans notre armée avec la douleur de prévoir l'avilissement de leur nom dans une postérité hors d'état d'en soutenir le lustre. » Un réglement du 21 janvier 1779 attache en quelque sorte l'ordre de Saint-Lazare à l'École, en y faisant entrer chaque année trois des jeunes officiers sortants sans qu'ils fussent obligés de faire de nouvelles preuves.

Les mêmes preuves encore étaient requises pour être admis à l'école militaire de Brienne, fondée pour es corps spéciaux, en 1776.

Le collége royal de la Flèche, fondé, en 1608, par Henri IV, renfermait cent vingt-quatre fils d'officiers pauvres prouvant quatre degrés de noblesse paternelle.

La maison de Saint-Cyr, due à Mme de Maintenon, servait à recueillir deux cent cinquante jeunes personnes, filles d'officiers pauvres, et pouvant prouver cent quarante ans de noblesse paternelle.

Louis XVI s'occupa encore de la noblesse militaire par une déclaration du 1er janvier 1786, qui reproduisit à peu près celles des 22 mai et 10 août 1781 : il réclama les preuves exigées des élèves de l'École militaire pour tous ceux qui demandaient une sous-lieutenance dans un régiment français d'infanterie ou de cavalerie, et n'admit plus comme cadets-gentilshommes que des jeunes gens âgés de quinze à vingt ans, gentilshommes, *ou, comme pour les sous-lieutenances, fils d'officiers décorés de Saint-Louis*, tués au service.

Je finirai ce chapitre en indiquant quelques colléges ou maisons où les membres de la noblesse pouvaient seuls être admis, et dans lesquels la qualité d'enfant d'officier donnait généralement la préférence.

Le collége Mazarin ou des Quatre-Nations, fondé par le cardinal Mazarin, le 6 mai 1661, pour soixante jeunes gens fournissant quatre degrés de noblesse, pris, savoir : quinze du pays de Pignerol et des États-Romains, quinze de l'Alsace et de Franche-Comté, vingt de Flandre, Artois, etc., dix du Roussillon : la Bresse remplaça le pays de Pignerol, par déclaration de 1724, et, à la fin du siècle dernier, il n'y avait plus que trente élèves entretenus.

Le collége de Rennes, fondé par M. de Kergus, avec trente places réservées aux pauvres familles nobles de Bretagne.

Le séminaire de Joyeuse, où il fallait également faire preuve de quatre degrés.

L'abbaye de Sorrèze, où il y avait douze places réservées à des fils de gentilshommes pauvres de la province, morts au service.

Le collége Louis-le-Grand, où M. de Harlay, fondateur, réserva deux bourses à la noblesse, et où il s'en trouvait douze autres à la nomination du grand aumônier depuis l'annexion à cet établissement du collége Maître-Gervais.

La maison royale de l'Enfant-Jésus à Paris, fondée par le curé de Saint-Sulpice au siècle dernier, pour trente à quarante filles de gentilshommes pauvres, prouvant deux cents ans de noblesse paternelle.

La maison des demoiselles de Rennes, due également à M. de Kergus, et où on exigeait cinq degrés paternels.

La maison du Saint-Sacrement de Nancy, avait douze places réservées aux jeunes filles nobles.

Le monastère des Urbentines de Sorcy, avait trente bourses pour les jeunes filles nobles pauvres des duchés de Lorraine et de Bar, fondées par Mme Adélaïde de France, en 1780.

CHAPITRE VI.

De la noblesse de robe et municipale. — Les gentilshommes-bourgeois du Roussillon. — Des capitouls de Toulouse — Anoblissement faussement prétendu des bourgeois de Paris.

La magistrature a joui bien avant l'armée du privilége d'anoblir ses membres, et ce fut malheureusement d'ordinaire dans un but fiscal qu'on lui concéda cette prérogative au détriment de la profession des armes, dont les représentants ne pouvaient pas enrichir le trésor de l'État. Il exista, du reste, entre l'épée et la robe, comme on disait, toujours une grande distinction, j'allais dire rivalité, et jamais les familles de robe, même par d'éclatants services, de hautes dignités, de magnifiques alliances, ne purent prétendre à marcher de pair avec le plus mince gentilhomme de race chevaleresque. C'est au seizième siècle, comme je l'ai précédemment établi, que les magistrats prirent définitivement, et selon leur rang, les qualifications de chevaliers et d'écuyers, au lieu de celle beaucoup plus modeste de maîtres. Les rois cependant, à diverses reprises, firent de louables efforts pour engager l'ancienne noblesse à prendre place dans les compagnies souveraines. L'article 262 même de l'ordonnance de Blois les invitait positivement à s'appliquer à l'étude du droit pour exercer des fonctions de magistrature ; ces conseils furent médiocrement écoutés, et la robe demeura enveloppée injustement d'une sorte de dédain qui fait mentir le poete latin.

Au dix-septième siècle, on peut dire que toutes les charges de magistrature conféraient la noblesse, seulement cette expression serait mal prise, si on la considérait comme signifiant que ces fonctions anoblissaient. Elles conféraient seulement un commencement de noblesse, n'ayant son effet complet qu'à la troisième génération.

La noblesse au premier degré, c'est-à-dire acquise et parfaite dans la personne des enfants, quand le père était mort en fonctions et après vingt ans d'exercice, était conférée par les charges de chancelier de France, garde des sceaux, secrétaire d'État, conseiller d'Etat en service ordinaire, maître de requêtes, conseiller et secrétaire du roi ; les membres du parlement de Paris (édit de juillet 1644)[1], de la cour des aides

---

[1] L'avocat du roi aux requêtes, le greffier en chef criminel, le premier huissier du parlement de Paris furent admis à jouir de ce privilége par la dé-

de Paris (6 novembre 1657 et 1659), de la chambre des comptes de Paris, et parlement de Besançon, Dauphiné et de Dombes en jouissaient. L'édit du mois d'octobre 1704 généralisa autant que possible cette mesure : « Le roi ayant remarqué qu'un des avantages qui décorent le plus les charges des officiers des cours supérieures du royaume est la noblesse qui y a été attachée de tout temps, lorsque le père et le fils sont morts revêtus desdites charges et qu'ils les ont exercées pendant vingt années, accorde aux officiers de chacune des cours du parlement, chambre des comptes, cours des aides, conseils supérieurs et bureaux des finances du royaume, quatre dispenses d'un degré de services, pour pouvoir acquérir la noblesse et la transmettre à leur postérité[1] ; au moyen de quoi après avoir servi pendant vingt années dans leurs offices, en étant revêtus d'iceux, eux, leurs veuves demeurant en viduité, et leurs enfants nés et à naître en légitime mariage seront nobles et jouiront de tous les priviléges, droits, etc., dont jouissent les autres nobles de race du royaume, comme si leur père et leur aïeul étaient décédés revêtus de pareils offices, en payant pour chacun desdits officiers 300 livres effectives d'augmentation de gages au denier 20, sur la quit-

---

claration du 2 janvier 1691 ; les substituts du procureur général du parlement de Paris, par celle du 29 juin 1704, toujours aux mêmes conditions.

[1] C'est *la noblesse graduelle*, c'est-à-dire conférée à la troisième génération, et personnelle seulement jusque-là, *patre et avo consulibus*, comme on disait alors : autrement elle n'était que commencée.

tance du garde du trésor royal. » Ces dispositions, beaucoup trop libérales, furent singulièrement restreintes par un édit de 1715, et la noblesse graduelle fut seulement de nouveau attribuée à toutes ces compagnies, sauf les parlements de Paris et de Douai, la chambre des comptes et la cour des aides de Paris, qui conservèrent le privilége de la noblesse au premier degré.

D'après un calcul fait en 1788, calcul qu'on ne doit considérer que comme approximatif, on peut ainsi évaluer approximativement le nombre des charges de magistrature conférant la noblesse à divers degrés et qui justifiait certes bien les réflexions tristement arrachées à Chérin, le plus véridique des généalogistes : Hélas ! toute la bourgeoisie y passera !

Secrétaires du roi de grande et petite chancelleries, actuels et vétérans	730
Grand conseil	67
Parlement	1,037
Chambre des comptes	686
Cours des aides	172
Bureaux des finances	662
Conseillers d'État et maîtres des requêtes	140

Ce qui donne un total de huit mille quatre cent quatre-vingt treize charges *principales*, auxquelles il faudrait ajouter toutes celles des présidiaux, bailliages, prévôtés, greniers à sel, maîtrises des eaux et forêts, élections, bureaux de la maréchaussée et quelques autres juridictions qui ne jouissaient que de la noblesse *patre et avo consulibus.*

Les municipalités donnèrent lieu également à de nombreux anoblissements. J'ai déjà eu occasion de parler des bourgeois d'Orléans, de Bourges et de Cherbourg. Un grand nombre d'historiens ont dit que Charles V avait anobli tous les bourgeois de Paris, ce qui est une grave erreur. Ce prince, par une ordonnance du 9 août 1371, les autorisa seulement à acquérir et à posséder des fiefs nobles, quoique non nobles eux-mêmes. Henri III le premier anoblit le prévôt des marchands et les quatre échevins de sa capitale. Beaucoup de villes acquirent et avaient acquis des priviléges analogues pour leurs officiers municipaux, en totalité ou en partie. Je puis citer La Rochelle (mars 1372), Poitiers (décembre (1372), Angoulême (1373) Saint-Jean d'Angély (même date), Saint-Maixent (1444), Tours, Niort (février, novembre (1461), Cognac (1471), Angers (juin 1474), Lyon (1495), Péronne (1536), Nantes (1559); Bordeaux, Grenoble, Vienne, Aix, Dijon, et bien d'autres pourraient être ajoutées à cette liste, à partir du dernier siècle : ce furent celles qui portèrent le nom de *bonnes villes.* Les bourgeois de Perpignan prétendaient être gentilshommes, tandis que de fait il n'y a en avait que deux qui, par concession de Louis XIV, étaient chaque année choisis par le conseil de ville et anoblis : ils engagèrent contre les gentilshommes du comté un procès qui dura cent ans ; enfin, en 1788, comme ils

4.

renouvelaient leurs prétentions à l'occasion des États généraux, Louis XVI, pour empêcher une agitation inutile, reconnut pour tous leur noblesse de race, et les proclama tels; ils prirent immédiatement alors tous la particule devant leur nom patronymique.

La noblesse municipale subissait cependant quelques exceptions : en cas de dérogeance, elle ne pouvait pas être purgée. Souvent des édits vinrent révoquer des concessions, à moins qu'on n'exécutât quelques nouvelles clauses fiscales, comme l'arrêt du mois d'avril 1771 — ce fut le dernier — qui soumit à une taxe de 6,000 livres ceux qui voulurent continuer à jouir des priviléges précédemment accordés. Dans le plus grand nombre des villes aussi, cette noblesse n'était parfaite quant à l'hérédité, que moyennant un temps fixe passé en charge pour les titulaires, ce qui ramenait cette noblesse à celle du principe graduel.

Les capitouls de Toulouse, qui avaient jusque-là joui de priviléges très-étendus et avaient pu posséder des fiefs nobles, furent définitivement anoblis eux-mêmes jusqu'à concurrence de huit à la fois, par lettres patentes du 24 mars 1471.

CHAPITRE VII.

Révolution. — Noblesse impériale. — Restauration. — Charte de 1814. — Charte de 1830. — 1848. — 1852. — État actuel.

Chérin, dans un moment de découragement, avait pu dire, en voyant les empiétements des parvenus sur la noblesse : « Hélas! toute la bourgeoisie y passera! » La Révolution se chargea de le venger et d'empêcher la réalisation de sa prédiction : la loi du 4 août 1789 supprima les qualifications nobiliaires et la noblesse; l'Assemblée Constituante confirma cette mesure égalitaire, par un décret du 27 septembre 1791, contenant cet article premier :

« Tout citoyen qui, dans tous actes quelconques, prendra quelques-unes des qualifications ou des titres supprimés, sera condamné à une amende égale à six fois la valeur de sa contribution, rayé du tableau civique et déclaré incapable d'occuper aucun emploi civil ou militaire. »

Déjà, un décret du 19 juin 1790 avait interdit les titres, armoiries, livrées, désignations des princes et des prélats, et décida « qu'aucun Français ne pourrait prendre que son vrai nom de famille, » mais il ne prononçait pas de peines si graves.

L'empereur Napoléon 1er comprit, avec cette rare perspicacité qui savait guider ses regards dans tous les détails du grand corps social, qu'il lui appartenait de créer une noblesse dont les titres seraient basés sur les services rendus à sa cause et à sa dynastie : la révolution lui avait facilité sa tâche, et il n'avait qu'à reconstruire à son gré sur un terrain complétement nivelé.

Il commence par rétablir ce principe par la création de la Légion d'honneur, annoncée dans la constitution de l'an VIII, et qui, bientôt organisée, ne fut en réalité qu'une noblesse militaire. Le décret du 30 mars 1806, créa des titres héréditaires établis sur des majorats fournis et transmissibles par ordre de primogéniture ; il ne s'agissait encore que des grands fiefs à l'étranger. Le décret du 1er mars 1808 vint généraliser cette nouvelle institution, et l'on vit bientôt la plupart de ceux qui, en 1793, avaient imputé à crime à nombre de malheureux gentilshommes l'honneur de porter un titre, rechercher et s'enorgueillir de ces nouvelles faveurs. Voici les termes de cet acte officiel, qui prend une nouvelle importance des circonstances actuelles :

« Art. 1er. — Les titulaires des grandes dignités

de l'empire porteront le titre de prince et d'altesse sérénissime [1].

» ART. 2. — Les fils aînés des grands dignitaires auront de droit le titre de duc de l'Empire, lorsque leur père aura institué en leur faveur un majorat produisant 200,000 francs de revenu. Ce titre et ce majorat seront transmissibles à leur descendance directe et légitime, naturelle et adoptive, de mâle en mâle, par ordre de primogéniture.

» ART. 3. — Les grands dignitaires pourront instituer pour leur fils aîné ou puîné des majorats auxquels seront attachés des titres de comte et de baron, suivant les conditions ci-après déterminées.

» ART. 4. — Nos ministres, les sénateurs, nos conseillers d'État à vie, les présidents du corps législatif, les archevêques, porteront pendant toute leur vie le titre de comte. Il leur sera, à cet effet, délivré des lettres patentes, scellées de notre grand sceau.

» ART. 5. — Le titre sera transmissible à la descendance directe et légitime, naturelle et adoptive, de mâle en mâle, par ordre de primogéniture, de

---

[1] Voici le texte du décret du 30 mars 1806 : « ART. 3. — Nous avons érigé et érigeons en duchés, grands fiefs de notre empire, les provinces ci-après désignées : la Dalmatie, l'Istrie, le Frioul, Cadore, Bellune, Conegliano, Trévise, Feltre, Bassano, Vicence, Padoue et Rovigo. — ART. 4. — Nous nous réservons de donner l'investiture desdits fiefs, pour être transmis héréditairement par ordre de primogéniture, aux descendants mâles, légitimes et naturels, de ceux en faveur de qui nous en aurons disposé; et en cas d'extinction de leur descendance masculine, lesdits fiefs seraient reversibles à notre couronne. »

celui qui en aura été revêtu, et pour les archevêques, à celui de leurs neveux qu'ils auront choisi, en se présentant devant le prince archichancelier de l'empire, afin d'obtenir, à cet effet, nos lettres-patentes, et en outre aux conditions suivantes.

» Art. 6. — Le titulaire justifiera dans les formes que nous nous réservons de déterminer, d'un revenu net de 30,000 francs en biens de la nature de ceux qui devront entrer dans la formation. Un tiers dudit bien sera affecté à la dotation du titre mentionné dans l'article 4, et passera avec lui sur toutes les têtes où ce titre se fixera.

» Art. 7. — Les titulaires mentionnés en l'article 4 pourront instituer un majorat en faveur de leur fils aîné ou puîné, auquel sera attaché le titre de baron, suivant les conditions déterminées ci-après.

» Art. 8. — Les présidents de nos colléges électoraux de départements, le premier président et le procureur général de notre cour de cassation, le premier président et le procureur général de notre cour des comptes, le premier président et les procureurs généraux de nos cours d'appel, les évêques, les maires des trente-sept bonnes villes [1] qui ont droit

---

[1] Les bonnes villes étaient, déduction faite des huit villes étrangères, dans l'ordre que l'ordonnance du 25 avril 1811 leur assigna : (je marque d'un astérisque celles qui ne durent cet honneur qu'au gouvernement de la Restauration.)

Paris,	Bordeaux,	Lille,	Orléans,
Lyon.	Rouen,	*Toulouse.	Amiens,
Marseille,	Nantes,	Strasbourg,	Angers,

d'assister à notre couronnement, porteront pendant leur vie le titre de baron, savoir : les présidents des colléges électoraux, lorsqu'ils auront présidé le collége pendant trois sessions ; les premiers présidents, procureurs généraux et maires, lorsqu'ils auront dix ans d'exercice et que les uns et les autres auront rempli leurs fonctions à notre satisfaction.

» Art. 9. — Les dispositions des articles 5 et 6 seront applicables à ceux qui porteront pendant leur vie le titre de baron : néanmoins, ils ne seront tenus de justifier que d'un revenu de 15,000 francs, dont le tiers sera affecté à la dotation de leur titre et passera avec lui sur toutes les têtes où ce titre se fixera.

» Art. 10. — Les membres de nos colléges électoraux de département qui auront assisté à trois sessions de nos colléges et qui y auront rempli leurs fonctions à notre satisfaction, pourront se présenter devant l'archichancelier de l'empire, pour demander qu'il nous plaise de leur accorder le titre de baron;

Montpellier,	Rennes,	Montauban,	Aix,*
Metz,	Tours,	Troyes,	Pau,*
Caen,	Bourges,	Nimes,*	Vesoul,*
Clermont-Ferrand,	Grenoble,	Antibes,*	Toulon,*
Besançon,	La Rochelle,	Cette,*	Colmar,*
Nancy,	Dijon,	Carcassonne,*	Cambrai,*
Versailles,	Reims,	Avignon,*	Abbeville,*

Il n'y a point d'actes officiels pour plusieurs de ces villes : la plupart sont celles dont les maires devaient, aux termes du sénatus-consulte du 8 fructidor an x et du décret du 5 messidor an xii, assister au couronnement de l'empereur, mais ce titre de baron ne pourra être transmissible à leur descendance directe et légitime, naturelle ou adoptive, de mâle en mâle et par ordre de primogéniture, qu'autant qu'ils justifieront de 15,000 francs de rente, dont le tiers, lorsqu'ils auront obtenu nos lettres-patentes, demeurera affecté à la dotation de leur titre et passera avec lui sur toutes les têtes où il se fixera.

» Art. 11. — Les membres de la Légion d'honneur et ceux qui à l'avenir obtiendront cette distinction, porteront le titre de chevalier.

» Art. 12. — Ce titre sera transmissible à la descendance légitime ou directe, naturelle ou adoptive, de mâle en mâle, par ordre de primogéniture, de celui qui en aura été revêtu, en se référant devant l'archichancelier de l'empire, afin d'obtenir à cet effet nos lettres-patentes, et en justifiant d'un revenu net de 3,000 francs au moins.

» Art. 13. — Nous nous réservons d'accorder les titres que nous jugerons convenables aux généraux, préfets, officiers civils et militaires, et autres de nos sujets, qui se seront distingués par les services rendus à l'État.

» Art. 14. — Ceux de nos sujets à qui nous aurons conféré des titres, ne pourront porter d'autres armoiries ni avoir d'autres livrées que celles qui seront énoncées dans les lettres-patentes de création.

» Art. 15. — Défendons à tous nos sujets de s'arroger des titres et qualifications que nous ne leur aurions pas conférés, et aux officiers de l'état civil, notaires et autres, de les leur donner, renouvelant, autant que besoin serait, contre les contrevenants, les lois actuellement en vigueur. »

En exécution de ce décret, une commission du sceau des titres, composée de trois conseillers d'État, de trois maîtres des requêtes, d'un commissaire et d'un trésorier, de six référendaires et d'un auditeur au conseil d'État secrétaire, fut instituée pour s'occuper de tout ce qui concernait les questions nobiliaires et concessions d'armoiries, lesquelles pouvaient être assez arbitrairement composées, moyennant cependant qu'elles rappelaient généralement les causes de leur octroi et qu'on observait les règles posées par la science héraldique. Dans le Code pénal publié en 1810, l'empereur avait fait insérer dans l'article 259, applicable aux individus se décorant, sans en avoir le droit, d'ordres français et étrangers, et les punissant d'un emprisonnement de six mois à deux ans, ce paragraphe bien fait pour donner de la vigueur à sa nouvelle noblesse : « et toute personne qui se sera attribué des titres impériaux qui ne lui auraient pas été légalement conférés. »

La Charte de 1814 maintint la noblesse impériale en rétablissant l'ancienne [1] ; une commission du

---

Art. 71. La noblesse ancienne reprend ses titres, la nouvelle conserve les siens. Le roi fait des nobles à volonté, mais il ne leur accorde que des rangs et des honneurs, sans aucune exemption des charges et des devoirs de la société.

sceau, instituée le 15 juillet, continua celle du gouvernement de l'empereur et fut maintenue sur les mêmes bases ; mais elle fut aussi chargée des vérifications et confirmations. A son retour de l'île d'Elbe, Napoléon remit en vigueur la loi de l'Assemblée constituante, à l'égard de la noblesse, excepté en ce qui concernait celle qu'il avait créée, ce qui revenait simplement à replacer les choses sur le pied où il les avait précédemment mises, Louis XVIII, en rentrant une seconde fois aux Tuileries, ne modifia pas ses précédentes dispositions, et fit seulement étendre à l'ancienne noblesse la seconde partie de l'article 259 du Code pénal. Dans ce but, on substitua les mots *titres royaux* à ceux de titres impériaux, ce qui amena une confusion fâcheuse et mise en relief avec une haute raison par M. le ministre de la justice, dans le rapport qu'il vient d'adresser à l'empereur sur cette matière : « Ce changement que l'on considéra alors comme une pure forme, puisqu'on ne le soumit pas à un vote législatif, dénaturait cependant d'une manière considérable, et l'on serait tenté de dire inintelligente, la pensée impériale : il ôtait à l'article sa signification nette et précise pour y substituer un sens vague et incertain, et le faisait, d'un seul mot, réagir sur toute la noblesse restaurée, au risque de créer les difficultés les plus graves et les plus regrettables. Aussi, et sans doute à cause des embarras qu'il laissa bientôt pressentir, tout semble indiquer qu'il ne fut pas invoqué devant les tribunaux ; on ne trouve du moins à la chancellerie aucune trace de son application. » Durant la restauration, un assez grand nombre de titres et d'anoblissements furent concédés par lettres royales; mais un plus grand nombre aussi surgirent spontanément, et la plupart des fils de gentilshommes titrés seulement à brevet, c'est-à-dire viagèrement, par Louis XVI, se considérèrent comme pourvus héréditairement. Une nouvelle source de confusion fut introduite par l'ordonnance du 25 août 1817, qui établit la hiérarchie des pairs, réglant que les fils aînés prendraient le titre immédiatement inférieur à celui du père, et les fils puînés, les autres titres pareillement inférieurs entre eux. S'appuyant à tort sur ce principe, qui constituait au contraire une exception à la règle commune, le reste de la noblesse se crut autorisé à adopter, par assimilation, une hiérarchie analogue dans ses familles, ce qui multiplia rapidement la profusion des titres. Une ordonnance du 10 février – 13 août 1824, fixa cependant cette question nobiliaire, et conserva la distinction des titres viagers ou à brevets et des titres héréditaires : « Article unique. — A l'avenir, les titres de baron, de vicomte, de comte, de marquis et de duc, qu'il nous plaira d'accorder à ceux de nos sujets qui nous en auraient paru dignes, seront personnels, et ne passeront à leurs descendants en ligne droite qu'autant que les titulaires auront été autorisés par nous à constituer en effet le majorat affecté au titre dont ils seront revêtus. Ces titres et autorisations seront accordés par ordonnances royales, sur le rapport de notre garde des sceaux et non autrement. »

La Charte de 1830 maintint purement et simplement celle de 1814 quant à la noblesse ; mais la chambre fit supprimer, en votant la loi du 17 avril 1832, la pénalité contenue dans l'article 259 du Code pénal contre les faux nobles, alléguant qu'elle était devenue inutile, du moment où, par le fait de la modification du texte primitif, la noblesse ancienne était seule exposée à ces poursuites, tandis que celle de l'empire, quoique maintenue, était mise hors de cause. Depuis ce jour, aucune règle n'a plus réellement existé en faveur de cette classe prétendue privilégiée. Le roi Louis-Philippe créa seulement quelques titres, sans conférer d'anoblissement, comme sous la restauration ; mais les titres parasites se propagèrent assez hardiment, quoique de temps en temps quelques procès soient venus durant cette période montrer qu'on ne pouvait pas encore impunément prendre le nom de son voisin. Le roi aussi accorda plusieurs substitutions et additions de noms qui sont une espèce d'anoblissement dissimulé. Se ressouvenant de l'assemblée constituante, le gouvernement provisoire rendit un décret, le 29 février 1848, pour prohiber les lettres nobiliaires ; un autre décret, du 24 janvier 1852, a rapporté à son tour cette suppression républicaine, mais sans rien prescrire encore pour l'avenir.

En 1852, comme après les guerres civiles du seizième siècle, comme après celles de la Fronde, comme à la rentrée des émigrés, beaucoup de gens arborèrent des titres inédits jusque-là, alléguant qu'ils les avaient cachés pendant le temps où il était défendu de les porter. Le désordre a tellement grandi, ce pillage est devenu si scandaleux, si blessant en résumé pour une institution honorable, que le gouvernement s'est ému des justes et respectueuses observations qui lui ont été soumises par M. Voysin de Gartempe dont la pétition examinée au sénat, a été renvoyée au conseil d'État qui a commencé l'élaboration d'un projet de loi réglementant cette matière.

Ce travail n'a produit jusqu'à présent que la présentation d'un projet de loi pour le rétablissement de la pénalité contenue dans l'article 259 du Code pénal, tel qu'il fut rédigé en 1810, et que le corps législatif aura sans doute adopté au moment où l'on achevera l'impression de ce volume.

CHAPITRE VIII.

Des titres. — Erreur de croire la noblesse inséparable des titres. — Les ducs. — Les princes. — Les grands d'Espagne. — Marquis. — Comtes. — Vicomtes. — Barons. — Des anciens barons. — Chevaliers, et de la chevalerie. — Baronnets. — Écuyers. — Varlets, damoiseaux, pages. — Vidames. — Captals. — Satrapes. — Avoués. — Châtelains. — Titres viagers — Usurpation de titres. — Lois répressives. — Imprescriptibilité des titres.

La noblesse, on ne le sait pas assez, quoique ce soit une vérité aussi banale que possible, est parfaitement indépendante des titres, qui ne sont en quelque sorte qu'un ornement, une décoration ajoutée à la noblesse même. Leur défaut n'empêche pas une famille d'être d'une aussi ancienne extraction que celle qui a été plus favorisée par la fortune ou la faveur du prince. Le monde se figure maladroitement le contraire, et croit d'ordinaire que la noblesse ne peut exister sans la présence d'un titre; c'est une grave erreur. Bien plus, l'absence de ce que, par un étrange abus de langage, on est convenu d'appeler la particule nobiliaire, n'entraîne pas davantage l'idée de vilenie, pour employer la vieille expression. Je pourrais citer des familles nobles, les Chabot, les Bastard, les Bourgoing, les Bayard, les Bec-de-Lièvre, les Bérenger, les Gontaut, les-Albert les Brancas, les Fitz-James, les Colbert, les unes de vieille souche chevaleresque, les autres d'origine plus récente, et chez lesquelles la particule ne s'est introduite que par l'usage, mis à la mode au dix-septième siècle, et qui la fit attribuer à toutes les personnes *honnêtes*, même à M. de Molière, à M. de Corneille et à M. de Voiture, tandis que les Molé, les Pasquier, les Séguier, les Brûlart ne se trouvaient pas moins bons gentilshommes ou anoblis, pour conserver leur nom sans sacrifier à un usage, usage, j'ai hâte cependant de le dire, consacré et devenu respectable, quand deux siècles se sont écoulés, pendant lesquels les noms ont, pour ainsi parler, prescrit cet allongement.

Je vais, en quelques pages, expliquer l'origine des divers titres usités par la noblesse française, leur importance, leur hiérarchie, et tâcher de porter un peu de lumière dans ces détails, généralement très-mal connus.

1

Les ducs remontent aux dernières années de l'empire romain et tirent leur origine du mot *dux*, général d'armée ; c'était effectivement un grade militaire alors, répondant au plus haut degré de la hiérarchie. On en comptait treize pour l'empire d'Orient et douze pour celui d'Occident : ceux des Gaules étaient les ducs de la première Germanie, de l'Armorique, des deux Belgiques et de la Séquanaise. Les Francs conservèrent cette organisation qui répondait assez bien à leurs idées. Les ducs, sur la fin de la dynastie mérovingienne, secouèrent un joug qui n'était plus que nominal, et, dans certaines parties de la France, se rendirent indépendants. C'était alors un officier mis à la tête d'une province, ayant au-dessous de lui plusieurs compagnons, *comites* d'où *comtes*, et réunissant tous les pouvoirs, exerçant la souveraine justice. On connaît les luttes que nos rois eurent à soutenir contre les ducs d'Aquitaine et de Gascogne. Charles-Martel dompta bien pendant un moment ces fiers feudataires, et, après lui, Charlemagne, qui ne pouvait souffrir l'idée de ducs héréditaires ; mais ceux-ci conservèrent leur liberté avec le capitulaire de Kierzy, et devinrent aisément de véritables souverains sous les faibles Carlovingiens. Il suffit de nommer les ducs de France, de Normandie, de Bretagne, de Bourgogne et d'Aquitaine, qui cédaient à peine aux souverains une ombre bien effacée de précaire suzeraineté. Quand Hugues Capet, ce duc de France, se fit roi, il ne put que reconnaître les priviléges de ses collègues, en exigeant d'eux seulement le serment de foi et hommage et le service militaire. La dignité ducale fut celle qui survécut le plus longtemps au naufrage de la féodalité, et dont les représentants seuls conservèrent encore une réelle importance. A l'aide des apanages, cependant, les rois parvinrent à dénaturer jusqu'à un certain point cette haute influence. La féodalité apanagée voulut bien essayer de ressusciter les traditions de celle qu'elle avait remplacée, mais Louis XI vint lui faire courber la tête, et, à dater de cette époque, les ducs ne furent plus que les premiers des seigneurs français. Charles IX essaya même de diminuer encore ce reflet bien terni des siècles précédents, et promulgua, en 1562 et en 1566, un édit portant qu'à l'avenir aucune terre ne serait érigée en duché, que sous la condition que le titulaire, venant à mourir sans postérité mâle, il devait y avoir reversion à la couronne, c'est-à-dire perte du domaine pour la descendance. Henri III confirma ces dispositions, par un édit du 17 août 1576, mais elles n'eurent pour ainsi dire nul effet, les personnes qui obtenaient la dignité ducale ayant toujours soin de faire insérer dans leurs lettres patentes exclusion de cette clause ruineuse et l'extinction seule du titre. Mais un nouveau motif de dépendance venait, au seizième siècle, d'accroître l'autorité royale à l'égard des ducs; presque tous, en étant créés pairs, furent plus étroitement unis aux intérêts de la couronne, et les autres, ayant pour ainsi dire le monopole des grandes charges, eurent encore plus de raisons de se montrer bons courtisans, pour obtenir honneurs et amples profits.

Originairement, selon Pasquier et de la Roque, il fallait la possession ou la suzeraineté de quatre comtés pour motiver l'érection d'un duché ; plus tard, ces règles ne furent plus rigoureusement exigées, et il suffit de posséder un nombre de fiefs ou de paroisses, relevant directement du roi et formant un *ensemble jugé suffisant.* Les ducs étaient titrés cousins du roi, comme les maréchaux, les cardinaux, les connétables et les grands d'Espagne.

Au dix-septième siècle, Louis XIV créa une troisième classe de ducs, les ducs à brevet, non héréditaires et devenus assez nombreux à la fin du siècle dernier.

J'ai cru intéressant de donner l'état des maisons ducales sans pairies en France, en commençant par la liste des familles revêtues de cette dignité avant la révolution : l'astérisque indique celles où le titre s'est trouvé éteint avant 1789, mais dont la descendance subsiste encore collatéralement : les deux astérisques, celles qui existent actuellement.

Cette liste comprend les ducs non pairs, c'est-à-dire dont les terres étaient régulièrement érigées, les lettres patentes ayant été vérifiées et enregistrées, jouissant de tous les honneurs et priviléges des ducs et pairs, sauf pour la pairie ; les ducs à brevet, c'est-à-dire créés sans érection de terres, et seulement par commission royale, contresignée d'un secrétaire d'État et ayant encore les mêmes priviléges, et notamment l'hérédité ; et enfin quelques titres qui étaient pris sans concession régulière :

MAISONS	DUCS NON PAIRS
d'Albert de Luynes, **	de Piquigny.
	de Montfort.
	de Tingry.
	de Chevreuse.
d'Aremberg, **	d'Aremberg.
d'Arpajon,	d'Arpajon.
d'Aumont, **	de Villequier.
	de Piennes.
d'Aubusson,*	de la Feuillade.
de Bar (1354), *	de Roannais (1667).
de Beauffremont, **	de Beauffremont.
de Béthune,	de Sully.
	d'Ancenis.
des Balbes de Berton-Crillon, **	de Mahon.
de Borgia,	de Valentinois (1498)
de Brancas, **	de Lauraguais.
	de Cereste.
de Broglie, **	de Broglie (1742).
de Brosses,	d'Étampes (1534).
	de Chevreuse (1545).
Bonnières de Soastres,	de Guines.
de Caumont, **	de Lauzun (1692).
	de la Force (1787).

MAISONS	DUCS NON PAIRS
de Chalençon, **	de Polignac (1780).
de Chastellux, **	de Rauzan.
du Châtelet,	du Châtelet (1777).
de Cambout, *	de Coislin.
de Créquy,	de Créquy.
	de Lesdiguières.
de Choiseul,	de Choiseul.
de Cossé-Brissac, **	de Cossé (1784).
de Crevant,	de Humières (1690).
de la Croix, **	de Castries (1784).
de Croy, **	de Croy (1598).
	de Croy-Dulmen.
	d'Havré (1777).
de Crussol, **	de Crussol.
de Durfort, **	de Durfort.
	de Civrac.
	de Lorges (1691).
	de Ventadour.
d'Este-Ferrare,	de Chartres (1528).
d'Estouteville (1534).	
d'Estrées,	d'Estrées.
	de Berwick.
de Fitz-James, **	d'Albermale.
de Gand, **	de Gand.
de Gontaut, *	de Lauzun.
	de Gontaut.
de Gorrevod,	de Pont-de-Vaux (1623).
de Gouffier,	de Roannais (1519-1566).
de Grammont, **	de Guiche.
	de Lesparre.

MAISONS	DUCS NON PAIRS
de Hamilton,**	de Châtellerault.
	de Hamilton.
	de Brandon.
d'Harcourt.**	de Beuvron.
de Kerfily,	de Sérent.
de Joyeuse,	de Joyeuse.
la Valette,	de la Valette.
	d'Epernon.
	de Nogaret.
de Lévis,**	de Mirepoix.
	de Dampierre.
	de Lévis (1784).
	de Ventadour (1578).
de Lorraine,	de Chevreuse (1555),
de Maillé,**	de Maillé (1784).
	de Châteauroux (1742).
de Mailly,*	de Mailly.
de Marmier,**	de Choiseul-Stainville.
de Melun,*	de Melun et de Joyeuse.
de Montmorency (1578),	de Damville.
	de Laval (1783).
	d'Olonne.
	de Beaumont-Tingry (1768).
	de Boutteville.
	de Beaufort (1688).
de Médicis,	de Châtillon (1696).
	de Nemours (1515).
de Noailles,**	d'Ayen.
	de Mouchy.

MAISONS	DUCS NON PAIRS
de Narbonne,	de Narbonne-Lara.
Phélippeaux,	de Poix (1711).
	de la Vrillière.
de Preissac, **	d'Esclignac (1788).
	de Fimarcon.
de Poitiers, '	de Valentinois (1548).
Robert de Lignerac,**	de Caylus (1783).
de Rochechouart. **	de Mortemart.
	de Vivonne.
de la Rochefoucauld, **	de Doudeauville (1782).
	de Liancourt.
	d'Anville.
	d'Estissac (1758).
	de la Roche sur-Yon (1769).
de Rohan, **	de Joyeuse.
	de Loudun (1759).
	de Rochefort.
	de Soubise.
	de Montauban.
	de Léon.
de Rohan-Chabot, **	de Gyé.
	de Chabot.
de Rosset,	de Fleury.
de Rouvroy St-Simon **	de Ruffec.
de Sainte-Maure, *	de Montausier.
de Saulx-Tavannes,	de Saulx-Tavannes (1786).
de Savoie,	de Carignan (1682).
Séguier, *	de Villemor.
de Talleyrand, **	de Chalais (1713).

MAISONS	DUCS NON PAIRS
de la Trémoïlle, **	de Châtellerault.
	de la Trémoïlle.
	de Royan.
	de Noirmoutiers (1707).
	de Tarente.
	de Talmont.
de la Tour-d'Auvergne, **	
de Vignerot du-Plessis-Richelieu, **	d'Agenois.

La restauration créa un assez grand nombre de ducs pour combler les vides nombreux faits par la révolution. Elle confirma d'abord tous ceux créés par l'empereur [1] :

Arrighi, duc de Padoue.
Augereau, duc de Castiglione.
Davoust, duc d'Auerstædt et prince d'Eckmülh. *
Bernadotte, prince de Pontecorvo (1806).
Berthier, prince de Wagram et de Neuchâtel (1806 et 1809).
Bessières, duc d'Istrie. *
De Beauharnais, duc de Leuchtemberg et d'Eischtædt.
De Cambacérès, duc de Parme.
De Caulaincourt, duc de Vicence.
Clarke, duc de Feltre.
Decrès. *
Duroc, duc de Frioul. *
De Dalberg. *

1 L'astérisque indique les titres éteints

Fouché, duc d'Otrante.
Gaudin, duc de Gaëte.
Junot, duc d'Abrantès.
Kellermann, duc de Valmy.
Lannes, duc de Montebello.
Lebrun, duc de Plaisance.
Lefebvre, duc de Dantzick (1809).
Macdonald, duc de Tarente.
Maret, duc de Bassano.
Masséna, duc de Rivoli et prince d'Essling.
Moncey, duc de Conégliano.
Mortier, duc de Trévise.
Ney, duc d'Elchingen et prince de la Moskowa.
De Nompère, duc de Cadore.
Oudinot, duc de Reggio.
Perrin, duc de Bellune.
Régnier, duc de Massa.
Savary, duc de Rovigo.
Soult, duc de Dalmatie.
Suchet, duc d'Albuféra.
de Talleyrand, prince de Bénévent (1806).
Viesse de Marmont, duc de Raguse.

Le gouvernement de la restauration y ajouta, par ordre alphabétique :

D'Avaray (de Bésiade),
de Bayane,
de Beausset,
de Berghes-Saint-Winock, 1827,
de Beauffremont, 1817,
de Blacas d'Aulps, 1821,

des Cars (de Pérusse), 1821,
de Caraman, 1827 (Riquet),
de Crillon, 1817 (Balbes de Berton),
de Damas d'Antigny, 1825,
de Damas Crux, 1815,
Decazes, 1820,
de la Chastre, 1815,
de la Fare,
de Latil, 1822,
de la Luzerne, 1814,
de Latier, 1814,
de Montesquiou-Fezenzac, 1821,
de Montmorency (duc Mathieu), 1825,
de Narbonne Pelet, 1817,
de Rauzan 1819 (de Chastellux),
de Rivière, 1825 (Rifardeau),
de Sabran (les Pontevès substitués), 1825,
de Talleyrand-Périgord,
de Talleyrand-Valençay,
de Tourzel, 1816 (du Bouchet des Sourches).

Enfin, Louis-Philippe créa successivement :

Le duc de Montesquiou-Fezenzac, 1832 (transmission).
Le duc de la Mothe-Houdancourt.
Le duc de l'Isly (Bugeaud de la Piconnerie), 1845.
Le duc Pasquier, 1845,

et donna le titre de duc de Montmorot à M. le duc de Rianzarès, mari de la reine Marie-Christine d'Espagne [1].

[1] Louis XIV accorda à M. de Lennox, en 1672, le duché d'Aubigny, qui devint pairie en 1787.

Depuis, le maréchal Pélissier a été créé duc de Malakoff, par décret du 22 juillet 1856 ; et les ducs de Cambarérès et de Saint-Simon ont été pourvus régulièrement de ces titres.

Il faut encore ajouter à ces diverses nomenclatures quelques familles honorées de la dignité ducale par les papes dans le Comtat Venaissin et reconnues par le gouvernement de la restauration : de Montpezat, de Caumont-Seytres, Phalaris d'Orsan, de Grimaldi et de Grammont-Caderousse (1825) ; cette dernière seule subsiste. Puis un certain nombre de titres de duc délivrés par des souverains étrangers :

> d'Almazan (Saint-Priest),
> dé Baylen (Carondelet), Espagne,
> de Bisaccia (la Rochefoucauld), Naples, 1852,
> de Dino (Talleyrand), Savoie,
> de Fernando-Luiz (Rohan-Chabot),
> de Glucksberg (Decaze), Danemark,
> Pozzo di Borgo, Naples, 1852,
> de Sainte-Isabelle (Bresson), Espagne, 1846.

II

Sous l'ancienne monarchie, le titre de prince fut toujours réservé aux membres de la famille royale et jamais aucun de nos rois ne l'octroya à de simples particuliers. Originairement, *princeps* n'avait pas d'autre signification que *dominus*, sire ou seigneur, avec l'idée de souveraineté. De là vient que quelques grands seigneurs se l'attribuèrent, comme le duc de Béthune, prince d'Enrichemont ; M. de Gramont, prince de Bidache ; M. de Rohan, prince de Léon ; mais, je le répète, ce fut toujours sans concession. Le gouvernement de la Restauration conserva fidèlement cette règle, et conformément à la loi qui exigeait que chaque pair eût un titre, il reconnut les princes de l'ère impériale princes-ducs. M. le prince de Berghes, créé pair en 1827, est le seul Français nommé prince dans ses lettres patentes.

En revanche, à Rome et à Vienne, on compte un assez grand nombre de princes du saint empire et du saint empire romain, selon la chancellerie d'où émanaient les diplômes, et plusieurs familles françaises en ont été décorées héréditairement à diverses époques :

    d'Alsace, prince d'Hénin,
    d'Arenberg (1576),
    de Beauffremont, prince de Beauffremont et de Listenois (1757),
    de Béthune, (des Planeques) (1784),
    Bonaparte, prince de Canino (1814),
    de Broglie, prince de Broglie et de Revel (1759),
    de Beauvau, prince de Beauvau et de Craon (1727),
    de Berghes-Saint-Winock (1681),
    de Caraman, prince de Chimay (1824),
    de Croy, prince de Chimay,
    de Clermont-Tonnerre (1825),
    de Gallifet, prince de Martigues (1772),

de Ligne,
de Mérode, prince de Rubempré,
de Noailles, prince de Poix,
de Faucigny-Lucinge,
de Podenas, prince de Cantalupo (1842),
de Polignac.
de Rohan (1570 et 1808),
de la Rochefoucauld, prince de Marcillac,
de Talleyrand, prince de Talleyrand et de Chalais (1806),
de la Tour-d'Auvergne (1651),
de la Trémouille (1531),

Je finirai par la liste chronologique des grands d'Espagne, assimilés, comme on sait, en France aux ducs et pairs. C'est une dignité purement honorifique, créée par Charles-Quint, et qui se transmet également par les femmes (1).

Le duc de Croy-d'Havré *, 1515.
Le comte d'Egmont, 1520, éteint.
Le comte de la Marck, 1569, passé aux d'Aremberg.
Le marquis de Créquy, 1589.
La vicomtesse de Melun, depuis princesse de Ghistelle, 1640.
Le comte de Conflans d'Armentières, 1671.
Le duc de Croy.
Le comte de Tessé *, 1704.
Le comte de Gand, 1706.

1 L'astérisque indique les grandesses encore existantes.

Le prince d'Hénin *, 1708.

Le comte de Noailles, 1712, passé à la branche de Mouchy. *

Le comte de Saint-Aignan, 1714.

La comtesse de La Mothe-Houdancourt, depuis marquise de Froulay *, 1722.

Le marquis de Roault-Gamaches, aujourd'hui à la duchesse de la Mothe-Houdancourt.

La comtesse de Bavière, mariée au marquis de Hautefort, 1723.

Le prince de Montmorency-Robecques, 1723, aujourd'hui au marquis de Couronnel.

Le prince de Beauvau-Craon *, 1727.

Le marquis de Brancas-Céreste *, 1730.

Le duc de Nivernais.

Le marquis de Saint-Simon *, 1731, aujourd'hui au duc de Saint-Simon.

M. de Guérapin de Vauréal, 1745.

Le marquis de Maillebois, 1746.

Le prince de Monaco (duc de Valentinois) *, 1747.

La comtesse d'Ossun, depuis duchesse de Caumont-Laforce *, 1769, aujourd'hui au marquis de Caux.

Le prince de Chalais (de Talleyrand) *.

Le comte d'Estaingt, 1778.

Le duc de Doudeauville *, 1782.

Le duc de Caylus, 1783.

Le duc de Narbonne-Pelet.

Le maréchal du Muy.

Le prince de Montmorency-Tancarville *.

Le prince de Montmorency-Laval *, aujourd'hui à la duchesse de Mirepoix, née Montmorency.

Le duc de Noailles-d'Ayen *.

Le prince de Montbarrey.
Le duc de Crillon-Mahon *, 1782.
Le duc d'Esclignac *, 1788.
Le duc d'Almazan *, 1830.
Le duc de Sainte-Isabelle *, 1846.
Le prince de Chimay-Caraman *, 1853.

III

Les marquis étaient primitivement officiers chargés du commandement des *marches* ou frontières d'un pays, et leurs charges *feuda marchiæ* devinrent, comme toutes les autres, héréditaires sous les derniers Carlovingiens. Anciennement il y avait des marquis d'Anjou (marche de la Bretagne), de Gothie, de Provence, de Lorraine. On connaît moins, du reste, les détails concernant ces fonctionnaires, qui exerçaient, croit-on, certains pouvoirs diplomatiques, si je puis dire, auprès des nations limitrophes; c'était, du reste, un service très-pénible et très-dangereux. Sous Charlemagne, on vit paraître des comtes-marquis, réunissant ainsi une double dignité : le grand empereur avait été obligé de recourir à ce moyen pour assurer la garde de ses immenses frontières. Au moyen-âge, ce titre disparut complétement, car on ne peut faire une exception pour les souverains de la Lorraine et de la Provence, qui conservèrent seuls ce vieux nom. En Allemagne, il subsista ; seulement les marquis s'y appelaient margraves.

Comme le titre de comte subsista constamment, il y eut au dix-septième siècle de longues contestations pour la préséance entre les marquis et les comtes; on alléguait qu'il n'y avait jamais eu de marquis-pairs; mais ces réclamations n'aboutirent qu'à faire constater officiellement les priviléges de ceux-ci au détriment de ceux qui formèrent désormais le troisième degré dans la hiérarchie nobiliaire.

Un arrêt du conseil privé, du 10 mars 1578, et un édit d'août 1579, décidèrent que pour l'érection d'un marquisat, il faudrait trois baronnies et trois châtellenies, mouvantes du roi, ou deux baronnies et six châtellenies, tandis qu'il suffisait de deux baronnies et trois châtellenies ou d'une baronnie et de six châtellenies pour celle d'un comté. Cette règle prouva surabondamment la prééminence des marquis, reconnue déjà dans la coutume de Normandie, par les articles 152, 153 et 154, relatifs aux taxes du relief, et par la jurisprudence professée constamment par Balde, Loyseau, Maynier; mais elle ne fut pas religieusement observée, et au dix-huitième siècle, notamment, on vit jusqu'à une simple coseigneurie devenir marquisat; ce fut même le titre favori des traitants et des financiers. Le duc de Saint-Simon, que révoltaient plus que tout autre ces scandaleuses usurpations, peint en ces termes ce travers du temps, déjà si rudement traîné sur la scène par Molière et signalé par la Bruyère : « Il est vray, dit-il, que les titres de comte et de marquis sont tombés dans la poussière par la quantité de gens de rien, et même sans terre, qui les usurpent, et par là tombés dans le néant, si bien même que les gens de qualité qui sont marquis ou comtes, qu'ils me permettent de le dire, ont le ridicule d'être blessés qu'on leur donne ces titres en parlant à eux. »

Le premier titre de marquis concédé par nos rois, le fut, sous le nom de Trans, en faveur de Louis de Villeneuve, ambassadeur à Rome, par lettres patentes du mois de février 1505; le parlement de Provence refusa longtemps l'enregistrement à cause des réclamations des autres gentilshommes titrés, qui ne voulaient pas reconnaître la préséance du nouveau marquis; cette cour souveraine s'exécuta cependant, après une nouvelle manifestation de la volonté royale, en 1511.

Le titre de marquis ne fut pas employé par l'empereur Napoléon Ier et fut rétabli seulement en 1814. Le gouvernement de juillet imita l'exemple impérial et n'y fit, dit-on, qu'une exception en faveur de M. le marquis de Tallenay, ministre plénipotentiaire à Francfort, et qui obtint de changer son nom patronymique en qualification nobiliaire.

Il y a des marquis en Angleterre : le premier créé fut celui d'Oxford, en 1385. On en compte beaucoup aussi en Italie. En Lorraine, le duc portait ce titre, très-rare dans ses États jusqu'à l'annexion à la France; en Allemagne, on ne le trouvait également que sur la tête de souverains, en Brandebourg, à Bade, en Misnie, en Lusace, en Moravie et en Silésie.

IV

Comme les ducs, les comtes remontent à l'empire romain, et occupaient le rang immédiatement inférieur. « On n'a pas eu des idées très-justes, dit Montesquieu, quand on a regardé les comtes comme des officiers de justice et les ducs comme des officiers militaires. Les uns et les autres étaient également des officiers civils et militaires. Toute la différence était que le duc avait sous lui plusieurs comtes, quoiqu'il y eût des comtes qui n'avaient point de ducs sur eux, comme nous l'apprenons par Frédégaire. Les comtes subirent les mêmes changements que les ducs, et souvent leur influence était aussi considérable que celle de leurs anciens supérieurs, par suite des riches domaines qu'ils possédaient; il suffit de nommer les comtes de Champagne, de Toulouse et de Flandre, tous trois pairs; puis, ceux de Poitou, d'Anjou, d'Angoulême, de Blois et tant d'autres dont les noms figurent à toutes les pages de notre histoire du moyen-âge. A cette époque, ils étaient bien loin de se conformer aux prescriptions du capitulaire de Kierzy, qui, par une bizarrerie curieuse à noter, avait tenté de retenir exceptionnellement ces seigneurs sous la tutelle royale : « Si un comte de ce royaume vient à mourir, y est-il dit, et que son fils soit auprès de nous, nous voulons que notre fils, avec ceux de nos fidèles qui ont été les plus proches parents du comte défunt, et avec les autres officiers du comté, ou l'évêque dans le diocèse duquel le comté est situé, pourvoient à l'administration jusqu'à ce que la mort du comte nous ait été annoncée et que nous ayons conféré à son fils, présent à notre cour, les honneurs dont son père était revêtu. »

Il fallait autrefois quatre vicomtés pour l'érection d'un comté. Nous avons vu comment Henri III réforma cette règle ; mais il maintint la nécessité de noblesse ancienne pour être pourvu et l'observance des coutumes à cet égard. Le nombre des comtes devint cependant, dès ce moment, assez considérable pour que Charles IX tentât de le diminuer en lui appliquant, par l'ordonnance de 1564, la reversion du titre à la couronne, en cas d'extinction de la descendance mâle. Ce que le duc de Saint-Simon a dit des comtes et des marquis constate assez le progrès de cet abus sous Louis XIV, et il arriva à son comble au siècle suivant ; le titre fut, dès-lors, accordé par de simples brevets, sans érection de terre, et l'on ne tarda pas à adopter l'usage d'attribuer un titre à toutes les personnes admises aux honneurs de la cour et dans les carrosses du roi, sous prétexte « que l'on ne pouvait présenter au souverain que des individus de qualité. » La qualification de comte appartint, dans ces circonstances, aux ambassadeurs ou ministres plénipotentiaires, aux premiers présidents, aux officiers généraux, brigadiers et colonels. D'ordinaire, on a conservé depuis ces titres dans les familles, bien qu'ils fussent essentiellement viagers, que par conséquent on n'eût aucune raison et encore moins le droit de les y perpétuer.

V

Les vicomtes étaient, comme le prouve assez leur nom, les suppléants des comtes, de simples officiers cités pour la première fois dans la loi des Allemands, publiée par Thierry, fils de Clovis et roi de Metz, et qui, jusqu'au treizième siècle environ, ne portèrent que le titre de *vice-comes*, sans y joindre le nom d'un domaine ni prendre rang dans la hiérarchie féodale. La loi des Lombards les appelait *ministri comitum*, et les capitulaires de Charlemagne, *vicarii comitum*. L'on s'accorde, du reste, généralement à reconnaître comme synonymes les trois titres de vicomte, de viguier ou vicaire et de châtelain, avec cette différence que primitivement les premiers commandaient dans des villes, les seconds, dans un canton rural le plus ordinairement, et les derniers dans un château seulement. Les vicomtes réunissaient à leurs fonctions militaires, comme lieutenants des comtes, l'exercice spécial des fonctions judiciaires. Ils subirent naturellement les mêmes vicissitudes que leurs supérieurs, et paraissent s'être principalement développés dans le Midi ou du moins s'y être maintenus davantage. Nous y voyons effectivement les vicomtes d'Alby, de Polignac, de Narbonne, de Béziers, de Nîmes, marcher de pair avec les plus puissants représentants de la féodalité. Il y avait alors, comme principales vicomtés dans les autres parties de la France, celles de Paris, réunie d'assez bonne heure à la prévôté et devenue ainsi une simple charge de magistrature; de Châtellerault, de Thouars, de Rochechouart et de Brons, formant le comté de Poitou, et à cause desquelles avait été adopté l'adage : « *Quisque quatuor habere debet vice-comites ut Pictonum comes* »; celles de Besançon, fief mouvant de l'archevêché, de Baumes, de Salins, de Vesoul, etc. On lit, au sujet de cette dernière, dans une charte du comte Othon de Bourgogne, un passage qui fait bien connaître la hiérarchie des seigneurs qui nous occupent : « Il est d'usage que, dans le châtel de Vesoul, le portier en porte les clefs au vicomte du lieu, s'il est présent, lequel doit les porter et remettre au comte, s'il est présent, sinon il les garde; que, si le comte est absent et le vicomte présent, c'est à lui que l'on doit recourir pour avoir la permission d'entrer dans ce château et d'en sortir; mais, si le vicomte est absent, le châtelain doit laisser les gens du vicomte et de sa maison entrer et sortir librement. »

Au quatorzième siècle, comme nous l'apprend Brussel, on commença à créer des vicomtes comme titres nobiliaires, qui, sous Louis XII, devinrent pour la plupart des titres sans domaines. L'une de ces érections nous donne un assez singulier exemple : en 1646, le roi créa la vicomté de Saint-Priest, en faveur de Jacques Guignard, président au parlement de Metz, et ses descendants mâles en ligne directe ; des lettres supplétives, de l'année 1655, modifient singulièrement cette clause : « Ordonnons que ledit sieur Guignard, ses hoirs, successeurs et ayant-cause, masles et femelles, jouissent de l'effet desdites lettres, et des titre et dignité de vicomte de Saint-Priest ; et que mesme iceluy titre de vicomté demeure uny et annexé à ladite terre, quelque mutation qui arrive d'icelle, sans que, pour quelque cause que ce soit, il en puisse être désuny. » On trouve assez souvent, vers la fin du dix-septième siècle, des collations de titres ainsi concédés, non à une famille, mais à un domaine, sans doute pour lui donner une plus grande valeur vénale. C'est aussi vers le commencement de ce siècle que les fils aînés de comtes et puînés de marquis s'intitulèrent vicomtes.

Comme les marquis, les vicomtes ne paraissent pas dans le premier empire, ni sous le gouvernement de juillet, à l'état de collations nouvelles ; sous la restauration, au contraire, on en créa un assez grand nombre.

Quand les vicomtes devinrent des seigneurs féodaux, et non plus des lieutenants de comtes, d'autres officiers prirent leurs fonctions judiciaires, mais ne furent jamais que de simples magistrats, nommés prévôts dans tout l'Est de la France, châtelains en Poitou, viguiers ou vicaires dans le Midi, vicomtes en Normandie et vicomtes-mayeurs dans certaines localités. Le premier magistrat de la petite république d'Andorre est encore un viguier, nommé, comme on sait, alternativement par les souverains de France et d'Espagne.

VI

Au moyen-âge, le baron représentait le seigneur féodal par excellence, sans distinction de rang : ce mot provenait de l'allemand *ber*, qui servait à désigner l'homme, le *vir* des Romains, et dont on a fait le nom de fief de *haut-ber*, haut baron, relevant directement de la couronne. Frédégaire, en parlant des seigneurs bourguignons, se sert du mot *farones* qu'on fait dériver du mot espagnol *varo*, grave, qui pourrait bien être tout bonnement une faute de copiste : « *Burgundiæ farones verò, tum episcopi, quam cæteri leudes, timentes Brunechildem, et odium in eam habentes, cum Warnachaio consilium ineuntes tractabant*, etc. » Et, en effet, ce sont les barons qui forment l'assemblée des grands seigneurs à Bonneuil, en 856, et semblent avoir remplacé la classe des leudes. Mais, parmi ces barons, il y avait deux principales catégories, les barons à fief-chenel, rendant directement hommage à la couronne, et composant primitivement la cour du roi ou cour des pairs avec les princes du sang, et ceux qui étaient vassaux de ces grands feudataires. Du reste, au moyen-âge, les rois prenaient indifféremment le titre de prince ou de baron.

Les hauts barons ne devaient d'hommage qu'au roi, ne pouvaient être cités qu'à la cour, avaient haute justice, battaient monnaie, avaient foire et marché, et tous les droits de souveraineté, sauf la foi et hommage dus avec le service militaire pendant soixante jours au suzerain. M. le comte de Boulainvilliers, dans son curieux ouvrage sur l'*Histoire de l'ancien gouvernement de la France*, dont il ne faut certes pas adopter toutes les conclusions, explique très-bien l'état des barons au moyen-âge, si bien même que je ne crois pouvoir mieux faire que reproduire ce passage : « Tout le corps de la noblesse, même les pairs, étaient compris sous ce nom au temps de Philippe-Auguste. Le pouvoir des barons était tel que Mézerai, en parlant du départ de ce prince, qui s'était réuni et croisé avec le roi Richard Cœur-de-Lion, pour une expédition en Terre Sainte, l'an 1190, cite expressément qu'avant de partir, Philippe, avec le congé et l'agrément de tous ses barons, donna la tutelle de son fils et la garde du royaume à la reine, *acceptâ licentiâ ab omnibus baronibus*.

» J'ai ci-devant observé, ajoute-t-il, qu'après l'avénement de Hugues Capet au trône, on aurait pu distinguer deux sortes de fiefs dont il était également seigneur suzerain, soit comme roi, soit comme duc de de France, les uns mouvant de la couronne, les autres du duché. Les derniers étaient certainement les plus nombreux, mais les premiers étaient bien plus considérables. En cet état, la première politique de Hugues Capet et de sa postérité fut de mettre les uns et les autres sur le même pied, non pas en élevant les vassaux du duché de France à la condition de ceux de la couronne, mais en faisant descendre ces derniers à la condition des premiers, et c'est ce qui introduisit l'usage du terme de baronnie pour exprimer un grand fief mouvant du roi, sans distinction de titre et d'hommage ; ce qui fit que toute la noblesse fut comprise sous les noms de barons et de baronnage. »

Quand les douze pairs paraissent positivement dans l'histoire, ils ne forment encore que le premier rang de ce baronnage, et nous n'en voyons pas moins appelés au conseil *les barons* de France. Et, en 1246, pairs et barons convinrent de leur égalité dans un accord demeuré justement célèbre, et commençant par ces mots : *Nos qui principes sumus in regno, statuivimus per juramentum et statuivimus per hoc præsens decretum*, etc.

Les anciennes baronnies se transmettaient *réellement* aux propriétaires avec les mêmes titres et honneurs, pourvu qu'elles demeurassent intactes. Des seigneurs inférieurs purent parvenir à tenir leurs terres *par baronnie* et avec le titre, pourvu que leur châtellenie eût un ressort et relevât du roi ou d'un grand feudataire. Il y a même des auteurs qui ont placé les barons au-dessus de tous les seigneurs, se basant sur des textes évidemment trop littéralement interprétés par eux. On lit, en effet, dans le registre du parlement de la Toussaint de l'année 1282, dans une enquête datée du 12 décembre : « Appert que la baronnie *anciennement* était seigneurie suzeraine, après le roi et depuis lui. Ainsi, la baronnie est plus que comté, attendu qu'il y a des comtes qui sont barons et d'autres non. Ainsi, tenir en baronnie, c'est relever nuement de la couronne ; et lorsque les rois de France assignaient des comtés et duchés à leurs enfants ou à leurs frères, ils ajoutaient qu'ils baillaient telles terres à tenir *in comitatum et baroniam.* » La loi somptuaire de 1283, de Philippe-le-Hardi, ne met aucune différence entre les ducs, les comtes et les barons : « *Item*, li duc, li comte et li baron, de 6000 livres de terre ou de plus, porront faire quatre paires de robes par an et non plus, et leurs femmes autant. »

Les barons, formant le *ban* convoqué directement par le roi, conduisaient leurs hommes à l'armée sous leurs bannières armoriées à leurs armes ; cette bannière était allongée pour les barons et carrée pour les chevaliers dits bannerets. On sait que l'arrière-ban se composait des vassaux des barons et vassaux du roi.

Il se forma vers la même époque, c'est-à-dire en plein moyen-âge, des barons secondaires, si je puis dire, institués par les hauts barons et les prélats, ceux-ci dans leurs domaines, ceux-là dans leurs diocèses. Il est assez difficile de préciser à quel moment le titre de baron fut assez détourné de son acception première pour ne plus désigner que la dernière catégorie des gentilshommes titrés. On ne peut pas se dissimuler cependant que c'est cette multiplication qui commença à diminuer l'éclat du mot baron, et l'on croit que c'est à la fin du quatorzième siècle ou au commencement du quinzième que les barons furent reconnus ne plus occuper que le quatrième rang de la hiérarchie. L'édit de 1578 consacra à jamais cette infériorité, en stipulant qu'il suffirait de trois châtellenies, trois clochers, comme on disait, pour motiver l'érection d'une baronnie.

On trouve dans l'histoire mention de certaines villes dont tous les bourgeois furent créés simultanément barons, comme à Bourges, par concession de Louis VII, en 1145; à Cherbourg, par charte de Charles-le-Mauvais, comte d'Evreux, en 1366; à Orléans; mais cette détermination n'établissait aucun lien avec la noblesse, et attribuait seulement aux bourgeois certains priviléges locaux.

On sait que le titre de premier baron de France, pris par la famille de Montmorency, vient de ce qu'en effet cette baronnie était la première du duché de France avant l'avénement de la dynastie capétienne; ce ne fut qu'en 1390, cependant, que Jacques Ier de Montmorency, employa cette qualification, et il prouva en 1402, en plein parlement, qu'il était en outre le plus ancien baron de la monarchie. Les arguments fournis à ce sujet par Jean Galli, alors fameux avocat, sont assez embrouillés, et d'ailleurs le titre de premier baron du duché de France avant Hugues-Capet serait très-satisfaisant.

VII

C'est à tort que de nos jours on a voulu faire du mot chevalier un titre et comme le dernier échelon de la hiérarchie nobiliaire. Anciennement la chevalerie constituait le grade le plus éminent, le plus envié de la noblesse militaire, mais n'était conféré que viagèrement et après avoir été mérité. Nos rois eux-mêmes le gagnaient par quelques exploits avant de s'en décorer.

La chevalerie, en France, fut une copie de la chevalerie romaine, et l'on en trouve la mention dès les premiers temps de la monarchie, puisque Grégoire de Tours nous raconte que Frédégonde, mécontente des services d'un chevalier nommé Léonard, ordonna qu'on lui arrachât le baudrier que lui avait donné le roi Chilpéric et qui était probablement l'insigne de sa dignité. Charlemagne régularisa ce corps d'élite, astreignit ses membres à toujours marcher armés, portant une médaille sur laquelle était figurée la couronne impériale. Cet ordre de choses changea avec les Capétiens, et le *miles* fut un personnage féodal et non plus comme un des gardes du souverain. Les vassaux et va-

vassaux devaient tous le service militaire à leur seigneur et marcher sous sa bannière ; il n'y avait aucun grade parmi cette vaillante armée, et la pensée vint à tous de créer comme un signe conventionnel qui stimulerait le courage de chacun pour l'obtenir : ce fut la chevalerie qui devint ce stimulant et qui développa à un si haut degré l'élan de la noblesse. Les croisades achevèrent de compléter cette création en lui donnant la consécration en quelque sorte religieuse, en même temps que l'occasion de faire de grandes choses. Ce n'était alors qu'une chevalerie militaire, gagnée seulement pour faits de guerre : « *Item creantur milites in villarum obsidionibus, castrorum vel fortalitiorum si forte assaltus fiat, seu faciendus fuerit : item creantur milites ad mineram et in bellis campestribus.* » Un chevalier ne pouvait être fait que par un chevalier ; c'est pour cela que François 1er pria Bayard, après la bataille de Marignan, de lui conférer cette dignité. Je puis encore raconter à ce sujet une anecdote qui pourra reposer un moment mes lecteurs de ces pages peut-être trop sérieuses.

Louis II, duc de Bourbon, assiégeait la ville de Verneuil, et ayant fait faire une mine, y entra le premier ; il y rencontra presque aussitôt Renaud de Montferrand, commandant de la place, qui, ne le reconnaissant pas, croisa le fer contre lui ; le combat durait depuis quelque temps, quand un des officiers du duc proféra son cri de guerre : Bourbon, Bourbon-Notre-Dame ! — Renaud, reconnaissant enfin contre qui il se battait, mit bas les armes et pria son adversaire, en mémoire de l'honneur qu'il venait de lui faire, de l'armer chevalier, s'il l'en jugeait digne. Renaud fut créé chevalier dans la mine et remit aussitôt les clefs de Verneuil au duc.

Tous les princes de la maison de Bourbon se plurent à se faire proclamer chevaliers, après l'avoir mérité comme de simples gentilshommes. Saint Louis arma chevaliers ses frères, et les plus hauts barons du royaume suivirent cet exemple, qui ne contribua pas peu à entourer ce grade d'une singulière estime. Dans la suite, nos rois s'en firent revêtir au moment de leur sacre. Charles VII est le premier qui en ait agi ainsi et nous venons de voir que François Ier y fit exception. Quelquefois même ce fut non pas sous les voûtes de Notre-Dame de Reims, mais au berceau même que s'accomplit cette cérémonie. Duguesclin donna l'épée et l'accolade « *nudo tradidit ensem nudum* » à Charles VI, au moment de sa naissance, en 1364. « Nul ne pouvait être créé chevalier, suivant les ordonnances de saint Louis, s'il n'était gentilhomme de parage, c'est-à-dire par son père; et s'il ne l'était que par sa mère et qu'il se fît recevoir chevalier, le baron pouvait lui faire couper son éperon sur un fumier et confisquer ses meubles. » Ces règles ont été rigoureusement observées au moyen-âge, et on connaît une enquête de l'année 1261, dirigée contre Pierre-aux-Massues, gentilhomme châlonnais, qui voulait être admis dans l'ordre de la chevalerie et qui eut à prouver que son aïeul paternel en avait fait lui-même partie. On ne peut mieux comparer l'ancienne chevalerie qu'à une véritable décoration : elle ne conférait qu'une jouissance viagère et des priviléges purement viagers aussi; elle dérivait ou de l'éclat des services rendus ou de la bienveillance, de la faveur du prince. Vers la fin du treizième siècle, nous voyons les chevaliers obligés, pour s'éviter toute contradiction, de recevoir des lettres confirmatives. Les premières dont on ait conservé la trace dans les registres de la chambre des comptes, furent données en juin 1315 à Pierre de Mussy « que ses ennemis inquiétaient fort. » La Roque constate que personne ne pouvait légitimement s'attribuer l'honneur de la chevalerie que sous l'autorité de son souverain, et que la qualité de chevalier ne peut se prendre sans usurpation, si le prince ne la donne. Balde résume ainsi la question, je cite le texte : « *Nemo miles nascitur, sed fit per habentem ad hoc potestatem : equestris dignitas personalis est, non transitoria ab hærede. Equestris dignitas principis opus est; milites fiunt, sive creantur, quia sine creatione actuali, seu promotione ad militiam, nullus potest esse miles. Titulus militis ad hæredes minime transmittitur. Ne quis titulo equitis utatur, nisi dignitate equestris a principibus donatus.* »

Cet état de choses devait bientôt être profondément modifié; le titre de chevalier fut, si je puis dire, usurpé quant à la transmission héréditaire, et ce changement fut évidemment déterminé par ce qui se passait à l'étranger, en Allemagne notamment, où les empereurs donnaient la qualité chevaleresque à des gentilshommes et à toute leur postérité née et à naître. C'est à la fin du quinzième siècle que ce mouvement commença, et il fut général au seizième : la chevalerie devint dès-lors une simple qualification prise par les anciens nobles aussi bien que par les nouveaux, par ceux de l'épée aussi bien que par ceux de la robe. Les ordonnances reconnurent cette transformation. En Bretagne d'abord, les commissaires généraux chargés de la réforme de la noblesse et de la poursuite des usurpateurs, déclarèrent chevaliers tous les gentilshommes titrés, leurs fils aînés, les officiers de la couronne, gouverneurs, lieutenants généraux de la province, premiers présidents, chevaliers des ordres, grands et premiers officiers de la maison du roi, et également leurs fils aînés; l'édit du 15 janvier 1629 consacra plus officiellement encore cette nouvelle chevalerie, quand Louis XIII défendit « à toute personne de prendre la qualité de chevalier, s'il ne l'a obtenue de nos prédécesseurs ou de nous, ou que l'éminence de leur charge ne la leur attribue; » et en novembre 1702, parut un édit de Louis XIV, pour « la création et l'établissement de deux cents chevaliers héréditaires dans la province de Flandre, d'Artois et de Hainault, dont le nombre sera rempli de ceux des gentilshommes desdites provinces qui se seront le plus distingués par leurs mérites et par leurs services, » avec cette clause, que « cesdits chevaliers qui possèdent une terre à clocher dans les provinces d'Artois et Cambresis, soient appelés aux Etats desdits pays. »

J'ai dit plus haut qu'il fallait être noble de race pour être fait chevalier, mais toutefois en sous-entendant que nos rois eurent toujours le droit de faire exception à cette règle, et la première dont on ait gardé connaissance fut faite en faveur de Gauthier de Montignac: « *Nobilitatus et miles factus per litteras regis datus Vicennæ, mense junio, anno gratiæ* M°CCC°II°. » Le roi seul avait ce droit, et le parlement ne cessa de condamner très-sévèrement les barons qui voulaient se l'arroger. On a notamment un arrêt du 1er novembre 1279, condamnant le comte de Flandre et son fils à une forte amende, pour avoir donné les éperons à deux frères roturiers, et ceux-ci à la même peine, par un autre arrêt du 11 novembre 1281. Ce fut pour nos souverains originairement un mode d'anoblissement à peu près abandonné quand on se contenta d'anoblir purement et simplement.

La législation impériale maintint le titre de chevalier pour les membres de l'ordre de la Légion d'Honneur, et le rendit héréditaire pour ceux qui, après avoir prouvé un revenu net de 3,000 francs, se faisaient délivrer des lettres patentes à la chancellerie. La gouvernement de la restauration conserva cet ordre de choses.

On sait qu'aux derniers siècles de la vieille monarchie le titre de chevalier était habituellement et exclusivement porté par les chevaliers de Malte et les cadets de famille.

Quelques mots ne seront pas déplacés ici, je pense, sur les droits, priviléges et devoirs de la chevalerie au moyen-âge, c'est-à-dire à l'époque où elle existait réellement.

Les chevaliers et leurs femmes pouvaient enrichir d'or leurs vêtements et leurs harnais, se vêtir de soie et de velours, porter les éperons d'or, les manteaux de précieuses fourrures, la cotte d'armes armoriée à leurs blasons ; ils combattaient dans les tournois et pouvaient s'asseoir à la table du roi, se servir d'un sceau sur lequel ils étaient représentés à cheval et armés de toutes pièces. Ducange cite, comme un de leurs priviléges, la large housse de soie armoriée qui recouvrait leurs chevaux de bataille, *equos vestitos seu palliatos;* ils pouvaient lever une taxe sur leurs vassaux toutes les fois qu'ils faisaient armer leur fils aîné chevalier, qu'ils mariaient leur fille aînée, lorsqu'ils étaient prisonniers, pour leur rançon, lorsqu'ils partaient pour les croisades : c'étaient les aides de la chevalerie.

En temps de guerre, la chevalerie se conférait avec peu de cérémonies et beaucoup de rapidité. Le récipiendaire se mettait à genoux devant le prince, lui présentant son épée en disant : « Sire, je vous demande l'ordre de la chevalerie, lequel je veux garder et maintenir ainsi qu'il appartient à l'ordre. — Le roi répondait : — Puisque c'est votre volonté de recevoir l'ordre de la chevalerie, chevalier soyez au nom de Dieu, de Notre Dame et nos seigneurs Saint-Michel et Saint-Georges ; » — puis il lui donnait la *paumée* — un léger coup de main sur la joue — et trois coups du plat de l'épée nue sur l'épaule. Il lui ceignait ensuite le ceinturon et lui donnait l'accolade ou baiser sur la joue gauche. Mais en temps ordinaire on observait, au contraire, un solennel cérémonial. Des jeûnes austères, des nuits passées en prières avec un prêtre et des parrains dans des églises ou des chapelles, les sacrements de la pénitence et de l'eucharistie reçus avec dévotion, des bains qui figuraient la pureté nécessaire en état de chevalerie, des vêtements blancs pris à l'exemple des néophytes et comme symbole de cette même pureté, un regret sincère des fautes de sa vie, une attention sérieuse à des sermons où on expliquait les principaux articles de la foi et de la morale chrétiennes, étaient les préliminaires de la cérémonie par laquelle le novice allait être admis au rang de chevalier. Le grand jour arrivé, et après avoir accompli toutes ces formalités, le récipiendaire entrait, vêtu de blanc, dans l'église, et s'avançait vers l'autel avec son épée suspendue par le baudrier en écharpe à son cou ; il la présentait à l'officiant qui la bénissait et la lui remettait de même, et le novice allait s'agenouiller près de celui ou de celle qui devait l'armer. — Les femmes jouissaient de ce privilége également : ne confondons pas la concession et la collation. — La personne à laquelle le récipiendaire s'adressait, lui demandait dans quel but elle sollicitait son admission, si ses vœux ne tendaient qu'au maintien et à l'honneur de la religion et de la chevalerie, et après les réponses convenables, il recevait son serment. Aussitôt, gentilshommes ou dames, revêtaient le chevalier des marques extérieures de sa dignité ; on lui donnait les éperons, en commençant par celui de gauche, le haubert, les brassarts, les gantelets, et on lui ceignait l'épée ; la personne recevante lui donnait la paumée, les trois coups et l'accolade, en prononçant la formule sacramentelle. On remettait ensuite au nouveau chevalier le casque, le bouclier, la lance, et il allait monter à cheval pour faire parade de son grade.

Eustache Deschamps, poëte champenois du quatorzième siècle, qui a laissé des ouvrages justement estimés, a tracé dans les vers suivants le précepte de la chevalerie :

> Vous qui voulez l'ordre de chevalier,
> Il vous convient mener nouvelle vie,
> Dévotement en oraison veillier,
> Péchié fuir, orgueil et villenie ;
>   L'Eglise devez défendre,
> La vefve aussi, l'orphelin entreprendre,
> Estre hardie et le peuple garder ;
> Surtout loyaulx, sans rien de l'autruy prendre ;
>   Ainsi se doit chevalier gouverner.

Celui qui manquait à ses devoirs encourait la dégradation, l'une des cérémonies les plus pénibles dont le moyen-âge nous ait légué le souvenir et les détails. Dans ces circonstances, on assemblait vingt ou trente chevaliers ou écuyers sans reproches, devant lesquels l'accusé était convaincu de son crime — trahison, lâcheté ou autre faute atroce — par le héraut qui déclarait le fait tout au long, en citait les particularités et nommait les témoins. Sur quoi le chevalier accusé était condamné à mort par les gentilshommes réunis, et il était dit que, préalablement, il serait dégradé de l'honneur de chevalerie et de noblesse.

Pour l'exécution, on faisait monter sur un échafaud le condamné, armé de toutes pièces, comme pour un jour de bataille ; son écu blasonné à ses armes était planté sur un mât devant lui, renversé la pointe en haut. Autour du chevalier, étaient rangés douze prêtres en surplis, qui chantaient à haute voix les vigiles des morts, depuis *Dilexi* jusqu'à *Miserere*, après la publication de la sentence par les hérauts. A la fin de chaque psaume, les prêtres faisaient une pose, durant laquelle on dépouillait le condamné d'une de ses armes, en commençant par le casque, et les hérauts criaient : — Ceci est le heaume du traître et déloyal chevalier, — et ainsi de suite pour le collier, la cotte d'armes, les gantelets, le baudrier, la ceinture, l'épée, la masse d'armes, les éperons, etc., qu'ils rompaient chacun en plusieurs morceaux, et l'écusson enfin qu'ils brisaient en trois morceaux à coups de marteau.

Après le dernier psaume, les prêtres se levaient et chantaient sur la tête du malheureux chevalier le cent-neuvième psaume de David, où sont ces terribles imprécations : « Que ses enfants deviennent orphelins et que sa femme devienne veuve ; que ses enfants deviennent vagabonds et errants, qu'ils soient contraints de mendier et qu'ils soient chassés de leurs demeures. — Qu'il ne trouve personne pour l'assister et que nul n'ait compassion de ses orphelins ; que ses enfants périssent et que son nom soit effacé dans le cours d'une seule génération. — Que l'iniquité de ses pères revive dans le souvenir du Seigneur et que le péché de sa mère ne soit pas effacé ; que des étrangers lui ravissent le fruit de tous ses travaux et que sa mémoire soit exterminée de dessus la terre. — Lorsqu'on le jugera, qu'il soit condamné et que sa prière même lui soit imputée à péché, etc. »

Et comme anciennement ceux qui recevaient l'ordre de chevalier, ainsi que je viens de le dire, se baignaient la veille au soir de leur admission, et de là entraient dans une église pour *leur veille d'armes*, en mémoire de cette cérémonie, un poursuivant d'armes tenait sur l'échafaud un bassin d'eau chaude. Le héraut demandait par trois fois le nom du chevalier condamné, que le poursuivant nommait par ses nom, surnom et seigneurie, et auquel le héraut répondait qu'il se trompait, et que celui qu'il venait de désigner était un déloyal et un traître ; et pour montrer au peuple qu'il disait vrai, il demandait tout haut l'opinion des juges, desquels le plus ancien répondait également à haute voix que, par sentence des gentilshommes présents, il était décidé que ce traître était indigne du titre de noble et de chevalier ; que pour ses forfaits il était dégradé et condamné à mort.

Après ces paroles, le héraut renversait sur la tête du condamné le bassin d'eau chaude ; les juges descendaient de l'échafaud, se revêtaient de robes et de chaperons de deuil, et allaient à l'église ; le dégradé était aussi descendu, au moyen d'une corde passée sous les bras ; on le mettait ensuite sur une civière, et on le couvrait d'un drap mortuaire ; il était alors, à son tour, porté à l'église, entouré des mêmes prêtres qui continuaient à chanter les prières des morts. Après la cérémonie des funérailles, le condamné était remis au prévôt, puis au bourreau qui l'exécutait, ou on le conduisait hors du royaume ; selon que le roi l'ayant gracié, il était banni à perpétuité ou à temps seulement. Puis les hérauts déclaraient les enfants et descendants du dégradé ignobles et roturiers, indignes de porter les armes et de se trouver aux joutes, tournois ou assemblées d'armes, sous peine d'être dépouillés nus et frappés de verges, comme vilains et nés d'un père infâme.

Ces lugubres cérémonies se maintinrent jusqu'au seizième siècle, et furent encore toutes suivies pour la dégradation du sieur de Franget, vieux gentilhomme, capitaiue de cinquante hommes d'armes, et établi gouverneur de Fontarabie par le maréchal de la Police. Il avait rendu au connétable de Castille cette place bien munie et très-bien avitaillée, sans résistance, sans assaut, et par la plus honteuse capitulation : il eut la vie sauve à cause de son âge.

En temps de guerre, cette dégradation était menée plus sommairement. Quand un chevalier s'était souillé de quelque crime réputé atroce, avant d'être exécuté à mort, on jetait son écusson dans la boue, on le dépouillait de ses armes qu'on brisait une à une, et on coupait la queue de son cheval sur un fumier.

Après avoir parlé de la chevalerie en général, quoique ce sujet soit une pure étude historique dans ce volume, car ce qu'il en est resté de nos jours ne ressemblait nullement à son institution primitive, il est bon de parler, pour compléter ce tableau, de ses diverses variétés. Nous avons vu quel était le chevalier par excellence : un gentilhomme revêtu de la dignité chevaleresque pour quelques exploits : la chevalerie du moyen-âge était la Légion d'Honneur, telle que l'empereur Napoléon Ier l'avait conçue. Il me faut parler maintenant des chevaliers bannerets qui occupaient le premier rang parmi eux, étant ceux qui, par l'étendue de leurs domaines, avaient droit de porter la bannière carrée, et des chevaliers bacheliers qui suivaient les premiers, dont ils étaient vassaux.

La source du nom des chevaliers bannerets est assez claire pour qu'il me paraisse très-inutile d'insister à cet égard. Voici ce que Ducange en dit, d'après un ancien cérémonial qu'il cite : « Quand un bachelier a grandement servi et suivi la guerre, et que il a terre assez, et qu'il puisse avoir gentilshommes ses hommes et pour accompagner ses bannières, il peut licitement lever bannière en bataille et non autrement ; car nul homme ne doit lever bannière en bataille s'il n'a du moins cinquante hommes d'armes, tous ses hommes, et les archiers et arbalestriers qui y appartiennent ; et s'il les a, il doit, à la première bataille qu'il se trouvera, apporter un pennon à ses armes, et doit venir au connétable ou aux maréchaux ou à celui qui sera lieutenant de l'ost pour le prince, requérir qu'il porte bannière ; et s'ils lui octroyent, doit sommer les hérauts pour témoignage, et doivent couper la queue du pennon pour en faire bannière carrée. » De plus, le nouveau banneret leur donnait un marc d'or s'il était à cheval et un marc d'argent s'il était à pied. Chaque chevalier banneret devait avoir quatre bacheliers sous ses ordres, avec un fief de vingt-cinq feux. On pense bien que ces règles souffrirent de nombreuses exceptions : les officiers de la couronne et leurs lieutenants, notamment, pouvaient porter bannière sans être bannerets. A la guerre, les bannerets étaient rangés autour de l'ost royal par rang d'ancienneté.

Le père Daniel, dans son *Histoire de la Milice française*, constate que les premiers bannerets sont mentionnés sous Philippe-Auguste, et qu'ils disparurent lors de la création des compagnies d'ordonnance par Charles VII. Au point de vue héraldique, le chevalier banneret se distinguait des autres par le *vol banneret* qu'on plaçait en bannière de chaque côté du cimier de son écusson.

Ducange fait venir le titre de bachelier de *baccalaria, bachellerie, bacelle,* nom spécialement donné au fief composé de plusieurs *mas* et de plusieurs manoirs, mais ayant moins de douze vassaux. Il servait à désigner les chevaliers qui, n'étant pas assez riches pour pouvoir lever bannière, servaient sous les bannerets, ayant un certain nombre d'hommes d'armes sous leurs ordres et faisant porter seulement un pennon ou banderole à deux pointes. Un adage disait : « Quand un bachelier a la terre de quatre bachelles, le roi lui peut bailler bannière à la première bataille où il se trouve, à la deuxième il est banneret, à la troisième baron. » L'investiture de chevalier-bachelier se donnait par le pennon. Ce titre servait aussi aux fils des bannerets qui, n'ayant pas l'âge pour déployer leur bannière, marchaient sous celle d'un autre. Ils disparurent également lors de l'institution d'une force armée permanente par Charles VII.

Je nommerai encore les chevaliers d'honneur ou de corps que le roi et les princes choisissaient parmi les plus braves pour les attacher à leur personne et se former ainsi une garde d'élite : ils sont mentionnés dès le commencement du treizième siècle et nommés, dans un titre de 1285, chevaliers de l'hôtel du roi. Les princesses suivirent cet exemple qui est encore observé actuellement. Ce fut toujours une charge honorifique, amplement défrayée et dont les titulaires faisaient assez ordinairement un service semblable à celui de chambellan et d'écuyer.

On connaît moins généralement dans le monde l'existence des chevaliers ès-lois, et c'est cependant d'eux qu'est venu l'usage dont je parlais précédemment et généralement adopté dès le seizième siècle par les magistrats de haut rang de se qualifier tous chevaliers. Mathieu Paris parle en 1251 de « *Henricus de Bathonia, miles litteratus, legum scientiæ peritissimus,* » et Froissard, distinguant soigneusement les chevaliers ès-armes des chevaliers ès-lois; il dit à ce sujet : « Or, était advenu qu'un vaillant homme de grande prudence, *chevalier en lois et en armes*, bailly de Blois, lequel se nommait Renaud de Sens. » Les magistrats semblent ainsi avoir adopté le terme de chevalerie pour désigner pareillement, dans leur ordre, le degré d'excellence. Cet exemple s'est suivi en Allemagne, et l'on raconte que l'empereur Sigismond attribua, en 1431, la préséance aux chevaliers ès-lois sur les chevaliers ès-armes, parce que, disait-il, il pouvait faire cent des seconds en un jour, tandis qu'il pouvait en vingt ans ne pouvoir créer un des premiers. Nos rois ont reconnu officiellement ce titre et dans l'édit promulgué le 21 mars 1345 pour les priviléges de l'Université de Paris, il est cité cinq chevaliers ès-lois, Guillaume Flotte, chancelier de France, Guillaume Bertrand, Jean du Chastellier, Simon de Bucy et Pierre de Senneville, tous maîtres du parlement [1].

La chevalerie ès-lois anoblissait aussi bien que la chevalerie militaire. C'est au seizième siècle que les magistrats d'un ordre élevé furent tous décorés de la dignité chevaleresque ; Jean Daffis, premier président du parlement de Toulouse la reçut de Charles IX, en 1565. Depuis, tous les présidents se l'attribuèrent par l'effet seul de leur charge, et par une assimilation bizarre, mais certainement poussée trop loin, à leurs obsèques on plaçait à côté de la robe et du mortier l'épée et les éperons dorés sur le cercueil.

Anciennement, un des priviléges de la chevalerie était d'avoir la préséance dans les assemblées, et au parlement de Paris, les officiers qui étaient chevaliers avaient rang avant ceux qui ne l'étaient pas. Un arrêt du 10 octobre 1322 ne laisse aucun doute à cet égard, énonçant soigneusement les conseillers chevaliers avant les autres, mais cette distinction donna lieu à de vives réclamations et causa même un certain désordre au sein de ces compagnies, de sorte qu'on supprima cette prérogative pour rétablir une hiérarchie basée uniquement sur l'ancienneté de nomination. L'arrêt du 24 janvier 1430 le constate en ces termes : « Sur ce que messire Pierre de Tullières, chevalier, conseiller du roi en la cour des aides avoit dit qu'il

---

[1] C'est en 1343 seulement que Philippe de Valois substitua par édit le titre de président à celui de maître du parlement. Ce dernier fut encore employé assez longtemps néanmoins.

avoit entendu qu'à cause de chevalerie, il devoit avoir prérogative en siége, entre lui et les autres conseillers laïcs non chevaliers, combien que premiers eussent été reçus; et avoit requis qu'icelle prérogative, si aucun y avoit, dont il se raportoit à la cour, lui fust gardée. La cour, ouï les autres conseillers laïcs, et sur ce délibérant, a dit qu'il n'y a en ce aucune prérogative, et qui seoir doivent chevaliers et non chevaliers, selon l'ordre de réception. »

Une complète égalité était censée régner entre les deux chevaleries de lois et d'armes; mais on pense bien que les membres de cette dernière ne voulurent jamais la reconnaître et ce fut même l'une des causes qui attribuèrent aux gens de robe une si haute influence judiciaire, indépendamment de leur pratique et de leur savoir incontestable, les gentilshommes de race ayant constamment évité les occasions où ils auraient pu être forcés de confirmer hautement une parité à laquelle ils ne pouvaient se soumettre. Ces rivalités disparurent le jour où la chevalerie disparut véritablement, et où le titre de chevalier ne fut plus qu'un vain mot, mis en tête des nombreuses qualifications dont seigneurs et magistrats faisaient à l'envi suivre pompeusement leurs noms.

De même que les rois, les reines, les princes et les princesses avaient leurs chevaliers d'honneur, les cours obtinrent la création d'officiers de ce titre en leur faveur. Louis XIV, par un édit du mois de mars 1691 décida « la création d'un chevalier d'honneur dans chacun des présidiaux du royaume, lequel sera tenu de faire preuve de noblesse par-devant les officiers du présidial, dans lequel il aura séance immédiatement après les lieutenants-généraux de robe et d'épée, présidents et autres chefs desdites compagnies, et avant les conseillers titulaires et honoraires, et même avant les prévôts royaux qui pourraient avoir séance dans lesdits présidiaux. » Les autres compagnies réclamèrent cette institution qui, par édit du mois de juillet 1702, fut ainsi étendue : deux chevaliers d'honneur au grand conseil, deux à la cour des monnaies et en chacun des parlements, chambre des comptes et cour des aides, sauf au parlement de Paris, et un dans chacun des bureaux des finances, « lesquels auront séance et rang dans lesdites cours et bureaux des finances, tant aux audiences qu'aux chambres du conseil, en habit noir, avec le manteau, le collet et l'épée au côté, sur le banc des conseillers et avant le doyen d'iceux. Voulant qu'ils jouissent de tous les priviléges, honneurs, prérogatives, droits de *committimus* et du franc-salé dont jouissent les officiers desdites cours, ensemble des gages qui seront réglés par les rôles qui seront arrêtés au conseil ; et que les acquéreurs desdits offices n'en puissent être pourvus qu'après avoir obtenu l'agrément du roi et fait preuve de noblesse. » Cette dernière clause ne fut pas longtemps maintenue, et un édit du 8 décembre 1703 vint ainsi la changer : « Voulant que lesdits offices puissent être acquis par des personnes non nobles et à cet effet les anoblissons, ensemble leurs enfants et postérité, nés en loyal mariage, pourvu qu'ils meurent revêtus desdits offices, ou les ayant possédés pendant vingt années accomplies. Voulons en conséquence qu'ils jouissent de tous les avantages dont jouissent les autres nobles du royaume, sans aucune distinction, ni différence. »

Le roi accordait aux chevaliers d'armes, comme aux chevaliers ès-lois, des pensions pour les aider à soutenir leur rang, quand ils se trouvaient dans une position malheureuse.

Le père Ménétrier a donné l'énumération des engagements qu'un chevalier s'engageait à observer par serment au moment de recevoir l'institution :

« De craindre, de révérer et servir Dieu religieusement; de combattre pour la foy de toutes ses forces, et de mourir plutôt de mille morts que de renoncer au christianisme.

» De servir le souverain fidèlement, et de combattre valeureusement pour lui et la patrie.

» De soutenir le bon droit des plus faibles, comme des vefves, des orphelins et des damoiselles en bonne querelle, en s'exposant pour eux selon que la nécessité le requerroit, pourvu que ce ne fust contre leur honneur propre, ou contre leur roy ou prince naturel.

» Qu'ils n'offenseroient jamais aucune personne malitieusement, ni n'usurperoient le bien d'autruy, mais plutôt qu'ils combattroient contre ceux qui le féroient.

» Que l'avarice, la récompense, le gain et le profit ne les obligeroient à faire aucune action, mais la seule gloire et vertu.

» Qu'ils combattroient pour le bien et pour le profit de la chose publique.

» Qu'ils tiendront et obéiront aux ordres de leurs chefs.

» Qu'ils garderont l'honneur, le rang et l'ordre de leurs compagnons, et qu'ils n'empiéteront rien par orgueil ni par force sur aucun d'iceux.

» Qu'ils ne combattront jamais accompagnés contre un seul, et qu'ils fuiront toutes fraudes et supercheries.

» Qu'ils ne porteront qu'une épée à moins qu'ils ne soient obligés de combattre contre plusieurs.

» Que dans un tournoi ou autre combat à plaisance, ils ne se serviront jamais de la pointe de leur épée.

» Qu'étant pris en un tournoi prisonniers, ils seront obligés par leur foy et leur honneur d'exécuter de point en point les conditions de l'emprise, outre qu'ils seront obligés de rendre aux vainqueurs leurs armes et leurs chevaux s'ils les veulent avoir, et ne pourront combattre en guerre, ny ailleurs sans leur congé.

» Qu'ils doivent garder la foy inviolablement à tout

le monde, et particulièrement à leurs compagnons, soutenant leur honneur et profit entièrement en leur absence.

» Qu'ils s'aimeront et s'honoreront les uns et les autres, se porteront ayde et secours toutes les fois que l'occasion s'en présentera, et ne combattront jamais l'un contre l'autre, si ce n'est par méconnaissance.

» Qu'ayant fait vœu et promesse d'aller en quelque queste ou aventure étrange, ils ne quitteront jamais les armes, si ce n'est pour le repos de la nuit.

» Qu'en la poursuite de leur queste ou aventure, ils n'éviteront point les mauvais et périlleux passages, ni ne se détourneront du droit chemin, de peur de rencontrer des chevaliers puissants, ou des monstres, bestes sauvages ou autre empêchement, que le corps et le courage d'un seul homme peut mener à chef.

» Qu'ils ne prendront jamais aucun gage, ni pension d'un prince étranger.

» Que, commandant des troupes, ils vivront avec le plus d'ordre et de discipline qu'il leur sera possible, et en leur propre pays notamment, où ne souffriront jamais aucun dommage, ni violence estre faite.

» Que, s'ils sont obligés à conduire une dame ou damoiselle, ils la serviront, protégeront et la sauveront de tout danger et de toute offense, ou ils mourront à la peine.

» Qu'ils ne feront jamais violence à dames ou damoiselles, encore qu'ils les aient gagnées par armes, sans leur volonté et consentement, et non autrement.

» Qu'étant recherchés de combat pareil, ils ne le refuseront pas, sans playe, maladie ou autre empêchement raisonnable.

» Qu'ayant entrepris de mettre à chef une emprise, ils y vaqueront an et jour, s'ils n'en sont rappelés pour le service du roy et de leur patrie.

» Que, s'ils font un vœu pour acquérir quelqu'honneur, ils ne se retireront pas qu'ils ne l'aient accomply ou l'équivalent.

» Qu'ils seront fidèles observateurs de leur parole et de leur foy donnée, et, qu'estant pris prisonniers en bonne guerre, ils payeront exactement la rançon promise, ou se remettront en prison aux jour et temps convenus selon leur promesse, à peine d'être déclarés infâmes et parjures.

» Que, retournés à la cour de leur souverain, ils rendront un compte véritable de leurs aventures, encore mesme qu'elles fussent quelquefois à leur désavantage, au roy et au greffier de l'ordre, sous peine d'être privés dudit ordre.

» Que sur toutes choses, ils seront fidèles, courtois, humbles, et ne failleront jamais à leur parole, pour mal ou perte qui leur en peut advenir. »

J'ai dit que les femmes étaient appelées à conférer la chevalerie, et nous en trouvons de nombreux exemples : Orderic Vital, le grave historien normand, le certifie formellement : « *Fœminis interdum militare cingulum indultum militibus repetitur.* » Je crois inutile après cela de réunir ici des preuves plus nombreuses. Mais une particularité plus bizarre est la collation de la chevalerie faite à des femmes, quand, par exemple, il s'agissait de la possession d'un fief, dit de chevalerie. « Dans ce cas, dit Hémericourt, les femmes et les filles se faisoient faire chevalières pour être capables de tenir les fiefs de la chevalerie, et nous voyons quelques tombeaux au pays de Liége et aux Pays-Bas, où la qualité de chevalière est donnée à des filles et à des femmes dont les maris n'étoient pas chevaliers. » Quelques auteurs ont prétendu que les femmes pouvaient en tout point recevoir l'investiture chevaleresque, mais je laisse de côté ces paradoxes qui ne peuvent être pris au sérieux : nul doute qu'il n'y ait eu des femmes qui se soient signalées par un courage vraiment viril dans notre vieille France, comme Jeanne d'Arc, comme Jeanne Hachette en l'honneur de laquelle Louis XI institua une fête religieuse à Beauvais, dans laquelle la population féminine marchait avant les hommes, comme les bourgeoises de Livron en Dauphiné, qui repoussèrent le maréchal de Bellegarde, en 1574, après trois assauts. Nul doute même que quelques-unes de ces héroïnes n'aient peut-être reçu le titre de chevalier comme témoignage d'un rare courage, mais une telle exception ne peut pas plus être admise comme règle dans la chevalerie qu'aujourd'hui dans l'ordre de la Légion d'Honneur, parce qu'une femme admirable, comme la sœur Rosalie, portait sur sa poitrine la croix.

Il me faut encore parler des chevaliers bourgeois, dont le titre ne me semble qu'une fantaisie qu'il faut cependant mentionner puisqu'il existe des textes formels à cet égard. On trouve d'abord dans le Trésor des Chartes ce document : « *Philippus, etc. Notum facimus quod usus et consuetudo sunt et fuerunt a longissimis temporibus observati et tanto tempore, quod in contrarium memoria non extitit, in senascalia Bellicardi et in provincia, quod Burgenses consueverunt a nobilibus et a baronibus et etiam ab archiepiscopis sine principis auctoritate et licentia impune cingulum militare assumere, signa militaria habere et portare, et gaudere privilegio militari. Die martii post octavum Pentecostii, anno Domini* MCCLXXXXVIII°. » Et les auteurs de l'*Art de vérifier les dates*, rapportent, sous le règne de Charles VIII, ces lettres de Bernard Abzat, lieutenant général au duché de Guyenne pour le duc de Bourbon : « Savoir faisons que pour le bon rapport qui fait nous a esté de la personne de Jacques Marce, bourgeois et marchand de la ville de Tulle, l'avons passé chevalier à l'office de marchandise, et nous a fait serment audit seigneur en tel cas accoustumé, en présence de plusieurs maistres chevaliers en marchandise, et paié les droits en devoirs accoustumés. Fait à Bergerac, le XVIe jour de novembre, l'an mil quatre cent quatre-vingt et treize. »

Le père Ménétrier explique très-bien cette double chevalerie, parfaitement anormale, et qui était comme une caricature de celle dont elle voulait cependant se rapprocher. Les bourgeois voulurent se séparer de ce qu'ils appelèrent eux-mêmes les roturiers et les vilains, comme les gentilshommes s'étaient éloignés d'eux, et cherchèrent à établir une noblesse bourgeoise, une chevalerie municipale, si je puis dire, qui non-seulement leur donnât une ligne de démarcation bien dessinée, mais leur assurât encore le pouvoir dans la cité. De même encore, dans certains cas, les prélats étant obligés de faire le service militaire et n'ayant pas toujours assez de vassaux nobles pour fournir une cavalerie considérable, ils eurent sans doute recours aux marchands et hôteliers qui pouvaient avoir des chevaux, et les armèrent chevaliers.

Je nommerai seulement une dernière chevalerie, née vers le quatorzième siècle, et qui prit un assez grand développement au dix-septième siècle en province, parmi la bourgeoisie, toujours portée à saisir les occasions de s'approprier, sous quelque forme que ce fût, ce titre envié.

Les chevaliers de l'arc et de l'arquebuse existèrent dans presque toutes les villes du royaume, par compagnies composées de chevaliers et de quatre ou cinq officiers.

VIII

Le titre d'écuyer (*armiger*) était la qualification portée par tous les gentilshommes non encore revêtus de la dignité chevaleresque : leur nom vient très-probablement du latin *scutum,* d'où l'on a fait *scutifer*, parce qu'en effet l'écuyer portait habituellement le bouclier du chevalier dans les cérémonies.

Les écuyers, suivant la définition du père Ménétrier, étaient des gentilshommes qui faisaient le service militaire à la suite des chevaliers, avant de devenir eux-mêmes leurs égaux. Leurs fonctions étaient d'être assidus auprès des chevaliers, de porter leurs armes, de les suivre constamment ; c'étaient en quelque sorte leurs aides-de-camp. « Ils n'avaient pas le droit de se vêtir aussi magnifiquement que les chevaliers, et, de quelque naissance qu'ils fussent, quand ils se trouvaient avec eux, ils s'asseyaient sur des siéges plus bas et en arrière, ne pouvant se mettre à table avec eux.» Le titre d'écuyer était, comme nous l'avons déjà vu, porté par tous les officiers de la cour et les plus grands seigneurs laïcs et ecclésiastiques : écuyer d'honneur, écuyer de corps, écuyer de chambre, écuyer tranchant, écuyer de la panneterie, écuyer de l'échansonnerie, écuyer de l'écurie. Mais, à proprement dire, dans le sens où je veux en parler ici, l'écuyer était le gentilhomme faisant son apprentissage et cherchant à conquérir les éperons dorés. Il ne pouvait porter ni la lance, ni la cotte de maille, ni cimier sur son *chapel de fer*, ni se servir d'un sceau le représentant à cheval; le velours lui était interdit; il avait des éperons d'argent, et sa femme anciennement n'était que damoiselle. L'adage « tout noble naît écuyer et peut devenir chevalier » résume très-bien la matière. Mais les distinctions qui séparaient les gentilshommes de même rang ne subsistèrent pas au-delà du quatorzième siècle : les écuyers furent alors admis dans les tournois, luttèrent contre les gentilshommes, et l'ancienne subordination fut promptement anéantie. Bientôt, au quinzième siècle, tous les gentilshommes prirent le titre d'écuyer, et, à partir d'un arrêt du parlement de Paris ; du 30 octobre 1554, il fut reconnu « caractéristique de noblesse jusqu'à preuve du contraire, » mais sans cependant suppléer à la justification de noblesse. Les anoblis purent s'en servir également, et les magistrats d'un ordre inférieur, qui jusque-là s'étaient contentés de la qualification de *maîtres*, s'emparèrent du titre d'écuyer et achevèrent d'en dénaturer le sens, comme leurs supérieurs l'avaient fait pour celui de chevalier.

Un arrêt du grand conseil, de 1652, reconnut le titre d'écuyer aux gardes du corps du roi et aux commissaires et contrôleurs des guerres non nobles. D'autres officiers encore pouvaient le prendre en raison de leurs charges.

Il y avait anciennement des écuyers bannerets

ayant le pas sur les simples chevaliers, et auxquels il ne manquait absolument que l'investiture par les éperons dorés.

Le gouvernement de la restauration anoblit, surtout dans les deux ou trois premières années, un certain nombre de personnes en leur donnant le titre d'écuyer, qu'on ne voit pas sans surprise paraître dans les almanachs royaux de cette époque.

IX

Je vais achever cette rapide étude sur les titres de la noblesse française, en consacrant quelques lignes à ceux qui, tombés aujourd'hui en désuétude, avaient cependant autrefois une réelle importance.

Les pages, varlets ou damoiseaux étaient, au moyen-âge, les jeunes gentilshommes, qui, au sortir de l'enfance, remplissaient des fonctions tout-à-fait de domesticité près de leur maître ou de leur maîtresse. Ils les accompagnaient à la chasse, à la guerre, dans leurs promenades, portaient leurs ordres et leurs commissions, les servaient à table et leur versaient à boire ; on les instruisait et on les formait à tous les exercices dits d'un bon gentilhomme. Après cela, ces jeunes gens devenaient écuyers, ayant au moins quatorze ans. « *Sortant hors de page*, il était présenté par son père et sa mère à l'autel, qui allaient, chacun un cierge à la main, à l'offrande; le prêtre officiant bénissait l'épée et la remettait au nouvel écuyer. »

Les pages furent toujours conservés dans l'ancienne monarchie. Lors de la formation des compagnies d'ordonnance par Charles VII, chaque gendarme eut avec lui « son page ou apprenti d'armes, un gros varlet, deux archers et un coutillier, tous à cheval. » A cette époque, et dans les siècles qui suivirent, les jeunes gens des meilleures familles figurèrent constamment, non-seulement parmi les pages du roi, pour lesquels la noblesse de race était obligatoire, mais parmi ceux des grands officiers de la couronne, et ils pouvaient ainsi suivre la cour. Aux états-généraux de 1614, la noblesse demanda au roi, dans ses cahiers, « de tenir le plus grand nombre de pages qu'il pourrait et d'ordonner qu'ils fussent tous de la qualité requise, conformément à l'article CXII de l'ordonnance d'Orléans. » Le roi avait alors les pages d'honneur ou premiers pages, servant sous le grand-maître de France, les pages de la grande écurie et ceux de la petite, sous les ordres du grand écuyer et avec un gouverneur.

Les premiers étaient choisis par les premiers gentilshommes, et tous parmi les jeunes gens prouvant, par titres originaux, une noblesse remontant à 1550 (réglement du 18 septembre 1734). Les pages des deux écuries, suivant les réglements de 1721, 1727 et 1729, faisaient les mêmes preuves et devaient être âgés de quatorze ans au moins.

Le règlement du 4 février 1569 permet la soie et le velours aux seuls pages du roi, de la reine, des princes et princesses, ducs et duchesses.

Le gouvernement impérial conserva les pages avec un gouverneur; ils reparurent également sous la restauration.

Quelques auteurs établissaient pour les temps anciens des distinctions entre les trois mots que j'ai mis au commencement de ce paragraphe. Selon eux, le valet ou varlet était un gentilhomme, mais qui pouvait ne pas être aussi jeune qu'un page; et, à cet égard, on cite un compte de la maison du roi, de la Pentecôte 1313, nommant Louis, roi de Navarre, Philippe, comte de Poitiers, et Charles, fils du roi, ainsi que plusieurs grands seigneurs, *valets;* et un arrêt de la chambre des comptes de l'année 1292, disant que le valet est un serviteur noble allant partout où son maître le lui commandait. Ducange lui-même ajoute que l'on appelait *valets* les enfants des seigneurs qui n'étaient pas encore chevaliers, ce qui rentre bien dans la pensée des pages, et qu'on avait donné ce titre à des officiers de la maison du roi en le faisant suivre du nom de leurs fonctions, ainsi qu'on avait fait pour les écuyers. Ces charges étaient toutes réservées à la noblesse. Boulainvilliers fait remarquer que les *gros varlets* étaient les vrais domestiques ou laquais.

Les rois avaient près d'eux des valets de chambre et des valets de la garde-robe; ces derniers étaient

8.

exclusivement roturiers, et les charges de la chambre leur furent accessibles à partir du règne François I*er*.

Quelques seigneurs, au moyen-âge, portaient des titres en quelque sorte inféodés à leurs familles. Les sires de Busch en Guyenne et de Puychagut, près de Marmande, s'intitulaient captals, *capitalis, capital;* les seigneurs de Busch étaient de la famille de Foix-Grailly, au quatorzième siècle. Leur capitalat passa successivement aux Nogaret, aux Foix-Randan, et, enfin, au Gontaut-Biron. Les Preissac s'intitulaient sultans de la Trau, au treizième siècle ; les sires d'Anduze et ceux de Sauve se disaient satrapes. Tous ces souvenirs venaient, il est presque inutile de le dire, des croisades.

Les vidames, dont le titre subsista jusqu'à la révolution, étaient des officiers chargés de représenter les évêques en tout ce qui concernait le temporel, notamment dans le commandement des troupes; ils sont mentionnés sous le nom de *vicedòmini* dans les capitulaires de Charlemagne. A l'instar des autres officiers, et notamment des vicomtes, les vidames transformèrent leurs charges en fiefs héréditaires qui, au onzième siècle, avaient une grande importance dans la hiérarchie féodale. Ils se montrèrent seulement quelque peu avides et peu soigneux défenseurs des biens ecclésiastiques, car un des canons du concile de Reims ordonna que les vidames seraient privés de la sépulture ecclésiastique s'ils continuaient à exiger des églises plus qu'ils ne le devaient.

Les principaux vidames de France étaient ceux de Reims, du Mans, de Châlons-sur-Marne, de Chartres, d'Amiens, de Laon, de Meaux, de Tulle, d'Arras et de Saint-Omer. L'évêque de Beauvais était lui-même vidame de Gerberoi, et le vidame d'Esneval, en Normandie, seul relevait du roi.

Les avoués, *advocati*, qui disparaissent dès la fin du treizième siècle, étaient les protecteurs, les défenseurs des abbayes et prieurés, généralement seigneurs puissants, qui rançonnaient quelquefois rudement les monastères confiés à leur garde.

Le châtelain, *castellanus*, était à proprement parler le capitaine d'un château, officier nommé et installé par le roi ou un baron. A l'avénement des Capétiens, la plupart des *castrorum custodes* royaux érigèrent leurs châtellenies en fiefs relevant directement de la couronne. Après avoir été supprimés par Philippe-le-Bel, en 1310, les châtelains reparaissent, et Henri III règle ainsi, le 17 août 1579, la constitution d'une châtellenie : « Il faut que la terre ait d'ancienneté haute, moyenne et basse justice sur les sujets de cette seigneurie, avec foire, marché, péages, église, prévôté et prédominance sur tous ceux qui dépendent de la terre, et qu'elle soit tenue à un seul hommage au roi. » Il ne faut pas confondre les châtelains royaux, qui étaient de véritables seigneurs, et ceux établis par des seigneurs ; ceux-ci n'étaient que de simples officiers. Les châtelains n'existent plus à dater du dix-septième siècle, époque où les châteaux forts étaient bien moins nombreux et les guerres civiles heureusement éteintes.

X

J'ai consacré un chapitre spécial à la pénalité en fait de noblesse. Je ne puis pas cependant ne pas rapporter ici ce qui concerne spécialement la partie titrée de ce corps privilégié, et surtout l'abus qu'on a fait des titres aux deux derniers siècles de la monarchie.

Il était de règle absolue que nul ne pouvait acquérir un titre héréditaire autrement que par lettres patentes qui devaient être enregistrées dans une des cours souveraines. Ce titre, constitué sur un domaine, passait de mâle en mâle en ligne directe, sans jamais donner aucun droit aux branches collatérales ; les fils aînés eux-mêmes n'avaient aucun titre du vivant de leur père, à moins que celui-ci ne lui en abandonnât un, si la famille se trouvait en posséder plusieurs, et ce fut par une simple mode que les cadets s'intitulèrent chevaliers ; dans le cas enfin, où le possesseur du domaine érigé venait à le vendre, il ne pouvait plus en porter le titre, dont l'acquéreur, s'il était noble et voulait en jouir, devait demander la réérection. Mais à côté de cette classe peu nombreuse, s'était formée celle des gentilshommes de province, qui avaient pris des titres à leur convenance et basés le plus souvent sur la composition de leurs domaines. La cour du parlement prononça vainement une amende de 1,500 livres contre eux, le 12 août 1663. Louis XIV dut publier, dans son ordonnance du 8 décembre 1699, cet article 11 : « Il est ordonné à ceux qui, sans aucuns titres ni droits, porteront des casques en pleine face, des couronnes de princes, ducs, comtes, marquis, etc., seront condamnés à 100 florins d'amende [1]. — Veut Sa Majesté que les roturiers qui auront pris les noms et armes de maisons nobles, et même les nobles qui auroient pris les noms et armes d'autres familles nobles sans permission, seront condamnés à 100 florins d'amende. — Comme aussi les roturiers qui auront pris les qualités de marquis, comtes, etc., des terres titrées qu'ils possèdent, seront condamnés à 100 florins d'amende. — Ceux qui se diroient chevaliers et n'auroient pas été créés tels, seront condamnés à ladite amende. — Et encore les nobles qui auront pris les qualités de comtes, marquis, barons, etc., sans avoir des terres décorées de pareils titres, seront condamnés à 50 florins d'amende. »

Au siècle dernier, le désordre grandit considérablement, d'après certains abus passés à l'état de règles; il

---

[1] Je ferai remarquer que la couronne des armes n'entraîne nullement une idée de titre; souvent même les familles titrées ont sur leur écusson une couronne d'ordre supérieur à leurs titres. Ces couronnes étaient concédées ou par l'acte d'anoblissement ou maintenues dans les actes de confirmation et de reconnaissance.

était admis que si le roi donnait un titre à un noble dans une lettre autographe, celui à qui elle était adressée pouvait la faire enregistrer et se parer de cette qualité *viagèrement ;* ce prétendu droit fut étendu aux brevets de nomination, aux contrats de mariage, aux dépêches même seulement signées de la main du roi. Souvent, et malgré les ordonnances formelles, l'aliénation d'une terre précédemment dotée d'une érection, créait des titres nombreux, chaque acquéreur le prenant comme partie intégrante du domaine et le conservant ensuite, sans même demander de lettres confirmatives; c'est ainsi qu'un grand nombre de familles roturières s'agrégèrent à la noblesse, et au bout du prétendu temps légal, crurent pouvoir se targuer d'une prescription basée sur la seule mauvaise foi et par conséquent nulle. Je rappellerai encore les titres concédés à brevet, sans érection de terre, reconnus à certains hauts fonctionnaires civils ou militaires, à cause de leurs charges, comme ceux pris pour les honneurs de la cour, et tous purement de courtoisie. Enfin, dans les familles authentiquement pourvues, un titre venant à s'éteindre était souvent illégalement relevé par un parent collatéral du même nom, — ce qui se fait tous les jours maintenant, — oubliant que même pour ces transmissions, en apparence régulières, il fallait des lettres nouvelles.

Je ne parle pas ici des titres étrangers, devenus si nombreux depuis quelques années, grâce à la regrettable facilité de quelques chancelleries, qu'on aurait réellement lieu de s'inquiéter de leur multiplicité. Ces titres ne peuvent être considérés comme existants qu'en vertu d'une confirmation des souverains de la France, après examen de la chancellerie, puisque le droit d'anoblir et de conférer des titres fait partie des priviléges de la couronne, ainsi que le constatent les décrets de 1806 et de 1808, les chartes de 1814 et de 1830, pour ne citer que de récents documents. Jusque là, ils ne peuvent être pris au sérieux. Avant 1789, les titres non français étaient à peu près inconnus dans notre pays; en revanche, quelques étrangers avaient obtenu ces honneurs de nos rois; mais ils avaient toujours été concédés avec une très-grande réserve [1].

[1] Jacques II, roi d'Angleterre, créa, pendant sa retraite en France, trois ducs qui furent admis aux honneurs du Louvre et reconnus par Louis XIV:

Mount-Cashel (Mac-Carthy), 1689.

Albermale (Fitz-James), 1692.

Melfort (Drummond), 1692.

CHAPITRE IX.

De la pairie. — Ses origines. — Anciens pairs. — Ducs et pairs : leur liste. — Sénat. — Pairie selon la charte de 1814. — Abolition de l'hérédité. — Pairie du gouvernement de juillet. — Liste de toutes les familles revêtues de la pairie de 1814 à 1830. — Sénat.

La pairie originairement n'entraînait nullement la pensée qu'on a attachée depuis à ce mot : la pairie telle qu'elle existait chez les Francs avait seulement pour base le principe de l'égalité la plus absolue entre les membres de la nation dont le chef n'était que *primus inter pares.* De là venait aussi cet autre principe judiciaire que chacun devait être jugé par ses pairs. De bonne heure, cependant, cette égalité reçut une première atteinte : c'est quand les Mérovingiens, c'est-à-dire quand Clovis eut donné à la royauté une prépondérance plus grande que celle dont elle avait joui antérieurement. Il y eut alors deux ordres, pairs chacun dans son ordre respectif ; les seigneurs formant le premier ordre et les autres Francks composant le second ; quand la circonstance se présentait, ils devenaient juges, mais accidentellement et sans qu'aucune idée de magistrature se soit jamais attachée à ce mot. En 615, Clotaire II décida que les juges-pairs du second ordre seraient tous choisis parmi les habitants du lieu où la cause devait être appelée. Vers la même époque, ce système fut complété par le privilége reconnu aux Gaulois de n'être également jugés que par des Gaulois. Et il faut remarquer que dans la classe des seigneurs il y avait plusieurs catégories : ainsi, les ducs étaient jugés par les ducs, les prélats par les prélats, les comtes par les comtes, les leudes par les leudes, etc. Ainsi, dans sa première forme, la pairie n'était ni héréditaire, ni attachée à une terre ; ce n'était ni une fonction, ni un honneur, mais quelque chose comme le jury actuel, si je puis dire, une charge sociale découlant naturellement de l'organisation de la nation.

La pairie se transforma en même temps que la société féodale avec la seconde race : seulement elle changea de nature. Elle abandonna le second ordre qui se trouva soumis à une juridiction régulière, judiciaire, pour devenir un privilége de la haute classe, dont les membres seuls, quoique momentanément encore, constituèrent le tribunal de la pairie. Mais quand la pairie parut s'abaisser sous les faibles successeurs de Charlemagne, les grands seigneurs, désireux d'accroître le nombre de leurs priviléges et jaloux de bien affermir leur position, saisirent l'occasion que la pairie parut leur offrir pour se grandir en l'attachant héréditairement à leurs grands fiefs. En devenant héréditaire, la pairie changea complétement parce que les possesseurs de ces seigneuries les transmettant à leurs enfants, ceux-ci avec les terres devinrent propriétaires véritables de cette dignité qui fit désormais partie intégrante de leur patrimoine. Néanmoins, le jugement par ses pairs demeura comme auparavant : le possesseur d'un fief ne put toujours être jugé que par des feudataires du même ordre, qui se trouvaient seuls investis de siéger aux assises du fief dominant pour toutes les questions le concernant ou concernant leurs personnes. Pareillement chaque fief avait ses pairies dont les représentants jugeaient avec le seigneur suzerain, soit, pour traduire plus exactement ma pensée par un exemple : les rois de France avaient autour d'eux les grands feudataires et quelques grands officiers pour composer leur cour ou conseil ; le comte de Champagne, l'un de ces feudataires, avait à son tour ses pairs, formant, dans ses États, sa cour ou ses conseils; pareillement, l'un de ces derniers, l'évêque de Châlons, si l'on veut, avait ses pairs qui composaient à leur tour un autre degré de juridiction. Il fallait quatre pairs pour rendre un jugement.

C'est aussi vers ce temps (il est essentiel de le noter en passant) que la cour du roi ou, pour mieux dire, son conseil, prit à peu près radicalement la place des assemblées où se traitaient anciennement les affaires de la nation. On remarque sous Pépin la première mention de la distinction de ces deux corps, antérieurement confondus; il existe des actes de 754 et 767 où il est dit que le premier des Carlovingiens assembla la nation et prit son conseil avec les grands. A la fin de la seconde race, ce conseil seul existait, et les dernières traces du champ de mai étaient depuis longtemps oubliées. Les *parlements généraux* comprirent dès-lors uniquement, outre les barons ou vassaux immédiats de la couronne, les prélats et les notables que le prince voulait bien y appeler. Peu à peu et sans qu'on en puisse précisément fixer l'époque, ces deux pouvoirs réunis furent indifféremment désignés par les noms de cour du roi ou conseil; seulement au conseil on s'occupait des affaires politiques, tandis que le parlement, tenu régulièrement quatre fois l'an, traitait plus essentiellement de la justice. Il n'y avait pas cependant entre eux une différence absolue d'attributions. Tous deux avaient été jusque-là ambulants, suivant le roi dans ses expéditions; en 1302, la *cour du parlement* de Paris fut rendue sédentaire et reçut exclusivement l'expédition des affaires de justice, déférées « aux pairs et membres de la cour »; ces pairs étaient tous de hauts barons, et la plupart des évêques ou des abbés qui siégeaient comme pairs désignés par le roi ou surtout comme barons à cause des domaines de leurs églises.

Pour en revenir aux pairs proprement dits, il est

malaisé de fixer l'époque certaine de leur apparition. Un grand nombre d'auteurs considèrent que l'origine de nos douze pairs remonte non pas à Charlemagne, voire même à Clovis, quoiqu'on ait placé leurs statues autour des tombeaux récemment érigés à Reims en l'honneur de saint Remi, mais à Hugues Capet, qui aurait été en quelque sorte forcé de reconnaître comme pairs les seigneurs qui l'avaient proclamé et les évêques qui l'avaient béni. Je remarque cependant que les six pairs laïcs, tels que la tradition nous les fait connaître, sont les ducs de Bourgogne, de Guyenne, de Normandie, les comtes de Champagne, de Toulouse et de Flandre. Or, au moment où Hugues Capet sortait des rangs des grands feudataires où il figurait comme duc de France et ceignait la couronne, les vassaux immédiats, c'est-à-dire ses collègues, étaient, depuis le règne de Charles-le-Simple, le duc de Normandie duquel dépendaient alors la Guyenne et le Poitou, les comtes de Flandre, de Champagne, de Vermandois et de Toulouse; Hugues était lui-même maître de la Bourgogne. Comme on le voit, à cette époque, les six pairs laïcs ne pouvaient être ceux dont l'histoire a consacré depuis les noms, et à ceux-là il fallait alors en ajouter d'autres, comme le vicomte de Touars qui avait lui-même six pairs; le comte de Ponthieu, cinq; ceux de Champagne et de Normandie en avaient sept et six.

Une grande révolution s'opéra, comme on le sait, peu après l'installation de la dynastie capétienne.

D'une part, la noblesse perdit la plus forte portion de sa trop grande puissance, épuisée par les croisades, où elle laissa à la fois ses membres les plus influents et ses richesses, pertes éprouvées toutes au profit de la royauté; d'autre part, le roi, en affranchissant les communes, c'est-à-dire en sachant diriger ce mouvement et marcher avec lui, créa un nouvel ordre dans le royaume, le tiers-état, puissant rival de la noblesse, bien fait pour la contrebalancer, et dont on ne prévoyait pas le terrible avenir pour la cause que, dans ce même moment, il semblait devoir protéger et développer. C'est alors aussi que les notables furent admis dans le conseil; que les juristes, c'est-à-dire les hommes les plus éminents du tiers, remplacèrent les barons dans l'administration de la justice et siégèrent en nombre au parlement. C'est là, soit dit en passant, l'origine du dénigrement avec lequel la vieille noblesse, dans les temps modernes, regardait la noblesse dite de robe. Il serait assez vraisemblable de croire qu'à ce moment le roi, ne voulant pas que l'élément démocratique, si j'ose dire, pût absorber l'élément noble ou ecclésiastique dans ses grands conseils où se concentrait le gouvernement du pays, absorption d'autant plus à craindre que le savoir et la pratique étaient principalement entre les mains des nouveaux venus, que le roi, dis-je, ait institué des pairies héréditaires, véritables charges qui maintinssent certaines familles et les titulaires de certains siéges épiscopaux dans le privilége de siéger constamment dans ces assemblées. Toujours est-il que c'est en 1216 seulement, dans une ordonnance datée de Melun, que l'on voit figurer comme pairs les archevêques et évêques de Reims, Châlons, Langres, Beauvais, Noyon, et le duc de Bourgogne, tandis que tous les autres seigneurs sont confondus sous la dénomination, exclusivement usitée jusque-là, de *barons*. « Tous les vassaux immédiats du roi, disent les Bénédictins, étaient autrefois pairs ou barons de France, car ces deux termes étaient synonymes. On rapporte la réduction des anciens pairs du royaume au nombre de douze entre l'an 1202, ou, si l'on veut, 1204, et l'an 1216. Dans le cours de cette dernière année, les évêques d'Auxerre, de Chartres et de Lisieux furent considérés comme pairs de France, et donnèrent en cette qualité des lettres scellées de leurs sceaux. » Les prélats cependant ne paraissent pas avoir conservé ce titre autrement que viagèrement. Les auteurs, d'ailleurs, ne sont pas d'accord sur l'origine des six pairies ecclésiastiques. Bien que l'on dise que ces pairs figurèrent au sacre de Philippe-Auguste, et que Louis VII attacha cette dignité au siége de Langres pour compléter le nombre de douze, je puis croire que ces pairies ecclésiastiques ont été érigées séparément des pairies laïques, et pour d'autres motifs que pour ceux que j'ai essayé de déduire plus haut. Pour être exact, je dois cependant rapporter les dates qu'on a cru devoir assigner à ces institutions honorifiques. L'archevêché de Reims, suivant le père Anselme, aurait été pourvu de la pairie en 1179, lors du sacre de Louis VII, par Guillaume de Champagne ; on fixe l'année 1174 pour l'évêché de Laon, au sujet duquel on a une lettre du roi au pape Clément V, demandant, en 1306, qu'il ne nomme à ce siége qu'un prélat digne d'un siége « l'un des plus considérables de France, parce que c'est une pairie faisant partie de son propre honneur et de celui de son royaume, et que les fonctions de pair sont une émanation et une portion de la puissance et de l'autorité royale, *sunt appendices coronæ* »; l'année 1179 pour l'évêché de Langres, époque à laquelle seulement l'évêque Gautier obtint de son neveu, Hugues III, duc de Bourgogne, l'échange du comté de Langres contre celui de Dijon ; l'année 1189 pour l'évêché de Beauvais, dont le titulaire était alors Philippe de Dreux, de la maison de France ; pour l'évêché de Châlons-sur-Marne, on ne connaît pas de date antérieure à un arrêt du parlement de 1261, mentionnant l'évêque Pierre de Hans comme pair de France ; mais ses prédécesseurs avaient certainement joui de ce titre [1] ; enfin, pour l'évêché de Noyon, le père Anselme ne fournit d'autres documents que l'épitaphe de Gérard de Bazoche, mort en 1228. Il résulte de ces dates mêmes qu'antérieurement à l'année 1216, l'on ne possède

---

[1] Voir mon *Histoire de la ville de Châlons-sur-Marne et de ses Institutions*, 1 vol. in 8º. Paris, Didron et Dumoulin, 1854.

que des renseignements très-vagues et très-douteux, tandis que postérieurement le titre est clairement défini ¹.

1 Voici comment Dom de Vaines apprécie la question : « C'est dans le procès suivi à l'occasion de la succession au comté de Champagne, entre Thibaut, neveu de Henri, comte de Champagne, mort dans une croisade, et Érard de Brienne, gendre de ce dernier comte, que l'on voit le premier acte authentique de la distinction des pairs d'avec les autres barons. Le jugement fut rendu à Melun en 1216. Ainsi, l'époque peu certaine, ou plutôt inconnue, de la distinction des douze pairs d'avec le reste des barons, peut être placée entre ce jugement et l'an 1179, puisque l'évêque de Langres n'est devenu propriétaire du comté de Langres qu'en 1179. »

Les auteurs de l'*Encyclopédie* maintiennent que les douze pairs assistèrent au sacre de Louis VII, et font remonter les pairies laïques aux Carlovingiens.

Le père Ménétrier se prononce complètement dans le sens que j'ai cru devoir adopter, et aussi M. de Saint-Allais, auquel je déclare avoir fait de nombreux emprunts dans cette matière, où il est très-difficile malheureusement de trouver des arguments neufs, et qu'il a étudiée avec un remarquable succès, et de plus il fait remarquer que les douze pairies ne pouvaient encore exister en 1181, puisque des chartes de cette année citent les sires de Coucy et de Clermont *inter primores Francorum*, titre qu'on n'aurait pu leur accorder s'il y avait eu des pairs.

Piganiol de la Force résume ainsi la question : « Quelques recherches quel nos savants aient faites, ils n'ont pu découvrir jusqu'ici par qui ni en que temps l'institution des douze pairs a été faite. Mathieu Paris, historien anglais, qui écrivait sous le règne de saint Louis, est le premier que nous connaissions qui ait parlé des pairs de France, qui sont, dit-il, les premiers officiers de la couronne, établis pour régler les plus importantes affaires du royaume. Il se trompe en ce qu'il confond les pairs de France avec les grands officiers de la couronne, mais son erreur n'infirme point la mention qu'il fait des pairs de France comme existant à cette époque. Il en est qui prétendent que c'est Louis-le-Gros qui a institué les douze pairs de France, et assurent qu'ils parurent pour la première fois au couronnement de Louis-le-Jeune, son fils, qu'il fit sacrer à Reims en 1131. Mais il paraît impossible que cela soit, car il est constant que le comté de Langres par lequel l'évêque

Les pairies laïques furent toutes réunies à la couronne, avant le quinzième siècle, par l'annexion du pays dont elles portaient le titre : la Bourgogne en 1477, la Guyenne par Philippe-Auguste, et en 1472, après deux concessions en apanage ; la Normandie en 1202 et en 1469, après l'extinction de l'apanage ; la Flandre en 1659, après avoir passé, au quinzième siècle, à la maison d'Espagne, et avoir, par le fait, perdu le titre français ; la Champagne en novembre 1361 ; le comté de Toulouse enfin, à la même époque.

Comme rang, les douze anciens pairs étaient ainsi classés :

I. Le duc de Bourgogne, depuis la concession faite par le roi en 1363, le premier pair antérieurement étant le duc de Normandie. Les lettres patentes de Louis XI, du 14 octobre 1468, disent formellement que « le duc de Bourgogne est le premier pair et le doyen des pairs. » Il ceignait au sacre l'épée au roi et portait la couronne ; dans la suite, le premier prince du sang le représenta dans la cérémonie.

---

de cette ville devint pair, et qui ensuite a été érigé en duché, ne fut donné à l'église de Langres qu'en 1179, selon l'acte qui en est rapporté par la *Gallia christiana*, et par conséquent, dit un célèbre critique, l'abbé des Thuileries, en 1131 les six pairs ecclésiastiques n'existaient pas. Il n'est pas moins vrai aussi que Henri III, roi d'Angleterre et duc de Normandie, ne se trouvait pas au même sacre. Ce qui résulte d'une lettre de ce prince au pape Innocent II, insérée dans le *spicilége* du P. d'Achery, tome II, page 457. Par conséquent, les six pairs laïcs ne s'y trouvèrent pas davantage. »

II. Le duc de Guyenne ; il portait au sacre la première bannière carrée.

III. Le duc de Normandie, cité en 1259 par Mathieu Pâris, comme « *primus inter laïcos* » ; il portait la seconde bannière.

IV. Le comte de Flandre ; il portait l'épée.

V. Le comte de Champagne ; il portait l'oriflamme.

VI. Le comte de Toulouse. Ce puissant baron, comme duc de Narbonne, prétendit longtemps au premier rang parmi les pairs ; il portait les éperons.

I. Pairs ecclésiastiques : l'archevêque duc de Reims sacrait.

II. L'évêque duc de Laon ; il portait la sainte ampoule.

III. L'évêque duc de Langres ; il portait le sceptre.

IV. L'évêque comte de Beauvais ; il portait et mettait le manteau, et, avec le précédent, allait chercher le roi, l'accompagnait, le soutenait et demandait à la foule le serment d'obéissance.

V. L'évêque comte de Châlons-sur-Marne ; il portait l'anneau royal.

VI. L'évêque comte de Noyon ; il portait la ceinture e le baudrier.

Les anciens pairs n'eurent jamais de lettres d'érection : ils le furent de tout temps par la possession de leurs fiefs et maintenus ensuite comme seuls pairs par la volonté royale ; mais quand leurs descendances vinrent à s'éteindre, il fallut procéder à d'autres érections, qui furent toutes faites désormais par des lettres patentes. Comme le nombre des pairies dépendait uniquement de l'autorité royale, on devait s'attendre à le voir rapidement s'étendre, d'autant qu'à l'époque du moyen-âge où nous sommes parvenus, quelques-uns des anciens titres, comme la Guyenne et la Flandre, n'avaient pas une grande importance nationale. En septembre 1297, Philippe-e-Bel institua des pairies en faveur de Charles de Valois, comte d'Anjou, de Robert, comte d'Artois e de Jean, duc de Bretagne, et cette création fut ainsi expliquée dans le préambule des lettres patentes : « Considérant que le nombre des douze pairs qui, suivant la coutume, était anciennement dans le royaume, est tellement diminué, que l'ancienne force de notre Etat pourrait en être défigurée en plusieurs grandes choses, nous voulons rétablir l'honneur et la gloire de notre trône royal par l'ornement de ces anciennes dignités. »

Le 27 décembre 1327, Charles-le-Bel créa la duché-pairie de Bourbon pour Louis de Clermont, sire de Bourbon, petit-fils de saint Louis, « espérant que la postérité dudit, marchant sur les traces de ses ancêtres, sera dans tous les temps l'appui et l'ornement du trône. » Le 6 septembre 1363, le roi Jean déclara son quatrième fils, Philippe, déjà duc de Bourgogne, premier pair : il avait précédemment rétabli la duché-pairie de Normandie pour son fils le dauphin, et créé celle d'Orléans en 1345. Ces érections continuèrent, mais toujours en faveur de membres de la famille royale. Ce fut la période de la pairie d'apanage, annexée à un fief détaché du domaine royal, mais avec clause de retour en cas de descendance non mâle. La pairie, moins indépendante assurément que quand elle appartenait seulement aux six fiers barons, véritables rivaux du roi, devint un fief régulier de premier ordre, indivisible, impartageable et incessible, comme ceux de la couronne ; mais elle demeura cependant, aux yeux de la loi, la continuation pure et simple de la précédente, ainsi que le jugea le parlement de Paris, en 1457, « et doivent les nouveaux pairs créés jouir de pareils priviléges et prérogatives que les douze pairs anciens, soit pour leur jugement, soit pour être appelés au jugement des autres. » La date d'érection fixait le rang des pairs entre eux.

Nos rois ne cessèrent à chaque nouvelle érection d'accroître, par les termes employés dans les lettres, l'éclat qu'ils voulaient donner aux pairies. Quand Charles V érigea le comté de Mâcon en pairie, pour Jean, son frère, depuis duc de Berry, il n'y avait plus que quatre des anciens titres conservés, et le roi dit formellement « qu'il est important pour le bien de l'État de rétablir l'ancien nombre des pairs, » en même temps qu'il déclare revêtir son frère de cette dignité pour « l'élever à un rang qu'il avoit mérité par ses services. » Sous Charles VII, le seul titre ancien survivant était celui du comte de Flandre, éteint en réalité, puisqu'il

passa à des princes étrangers, et que la portion du comté
demeurée française fut annexée à la couronne. Ce fut
ce prince qui dérogea le premier au principe de la
possession de la pairie en faveur des seuls princes du
sang, et institua Jean Stuart, sire d'Aubigny, comte
et pair d'Évreux, en 1424, et Jacques, roi d'Écosse,
pair de Saintonge et de Rochefort, en 1421, voulant
ainsi se créer des alliés dans sa lutte contre les ducs
de Bourgogne et de Bretagne, qui menaçaient la
monarchie. Louis XI revint à l'ancienne observance,
mais Louis XII suivit l'exemple de Charles VII, et
honora de la pairie Engelbert de Clèves, comte de
Nevers et gendre du comte de Bourbon-Vendôme
(mai 1505, — 18 août, pour la vérification au parlement).
Les Guise ensuite furent amplement pourvus :
Claude fut créé duc et pair de Guise en 1527 ;
François de Lorraine, duc et pair d'Aumale, en 1547 ;
et, à ce sujet, le parlement adressa au roi, le 3 octobre
de la même année, ces remontrances rendues
vaines par une lettre de jussion, du 12 février 1551 :
« Le nombre des pairies étant complet, celles de
Guise et d'Aumale devenant surnuméraires, la cour
supplie le roi de déclarer, par des lettres patentes,
que par la création de ces deux pairies, il n'entendoit
pas préjudicier, ni déroger à l'ancien nombre des
pairs de France ; mais, que ceux qui les tiendront,
jouiront seulement de leurs prérogatives jusqu'à ce
que, par effet, les anciennes pairies soient réduites
en jouissances de la couronne, lequel cas advenant,

veut et entend Sa Majesté que les surnuméraires demeurent éteintes, et qu'il soit mandé à la cour seulement de faire enregistrer lesdites lettres sans en faire aucune publication. »

Cette seule et légère opposition fut le signal d'une ère toute nouvelle pour la pairie. Après avoir été l'apanage des princes du sang, on en avait honoré des étrangers, puis un seigneur allié à la famille royale, enfin des grands seigneurs non souverains. La noblesse allait désormais profiter de cette porte ouverte. Déjà Jacques d'Armagnac s'était fait faire duc et pair de Nemours, en 1452 ; Artus de Gouffier obtint la même faveur, sous le titre de Roannois, en 1519, mais ne vécut pas assez pour être reçu. Anne de Montmorency en 1551, et Jacques de Crussol d'Uzès en 1565, ouvrent la liste des simples grands seigneurs créés pairs de France, et la quatrième période de la pairie.

Les pairies ecclésiastiques ne furent jamais augmentées que d'un titre, celui de duc de Saint-Cloud, érigé en faveur de l'archevêque de Paris, en 1674.

Avant de donner la liste des pairies anciennes, je vais encore tracer l'historique des fonctions, prérogatives et devoirs de ces grands dignitaires de la vieille monarchie, dont le nom est bien parvenu jusqu'à nous, mais dont les nouveaux pairs ne furent réellement jamais les successeurs.

Les pairs faisaient jadis deux hommages pour le

fief et pour la pairie ; depuis le seizième siècle, ils n'en durent plus qu'un seul. Les souverains étrangers devenus possesseurs de terres-pairies furent toujours astreints à cette formalité, qui donna lieu, comme on pense, à bien des difficultés. En 1499, le chancelier alla à Arras recevoir l'hommage dû à Louis XII par Philippe d'Autriche, pour les Flandres.

Les pairs étaient « les membres de la couronne, ministres de la paix et de la guerre, la plus noble portion du corps politique, *laterales regis* », et à ce titre étaient considérés comme possédant eux-mêmes une part de la souveraineté à eux spécialement déléguée. Outre le rôle de conseillers de la couronne, ils se jugeaient entre eux, et prirent, au quinzième siècle, place au parlement. Le roi ayant soumis à ce haut corps judiciaire le jugement du duc d'Alençon, condamné à la peine de mort le 18 juillet 1457, lui adjoignit les pairs après en avoir créé trois nouveaux, les comtes de Foix, de la Marche et d'Eu. C'est depuis ce moment, événement peu remarqué au milieu des troubles qui remplissaient alors l'histoire de France, mais très-important cependant, que le parlement et la cour des pairs furent réunis en une seule assemblée, après être demeurés séparés depuis le treizième siècle, comme nous l'avons vu plus haut. Les pairs, dès-lors, eurent constamment l'entrée au parlement de Paris, séance et voix délibérative. Dans le cas où un pair était en cause, il fallait pour qu'il pût y avoir jugement, que douze pairs fussent présents, et, dans ces circonstances, le roi était toujours prié de siéger. Nos rois y vinrent jusqu'à Henri IV, qui refusa d'assister au procès du maréchal duc de Biron, qu'il chérissait beaucoup, comme on sait, malgré ses odieuses trahisons. Quand il n'y avait pas douze pairs, chiffre conservé en souvenir du nombre primitif de ces dignitaires de la couronne, la cour était déclarée non suffisamment garnie; mais par la suite, et quand il fut plus difficile de réunir le nombre légal des juges, il suffit d'appeler les douze pairs : la cour jugeait ensuite comme s'ils étaient présents.

Pour ces cas, les règles de la procédure étaient déterminées par les ordonnances de décembre 1366 et avril 1453 et la déclaration du 19 mars 1551, auxquelles je crois suffisant de renvoyer.

Un arrêt du 30 avril 1643, fixa à vingt-cinq ans l'âge auquel un pair pourrait faire son office. La religion catholique était obligatoire. Les religieux seuls ne pouvaient être pairs.

Le nouveau pair prouvait de bonne vie et mœurs, et était reçu, présenté par deux parrains, en la grande chambre du parlement. Toutes les chambres s'assemblaient quand il s'agissait d'une érection nouvelle Pendant que le récipiendaire prêtait son serment, il laissait son épée à l'huissier. Ce serment ne fut longtemps que celui de conseiller au parlement. Sous Louis XIV, on fit jurer « de se comporter comme un sage et magnanime duc et pair ; d'être fidèle au roi et de le servir dans ses très-hautes et très-puissantes affaires. » Au sacre les pairs, comme représentants de la monarchie, recevaient le serment du roi.

La tenue et les prérogatives des pairs au parlement ont donné lieu à d'incessantes querelles sur lesquelles il est inutile de s'appesantir. Pour tout le dix-septième siècle et le commencement du suivant d'ailleurs, Saint-Simon nous a complétement édifiés à ce sujet, et il me semble inutile d'y revenir après lui. Je dirai seulement que les pairs siégeaient à la grande chambre sur les hauts bancs, à droite du premier président, le doyen des conseillers étant assis sur le premier banc des pairs, comme preuve de l'égalité de leurs fonctions. Aux lits de justice, contrairement aux séances ordinaires, les laïcs précédaient les prélats, ayant la droite depuis 1610, et opinaient les premiers. Depuis 1551, ils siégeaient en conservant leurs épées, malgré la remontrance du parlement sur ce que « de toute antiquité ce droit était réservé au roi seul, en signe de spéciale prérogative de sa dignité royale, et que le feu roi François Ier, avant son avénement à la couronne, et messire Charles de Bourgogne y étaient venus laissant leurs épées à la porte. »

La pairie ne pouvait être conférée que par lettres patentes enregistrées au parlement, parce que la grâce du souverain n'était officiellement complète qu'après avoir reçu cette attache des gens de justice gardiens des priviléges et libertés de la monarchie, et la date ne courait, quant à la préséance, que de l'enregistrement. Le roi était obligé d'entretenir le pair qui serait tombé dans la misère. On créa quelquefois des pairies personnelles, mais seulement pour permettre à certaines personnes de remplir certaines fonctions dans une grande cérémonie ; en 1654, Louis XIV fit pour son sacre les ducs de Roannois et de Bournonville pairs, mais ils ne le furent que ce jour-là seulement [1].

Liste des duchés-pairies créés pour les princes du sang [2] :

Bretagne, 1297-1532.
Bourbon, 1327.
Orléans, 1344.
Berry, 1360.
Anjou, 1360.
Auvergne, 1360.
Touraine, 1360.
Château-Thierry, 1410.
Nemours, 1404.

---

[1] Les documents officiels relatifs à la pairie avant 1789 sont : Ordonnances de décembre 1363, du 12 avril 1452 ; déclarations du 15 octobre 1463, 14 décembre 1464 ; édit de juillet 1566 : art. 379 de l'ordonnance de Blois (1579); ordonnance de 1582, sur la clause non exécutée de réunion à la couronne des terres érigées à l'extinction de la descendance mâle ; déclarations de septembre 1596, 15 avril 1610, 15 mars 1694 et mai 1711.

[2] Voir à ce sujet le travail de M. Borel d'Hauterive, dans *l'Annuaire de la Noblesse de* 1844. Il renferme les renseignements les plus détaillés et les plus exacts.

Valois, 1406.
Alençon, 1414.
Angoulême, 1515.
Vendôme, 1514.
Châtellerault, 1514.
Montpensier, 1538.
Beaumont (Maine), 1543.
Beaupréau, 1562.
Enghien, 1566.
Graville, pour le cardinal de Bourbon, 1567.
Montargis, 1570.
Saint Farjeau, 1575.
Châteauroux, 1616.
Chartres, 1661.
Guise, 1704.

Pour les princes légitimés :

Longueville, 1505.
Châtellerault, 1563.
Angoulême, 1582.
Beaufort, 1597.
Vendôme, 1598.
Fronsac, pour le comte de Saint Pol, 1603.
Angoulême, 1619, pour le comte d'Auvergne.
Verneuil, 1652.
Coulommiers, 1656.
La Vallière, 1667.
Aumale, 1695.
Penthièvre, 1695.
Rambouillet, 1711.

Avant la révolution de 1789, étaient ducs et pairs de France [1] :

Les princes du sang, pairs-nés sans érection, opinant à vingt ans .
Les princes légitimés.
Les titulaires des sept évêchés-pairies.
Le duc de Touraine (Douglas), 1424.
Le duc de Nemours (Armagnac), 1461,
Le duc de Nemours (Foix), 1507.
Le duc de Roannois (Gouffier) 1519.
Le duc de Guise (Lorraine), 1527.
Le duc de Nemours (Savoie), 1528,
Le duc de Vitry (l'Hospital), 1550.
Le duc de Montmorency, 1551-1632.
Le duc de Nevers (Gonzague), 1538 et 1566.
Le duc d'Aumale (Lorraine), 1547.
Le duc de Mercœur (Lorraine), 1569.
Le duc de Penthièvre (Luxembourg), 1569.
Le duc de Tonnerre (Clermont), 1571.
Le duc de Joyeuse (Châteauneuf), 1571.
Le duc d'Uzès (Crussol), créé en 1572.
Le duc de Mayenne (Lorraine), 1553.
Le duc de Rethelois (Gonzague), 1573.
Le duc d'Epernon (Nogaret), 1581.
Le duc de Piney (Luxembourg), 1581.
Le duc de Retz (Gondi), 1581.
Le duc d'Elbeuf (Lorraine-Guise) *, 1582

---

[1] Je marque d'une astérisque les pairies existant en 1789. Les noms en italiques sont ceux des duchés-pairies non enregistrés au parlement.

Le duc de Brienne (Luxembourg), 1587.
Le duc d'Halwin, 1587.
Le duc de Biron (Gontaut), 1593.
Le duc de Montbazon (Rohan), 1595.
Le duc d'Aiguillon (Lorraine), 1599.
Le duc de Thouars (la Trémoille), 1599.
Le duc de Bournonville, 1600.
Le duc de Rohan, 1603.
Le duc de Sully (Béthune) *, 1606.
Le duc de Damville (Montmorency), 1610.
Le duc d'Halwin (Nogaret), 1611.
Le duc de Lesdiguières (Bonne), 1611.
Le duc de Grancey (Hautemer), 1611.
Le duc de Chevreuse (Lorraine), 1612.
Le duc de Luynes et de Chevreuse (d'Albert) *, 1619.
Le duc de Bellegarde (de Saint-Lary), 1619.
Le duc de Piney (d'Albert), 1620.
Le duc de Brissac (Cossé) *, 1620.
Le duc de Halwin (Schomberg), 1620.
Le duc de Chaulnes (d'Albert), 1621.
Le duc de la Roche-Guyon (Silly), 1621.
Le duc de la Valette (Nogaret), 1622.
Le duc de Fontenay (Rohan), 1626.
Le duc de Richelieu (Vignerot du Plessis) *, 1631.
Le duc d'Aumale (Savoie), 1631.
Le duc de Fronsac (Vignerot du Plessis-Richelieu) *, 1634.
Le duc de Puylaurens (de Lage), 1634.
Le duc de Saint-Simon (Rouvroy), 1635.
Le duc de la Rochefoucauld, 1637.
Le duc de la Force (Caumont), 1637.
Le duc d'Aiguillon (Vignerot du Plessis), 1638.

Le duc de Valentinois (Grimaldi), 1642.
Le duc de Cardonne (la Mothe-Houdancourt), 1642.
Le duc de la Roche-Guyon (Plessis-Liancourt), 1643.
Le duc de Cœuvres (d'Estrées), 1648.
Le duc de Damville (Lévis), 1648.
Le duc de Coligny, 1648.
Le duc de Vitry (l'Hospital), 1650.
Le duc de Villemor (Séguier), 1650.
Le duc de Noirmoutier (la Trémoille), 1650.
Le duc de la Vieuville, 1650.
Le duc de Lavedan (Montaut-Blénac), 1650.
Le duc d'Arpajon, 1650.
Le duc de Rosnay (l'Hospital), 1651.
Le duc d'Albret et de Château-Thierry (de la Tour-d'Auvergne, duc de Bouillon) *, 1652.
Le duc de Béthune-Orval *, 1652.
Le duc de Rohan-Chabot *, 1652.
Le duc de Roquelaure, 1652, 1683.
Le duc de Nevers (Mazarini), 1660.
Le duc de Randan (Foix-Candale), 1661.
Le duc de Piney-Luxembourg (Montmorency) *, 1662.
Le duc de Gramont *, 1663.
Le duc de Villeroy (Neuville) *, 1663.
Le duc de Mortemart (Rochechouart) *, 1663.
Le duc de la Meilleraie (la Porte), 1663.
Le duc de Saint-Aignan (Beauvilliers) *, 1663.
Le duc de Tresme et de Gesvre (Potier) *, 1663.
Le duc de Rethel (Mazarini), 1663.
Le duc de Noailles *, 1663.
Le duc de Montausier (Sainte-Maure), 1663.
Le duc d'Aumont *, 1663.
Le duc de Coislin (Camboust), 1663.

Le duc de Choiseul, 1665.

Le duc de la Ferté-Senneterre, 1665.

Le duc de la Vallière (la Baume-le-Blanc), 1667 et 1723.

Le duc de Lude (Daillon), 1670.

Le duc de Charost (Béthune) *, 1672.

Le duc de Boufflers, 1708.

Le duc de Villars, 1709.

Le comte d'Harcourt *, 1709.

Le duc de Fitz-James *, 1710.

Le duc d'Antin (Pardailhan), 1711.

Le duc de Chaulnes (d'Albert) *, 1711.

Le duc d'Hostun (de la Baume-Tallard), 1712.

Le duc de Joyeuse (Melun), 1715.

Le duc de Rohan-Soubise *, 1715.

Le duc de Brancas et Villars (Brancas) *, 1716.

Le duc de Valentinois (Gouyon-Grimaldi) *, 1716.

Le duc de Nivernais (Mancini) *, 1721.

Le duc de Biron (Gontaut) *, 1723.

Le duc de Levis *, 1723.

Le duc de la Vallière (la Baume-le-Blanc), 1723.

Le duc d'Aiguillon (Vignerot du Plessis-Richelieu) *, 1724.

Le duc de Châtillon, 1736.

Le duc Fleury (Rosset) *, 1736.

Le duc de Bellisle (Fouquet), 1742.

Le duc de Gisors-Bellisle (Fouquet), 1748.

Le duc de Duras (Durfort) *, 1758.

Le duc de la Vauguyon (Quelen) *, 1759.

Le duc de Choiseul Stainville *, 1759.

Le duc de Praslin (Choiseul) *, 1762.

Le duc de la Rochefoucauld *, 1762.

Le duc d'Aubigny (Lennox) *, 1771.
Le duc de Clermont-Tonnerre *, 1775.
Le duc de Coigny (Franquetot) *, 1787.

Au moyen-âge et avant la transformation subie par la pairie de l'ancienne monarchie, les femmes succédaient aux pairies, prêtaient le serment de foi et hommage et faisaient même les fonctions au sacre, comme Mahaut, comtesse d'Artois, qui soutint avec les autres pairs la couronne sur la tête de Philippe-le-Long, son gendre. Les femmes siégeaient encore comme juges, et à cet égard Ducange nous a conservé un texte de l'année 1220 qui, bien que relatif à une cour féodale, n'en est pas moins formel pour l'aptitude des femmes à la pairie : « *Præsentibus et ad hoc vocatis meis paribus, videlicet domino Willelmo de Brute, milite; Johanne clerico, Hugone, sacra Esblousavede et filia ejus majorissa, qui pares a me et a domino suo propter hoc adjurati, judicaverunt.*» Cependant cette étrange anomalie, en contradiction surtout avec la loi du royaume, la loi salique, cessa bientôt quant à ses effets, et les femmes ne furent plus pairesses qu'honorairement : les créations nouvelles n'en furent pas moins continuées. Charles VI créa la duché-pairie de Blois pour Valentine de Milan, duchesse d'Orléans, en juin 1399 ; François 1er, la duché-pairie de Nevers pour Marie d'Albret, en 1538 ; Charles IX innova en cette matière : il institua les duchés pairies de Penthièvre et de Mercœur, en 1569, pour Sébastien de Luxembourg et Nicolas de Lorraine-Vaudemont, « pour eux et leurs hoirs mâles et femelles. » Louis XII procéda de même à l'égard de sa fille Claude pour la duché-pairie de Soissons, en étendant même la translation aux héritiers collatéraux.

Ces exemples furent fréquemment suivis, et le nombre des pairies féminines s'accrut assez au dix-septième siècle pour que le parlement en demandât l'extinction et que le chancelier d'Aguesseau s'exprimât ainsi à ce propos: « On commençait alors à rentrer dans l'ancien esprit de masculinité, qui est, pour ainsi dire, l'âme des pairies, et qui avait été comme éclipsé par l'abus, toléré pendant plus d'un siècle, d'admettre les filles aux fonctions de la pairie. » Louis XIV rendit un édit en 1711 qui décida que la pairie féminine ne donnerait rang aux maris des femmes qui en hériteraient que du jour où on leur accorderait de nouvelles lettres patentes, et encore, dans ce cas, les femmes héritières devaient-elles demander au roi son agrément avant de contracter mariage.

La pairie fut abolie comme toutes les autres distinctions sociales par les égalitaires de la révolution. En 1804, l'empereur créa le sénat composé de membres auxquels étaient assignés les titres et revenus d'autant de sénatoreries instituées en France ou à l'étranger. Ce corps, chargé comme aujourd'hui de la haute surveillance des constitutions de l'État, disparut naturellement avec les événements de 1814 et fit place à une chambre de pairs qui ne conservèrent de ressemblance avec leurs devanciers que le nom, l'hérédité et le privilége de se juger entre eux, et de juger des crimes de lèse-majesté. Ce fut du reste une assemblée toute politique, « une portion essentielle de la puissance législative, comme dit l'article 24 de la charte de 1814, composée d'un nombre illimité de membres — (l'article 27 reconnaît au roi le droit de créer des pairies seulement viagères) — âgés de vingt-cinq ans, pour siéger, et de trente pour délibérer et présidés par le chancelier. La loi du 19 août 1815 supprima la faculté de faire des pairies à vie et établit rigoureusement l'hérédité par voie de primogéniture, avec le pouvoir pour le souverain de transférer à son gré, collatéralement, une pairie venant à s'éteindre dans la ligne directe. L'article 5 de cette loi déclarait que tout pair serait titré baron, vicomte, comte, marquis ou duc. Une nouvelle ordonnance royale, du 25 août 1817, obligea pour l'avenir tout pair nouveau, non ecclésiastique, à constituer préalablement à son institution, un majorat de 30,000 francs de rente nette, s'il est duc ; de 20,000 francs, s'il est marquis ou comte ; de 10,000 francs, s'il est vicomte ou baron ; majorat transmissible comme la pairie de mâle en mâle par ordre de primogéniture. Une seconde ordonnance du même jour développe ces mesures bien faites pour donner un plus grand éclat à la pairie, et renferme ces articles :

Art. xii. Le fils d'un duc et pair portera de droit

le titre de marquis; celui d'un marquis et pair le titre de comte; celui d'un comte et pair le titre de vicomte; celui de vicomte et pair le titre de baron; celui de baron et pair le titre de chevalier. Les fils puînés des pairs porteront de droit le titre immédiatement inférieur à celui que portera leur frère aîné.

» Art. xiii. Lorsque la chambre des pairs sera appelée à siéger en notre présence royale, et dans les autres occasions solennelles seulement, il sera préparé dans le lieu habituel de ses séances, ou dans celui destiné à la réunion de ses membres, des places ou bancs séparés pour chaque ordre de titres. Les pairs également titrés se placeront sur le même banc, selon l'ordre de leur promotion ou de l'ancienneté de leur titre.

» Art. xiv. Le premier de tous les bancs sera destiné aux princes de notre sang. Les pairs ecclésiastiques occuperont de droit les premières places du banc où ils seront appelés en vertu du titre à eux conféré par nos lettres d'institution. »

La charte de 1814 laissait au roi le choix des pairs d'une manière illimitée; celle de 1830 ne changea pas cet ordre de choses par son article xxiii; mais la loi du 29 décembre 1831 abolit l'hérédité pour l'avenir et créa les catégories parmi lesquelles on devait désormais prendre les nouveaux élus ; elles étaient d'ailleurs assez variées pour rendre cette apparence de restriction illusoire : les présidents de la chambre des députés ; les députés après six ans d'exercice ; les maréchaux, amiraux, lieutenants généraux et vice-amiraux après deux ans de grade ; les ministres ; les ambassadeurs, après trois ans, et les ministres plénipotentiaires après six ans de fonctions ; les conseillers d'État après dix ans de service ordinaire ; les préfets après le même temps ; les gouverneurs des colonies après cinq ans ; les conseillers généraux après trois élections à la présidence ; les maires de villes de 30,000 âmes après deux élections au conseil municipal et cinq ans de mairie ; les présidents de la cour de cassation et des comptes ; leurs procureurs généraux après cinq ans ; les conseillers aux mêmes cours et leurs avocats généraux après dix ans ; les premiers présidents de cours royales après cinq ans ; les procureurs généraux après dix ; les présidents des tribunaux de commerce dans les villes de 30,000 âmes après quatre nominations ; les membres titulaires de l'Institut ; les citoyens pour éminents services ; les propriétaires et chefs de manufactures ou maisons de commerce payant 3,000 francs de contributions et ayant été pendant six ans membres d'un conseil général ou d'une chambre de commerce, ou ayant été députés et juges de tribunaux de commerce.

Cette loi démocratisa la pairie. La révolution de 1848 l'anéantit de nouveau ; et en 1851, l'empereur recréa un sénat de cent cinquante membres, et où les princes du sang, les maréchaux, amiraux et cardinaux siégent de droit. Originairement, ces nouveaux sénateurs furent divisés en trois catégories recevant un traitement de 10,000, de 20,000 et de 30,000 francs par an; depuis 1852, ils reçoivent tous 30,000 francs en dotation insaisissable et incessible.

Après avoir donné la liste des pairies antérieures à 1789, j'ai pensé qu'il serait intéressant de publier celle des familles honorées de cette dignité depuis 1814 jusqu'en 1830, c'est-à-dire pendant la période de l'hérédité : l'astérisque indique celles pour lesquelles la pairie était éteinte avant 1831 :

D'Aboville (vicomte), 4 juin 1814.
Abrial (comte).
D'Agoult (vicomte), 22 décembre 1823.
D'Aguesseau (marquis) *, 1814 [1].
D'Albert (duc de Luynes et de Chevreuse), 1814.
D'Albertas (marquis), 17 août 1815.
D'Albon (marquis), 1826.
D'Albuféra, Suchet (duc), 1814 et 5 mars 1819.
D'Aligre (marquis), 1815; avec substitution à M. de Pommereux d'Aligre, petit-fils, 1825.
Dalton-Shée (comte), 1814. Substitution de M. Dalton de Lignères-Shée au comte Shée, son grand-père.
D'Ambrugeac (de Valon, comte), 1823.
D'Andigné (comte), 1815.
D'Andlau (comte), 1826.

---

[1] Je ne donne qu'une fois le jour de la promotion, n'indiquant que l'année pour les suivantes. Quand il y a deux dates, la seconde indique la recréation après les événements de 1815.

D'Angosse (marquis), 5 mars 1819.

D'Aragon, de Bancalis de Maurel (marquis), 1819.

D'Aramon, de Sauvain (marquis), 1819.

D'Aremberg (prince), 1826.

D'Argout (comte), 1819.

D'Arjuzon (comte), 1819.

D'Aumont (duc), 1814.

D'Autichamp, de Beaumont (comte), 1815.

D'Avaray (de Bésiade, duc), 1815.

D'Aviau, du Bois de Sançay (comte), archevêque de Bordeaux, 4 août 1821.

D'Avoust (comte), 1814.

De Bailly (marquis), 1826.

De Barante (Brugière), 1819.

De Barbé-Marbois (marquis), 1814.

De Barra (comte), archevêque de Tours, 1814; mort en 1816[*].

De Barthélemy (marquis), 1814. Substitution à M. Sauvaire, son petit-neveu, 1828.

De Bastard d'Estang (comte), 1819.

De Beauffremont (duc), 1815.

De Bausset (cardinal-duc) [*], 1815; mort en 1824.

De Beausset-Roquefort (comte-archevêque), 1825[*].

De Bayane, de Latier (cardinal-duc), 1814[*]; mort en 1818.

De Beauharnais (comte) [*], 1814.

De Beaumont, Montmorency (duc), 1814

De Beaumont, de la Bonninière (comte), 1814.

De Beaurepaire (marquis), 1826.

Belliard (comte), 1814 et 5 mars 1819.

De Bellune, Perrin (duc), 1819.

De Bérenger (marquis), 1819.

De Bernis, de Pierre (comte), archevêque de Rouen* 4 août 1821, 1826.

De Berghes (prince duc), 1826.

Berthollet (comte) *, 1814.

Beugnot (comte).

De Béthisy (marquis), 1823.

De Biron, Gontaut (marquis), 1815.

De Blacas (duc), 1815.

De Boisgélin (marquis), 1815.

Boissel de Monville (baron), 1815.

De Boissy d'Anglas (comte), 1814 et 1815.

De Boissy du Coudray, Rouillé (marquis), 1815.

De Bonald (vicomte), 1823.

De Bonnay (marquis), 1815.

De Bonneval (comte), 1826.

De Bordesoulle, Tardif de Pommeroux (comte), 1829.

Du Bouchage, de Gratet (vicomte), 1817.

De Bouillé (comte), 1826.

De Boulogne (comte), évêque de Troyes, 31 octobre 1822, mort en 1825*.

De Bourbon-Busset, 1823.

De la Bourdonnaye-Blossac (comte), 1815.

Bourke de Burke (comte), 1823.

Bourlier (comte), évêque d'Évreux*, 1814.

De Bourmont, de Ghaisne (comte), 9 octobre 1829.

De Brancas (duc), 1814.

Brault, archevêque d'Alby, 1826.

De Breteuil, le Tonnelier (comte)*, 1829.

De Brézé, Dreux (marquis), 1815.

De Brigode (comte), 1815.

De Brigode (baron), 1827.

De Brissac, de Cossé (duc), 1814.

De Broglie (duc), 1814.

De Bruneteau de Sainte-Suzanne (comte), 1814.

De Budes de Guébriant (comte), 1826.

De Cadore, de Nompère de Champagny (duc), 1814 et 1819.

De Calviere (marquis), 1826.

De Cambout de Coislin (duc), 1823.

De Canclaux (comte), 1814.

De Caraman, Riquet (duc), 1815.

Casa Bianca (comte) **, 1814, 1819.

De Castelbajac (vicomte), 1826.

De Castellane (comte), 1815.

De Castiglione, Augereau (duc), 1814.

De Castries, de la Croix (duc), 1814.

De Catelan, de Caumont (marquis), 1819.

De Caumont de la Force (duc), 1814.

De Causans (vicomte), 1826.

Du Cayla 'Baschy (comte), 1815.

De Caylus, de Robert de Lignerac (duc), 1815.

De Cerestes, de Brancas (duc), 1830.

De Chabannes (marquis), 1815.

De Chabons, de Gallien (comte), évêque d'Amiens, décembre 1824.

De Chabrillant, de Moreton (comte), 1814.

De Chabrol de Crousol (comte), 1823.

Chamillart de la Suze (marquis), 1815.

Chapt de Rastignac (marquis), décembre 1823.

Chaptal de Chanteloup (comte), 1819.

De Charette de la Contrie (baron), décembre 1823.

Chassebœuf de Volney (comte), 1814.

De Chasseloup-Laubat (marquis), 1814.

Du Chastellier, Salmon (comte), évêque d'Évreux, 5 décembre 1823.

De Chastellux (comte), puis duc de Rauzan, 1829.

De Chastenet de Puységur (marquis), 1823.

De la Chastre (duc), 1815.

De Chateaubriand (vicomte), 1815.

De Chevérus, Lefebvre (comte), archevêque, 3 novembre 1826.

De Chifflet (vicomte), 1826.

De Chilleau (comte), archevêque de Tours, * octobre 1822.

De Choiseul (duc), 1814. Substitution de son gendre, le marquis de Marmier, 1818.

De Choiseul (comte), 1826.

De Choiseul-Praslin (duc), 1814 et 1819.

De Choiseul-Gouffier (comte), 1815.

Cholet (comte), 1814.

Claparède (comte), 1819.

Clément de Ris (comte), 1814 et 1819.

Le Clerc de Juigné (marquis), 1815 et 1823.

De Clermont-Gallerande (marquis), 1814.

De Clermont-Tonnerre (cardinal-duc), 1814.

De Clermont-Tonnerre (duc), 1814.

De Clermont-Tonnerre (marquis), 1815.

De Cleron d'Haussonville (comte), 1815.

De Coigny, Franquetot (duc), 1814.

Colaud (comte) *, 1814.

Colbert (marquis), 1826.

Colchen (comte), 1814, 1819.

Colin de Sussy (comte), 1819.

Compans (comte), 1815.

De Conégliano, Jeannot de Moncey (duc), 1814. Substitution de son gendre, M. Duchesne, baron de Gillevoisin, 1825.

De Conflans (marquis), 1826.

De Contades (comte), 1815.

De Corbières (comte), 1828.

De Cornet (comte), 1814.

Cornudet des Chomettes (comte), 1814, 1819.

Cortois de Pressigny (comte), archevêque de Besançon *, 20 avril 1816.

De Coucy (comte), archevêque de Reims *, 31 octobre 1822, mort en 1824.

De Courtarvel-Pézé (comte), 1823, 1826.

Le Couteulx de Canteleu (comte), 1814.

De Crillon, des Balbes de Berton (duc), 1815.

Cliquet de Fontenay (comte), archevêque de Bourges *, 20 mars 1824, mort la même année.

De Croix (marquis), 1814.

De Croy (duc), 1814, 1836.

De Croy (cardinal-duc), 1822.

De Croy d'Havré (duc), 1814.

De Crussol, (le Bailli), 1814.

Curiat (comte), 1814.

De Dalberg (duc) *, 1815.

De Damas (duc), 1814.

De Damas-Crux (comte), 1814.

De Damas-Crux (duc), 1815.

De Damas (baron), 1823.

Dambray (vicomte), 1814. Substitution du comte de Sesmaisons son gendre, 1823.

De Dampierre, Picot (marquis), 1819.

De Dampierre (marquis), 1826.

De Dantzick, Lefebvre (duc) *, 1814, 1819.

Daru (comte), 1819.

Decazes (duc), 1814.

Dédelay d'Agier (comte), 1814, 1819.

Dejean (comte), 1814, 1819.

Dembarrère (comte), 1814.

Depère (comte) *, 1814.

Dessolle (marquis), 1814.

Destutt de Tracy (comte), 1814.

Digeon (vicomte), 1819.

De Divonne (comte), 1826.

Dode de la Brunerie (vicomte), 1829.

Doulcet de Pontécoulant (comte), 1814, 1819.

Dubotderu (comte), 1826.

Dubreton (baron), 1819.

Duperré (baron), 1830.

Dupont (comte) *, 1814.

Dupuy (comte), 1814. Substitution de son gendre, le comte d'Astorg, 1828.

De Duras, de Durfort (duc), 1814. Substitution de son gendre, le duc de Rauzan, 1825.

De Durfort, de Lorges (duc), 1814.

De Durfort (comte), 1815. Substitution de M. de Béarn, son petit-fils, 1825.

D'Eckmühl, d'Avoust (prince-duc), 1819.

D'Ecquevilly, Hennequin (marquis), 1815.

D'Elbeuf, de Lorraine (duc), 1814.

D'Elchingen, Ney (duc), 1814.

Emmery de Grozyeulx (comte), 1814.

D'Escars, de Pérusse (duc), 1815.

D'Esclignac, de Preissac (duc), 1819.

Fabre (comte), 1814, 1819.

Fabre de la Martillière (comte) *, 1814.

De la Fare (cardinal-duc), 1822.
La Faurie de Monbadon (comte), 1814.
De Fay de la Tour-Maubourg (marquis), 1814.
De Fay de la Tour-Maubourg (comte), 1814, 1819.
De Félix d'Olières du Muy (comte) *, 1815.
De Feltre, Clarke (duc), 1814.
Ferrand (comte), 1815.
Ferron de la Ferronays (comte), 1815.
Feutrier (comte-évêque), 1829.
De Fimarcon, de Preissac (duc), 1815.
De Fitz-James (duc), 1814.
De Fleury, de Rosset (duc) *, 1814.
De Fontanes (marquis) *, 1814.
De Forbin des Issards (marquis), 1826.
De la Forest (comte), 1819. Transmission au marquis de Moustier de Merinville, gendre, 1823.
Frayssinous (comte-évêque), 1823.
Frère de Villefrançons (comte-archevêque), 1823.
De Froissard (marquis), 1826.
De Frondeville, Lambert (marquis) *, 1815.
De Gand (comte) *, 1815.
Gantheaume (comte) *, 1815.
De la Garde, Pelletier (comte), 1823.
Garnier (marquis) *, 1814.
Gassendi (comte), 1814, 1819.
Germain (comte), 1819.
De Germiny, le Bègue (comte), 1819.
De Glandevès (baron), 1823.
De Gourgue (marquis), 1826.
De Gouvion (comte) *, 1814.
Gouvion-Saint-Cyr (marquis), 1814.
De Grammont (duc), 1814.

De Grammont d'Aster (comte), 1819-1826.
Le Grand (comte) *, 1814.
De Grave (marquis), 1815.
Greffulhe (comte), 1818.
De Grosbois (baron), 1826.
De la Guiche (marquis), 1815.
De Guignard de Saint-Priest (comte), 1815.
Guilleminot (comte), 1823. Substitution de son gendre, le baron Roger 1828.
D'Harcourt (duc), 1814.
D'Harcourt (marquis), 1814.
D'Harville, Jouvenel des Ursins (comte) *, 1814.
D'Haubersaert (comte), 1814
D'Hédouville (comte)', 1814.
D'Herbonville (marquis), 1815 : substitution du comté de Crillon, son gendre, 1828.
Hocquart (comte), 1826.
De Hoffelize (comte), 1826.
Herwyn de Nevèle (comte), 1814.
D'Hohenlohe Bartenstein (prince), 1826.
De Houdetot (vicomte), 1819.
De Hunolstein (comte), 1819.
Hurault de Vibraye (marquis), 1815.
D'Isoard (archevêque-duc), 1829.
D'Istrie, Bessière (duc), 1815.
De Jaucourt (marquis), 1814
Jourdan (comte) *, 1819.
Journu-Aubert de Tustal (comte) *, 1814.
De Kergariou (comte), 1826,
De Kergorlay (comte) 1823, 1826.
Klein (comte), 1814.
De La Bouillerie (comte), 1826.

De La Bourdonnaye (comte), 1830.

De Lacepède, de la Ville (comte), 1814, 1819.

De Lafruglaye (comte), 1826.

Lainé (vicomte) *, 1823.

De Lally-Tolendal (comte), 1814 : substitution à son gendre le comte Patron d'Aux-Lally, 1815.

De Lamoignon (vicomte), 1815 : sa pairie substituée, en 1823, à M. le vicomte Ségur, son gendre.

De Lancosme (marquis), 1826.

Lanjuinais (comte), 1814.

De Laplace (marquis), 1814.

De La Panouse (comte), 1826.

De Latil (cardinal-duc), 1822.

De Laval, Montmorency (duc), 1814.

De La Vieuville (comte), 1826.

Law de Lauriston (marquis), 1815.

Lebrun de Rochemont (comte) *, 1814.

Lemercier (comte), 1814.

Lenoir de la Roche (comte) *, 1814.

Le Peletier de Rosambo (vicomte), 1815.

De Lespinasse (comte) *, 1814.

De Levis (duc), 1814, 1826.

De Levis Mirepoix (comte) 1826.

De Louvois, le Tellier (marquis), 1815.

De Lur Saluces (comte).

De la Luzerne (cardinal-duc) *, 1814.

Lynch (comte), 1815 . substitution de M. de Calvimont Saint-Martial, son cousin, 1828.

De Machault d'Arnouville (comte), 1815.

De Maillé (duc), 1814.

De Mailly (comte), 1815.

Maison (marquis), 1814.

De Maleville (marquis), 1814.

De Maquillé (comte), 1826.

De Marcellus, Martin de Tyrac (comte), 1823.

De Mac-Mahon (marquis), 1826.

De Marescot (comte), 1819.

De Massa, Régnier (duc), 1816.

De Mathan (marquis), 1815.

Mathieu de la Redorte (comte), 1819.

De Mesnard (comte), 1823.

Molé (comte), 1815.

Molitor (comte), 1823.

Mollien (comte), 1819.

Monnier (comte) *, 1815.

De Mons, Becker (comte), 1819.

De Mont (comte) *, 1814.

De Montalembert (marquis), 1819.

De Montalivet, Bachasson (comte), 1819.

De Montblanc, baron, archevêque de Tours, 1826.

De Montebello, Lannes (duc) 1815.

De Montesquiou (duc), 1815.

De Montesquiou-Fezenzac (comte), 1814, 1819.

De Monteynard (marquis), 1826.

De Montholon-Sémonville, Huguet (comte), 1814 : substitution de M. de Montholon à M. de Sémonville, son beau-père, 1815.

De Montmorency (duc), 1814.

De Montmorency-Luxembourg (duc), 1814.

De Montmorency (duc) *, 1815, 1826.

De Mont-Orient, Vernier (comte) *, 1814.

Morel de Mons, archevêque d'Avignon, (comte), 1826.

De Moré de Pontgibaud (comte), 1826.

De Morel-Vindé (vicomte), 1815 : substitution de M. Terray, son petit-fils, 1819.

De Mostuejouls (vicomte), 1826.

Mounier (baron), 1819.

De Mun (marquis), 1815.

De Nansouty (comte), 1826.

De Narbonne Pelet (duc), 1815.

De Neuville (marquis), 1826.

De Nicolaï (marquis), 1815.

De Noailles (duc), 1814.

De Noailles-Poix (prince-duc), 1814.

De Noé (comte), 1815.

Ollivier, 1826.

D'Orglandes (comte), 1823.

Orillard de Villemanzy (comte), 1814; substitution à son gendre, le comte de Beaumont, 1823.

D'Orvilliers, Tourteau (marquis), 1815.

D'Osmond (marquis), 1815.

De Pange, Thomas (marquis), 1819.

De Panisse (comte), 1826.

Pasquier (baron), 1821.

De Pastoret (marquis), 1814.

Pelet de la Lozère (comte), 1819.

Péré (comte), 1814.

Pérignon (marquis), 1814.

De Peyronnet (comte), 1828.

De Pins (comte), archevêque d'Amasie, 1826.

De Plaisance, Lebrun (duc), 1814, 1819.

De Polignac (duc), 1814.

De Polignac (prince-duc), 1815.

Porcher de Lissonnay (comte de Richebourg), 1814.

Portal (baron), 1821.

Portalis (comte), 1819.

De Preissac d'Esclignac (duc), 1826.

De Puyvert (marquis), 1830.

De Quélen (comte-évêque), 1822.

De Quinsonnac (comte), 1826.

De Radepont (marquis), 1826.

De Raguse, Viesse de Marmont (duc), 1814.

De Raigecour (marquis), 1815.

Rampon (comte), 1814, 1819.

Rapp (comte), 1819.

Ravez (comte), 1829.

Redon de Beaupréau (comte), 1814.

De Reggio, Oudinot (duc), 1814.

Reille (comte), 1819

Ricard (comte), 1815.

De Richelieu, Vignerot du Plessis (duc), 1814, substitution de son neveu le marquis de la Chapelle de Jumilhac, 1814.

De Riel de Beurnonville (marquis), 1814.

De Rigaud de Vaudreuil (comte), 1814.

De Rivière (duc), 1815.

De la Roche-Aymon (comte), 1815.

De Rochechouart-Mortemart (duc), 1814.

De Rochechouart-Mortemart (marquis), 1815.

De Rochedragon (marquis), 1823, comme substitué à son beau-père le maréchal duc de Tarente.

De la Rochefoucauld-Estissac (duc), 1814.

De la Rochefoucauld-Doudeauville (duc), 1814.

De la Rochefoucauld-Bayers (baron), 1815.

De la Roche-Jacquelein, du Vergier (marquis), 1815.

De Rohan-Guemené-Montbazon-Bouillon (duc), 1814.

De Rohan Chabot (duc), 1814.

De Rougé (marquis), 1815, 1826.
De Rouvroy-Saint-Simon (marquis), 1819.
Roy (comte), 1821.
De Rully, Bernard de Montessus (comte), 1815.
Ruty (comte), 1819.
Ruzé-d'Effiat (comte), 1826.
De Sabran (duc), 1815, substitution de M. de Pontevés, son neveu, 1828.
De Saint-Aignan, de Beauvilliers (duc), 1814.
De Sainte-Aldegonde (comte), 1826.
De Saint Aulaire, de Beaupoil (comte), 1819.
De Saint-Maure-Montausier (marquis), 1815, 1826.
De Saint-Mauris (comte), 1826.
De Saint-Roman, de Serre (comte), 1815.
De Saint-Vallier, de la Croix de Chevrières (comte), 1814; substitution de son gendre, le comte de Chabrillan, 1823.
De Sapinaud (vicomte).
Sarret de Coussargue (baron), 1826.
De Saulx-Tavannes (duc), 1814.
Séguier (baron), 1815.
De Ségur (comte), 1814, 1819.
De Sérent (duc) *, 1814.
Serrurier (comte) *, 1814.
De Sesmaisons (comte), 1823, 1826.
De Seze (comte), 1815.
Siméon (comte), 1821.
Soulès (comte), 1814.
Soult de Dalmatie (duc), 1826.
De Sparre (comte), 1819.
De Suffren de Saint-Tropez (marquis) *, 1815.
De Suzannet (comte), 1826.

De Talaru (marquis), 1822.

De Talhouet, Bonamour (marquis), 1819.

De Talleyrand-Périgord (cardinal-duc), 1814.

De Talleyrand-Chalais (prince-duc), 1814.

De Talleyrand-Périgord (prince-duc), 1814.

De Talleyrand (comte), 1815.

De Tarente, Macdonal (duc), 1814.

De Tascher (comte), 1814.

Thevenard (comte) *, 1814.

De Timbrune-Valence (comte) *, 1814, 1819.

De Tocqueville (comte), 1826.

De la Tour du Pin (marquis), 1825.

De la Tour du Pin Montauban-Soyans (marquis), 1814.

De Tournon-Simiane (comte), 1829.

De Tourzel (marquis), 1830.

De Tramecourt (marquis), 1826.

De la Trémoille (prince-duc), 1814.

De Trévise, Mortier (duc), 1814, 1819.

Truguet (comte), 1819.

De Tulle-Villefranche (marquis), 1823.

D'Urre (comte), 1826.

D'Uzez, de Crussol (duc), 1814.

Valée (comte), 1830.

De Valentinois, Grimaldi (duc), 1814.

De Valmy, Kellermann (duc), 1814.

De Vaubois, de Belgrand (comte), 1814.

De Verac, de Saint-Georges (marquis), 1815.

De la Vauguyon, de Quelen (duc), 1814.

De Vassinhac d'Imécourt (comte), 1826.

Verhuell (comte), 1819.

De Vichy (comte-évêque), 1823.

De la Villegontier, Fraire (comte), 1819.

De Villèle (comte), 5 décembre 1824 et 1828.

De Villeneuve-Vence (marquis), 1815.

Vimar, comte, 1814.

De Vioménil, du Houx (comte), 1814; substitution du marquis de la Tour-du-Pin Montauban-Soyans, son gendre, 1824.

De Vitrolles (baron), 1830

De Vogué (comte), 1823.

De Wagram, Berthier (prince-duc), 1814.

CHAPITRE X.

Grandes charges de la couronne. — Origines. — Distinction avec les grandes charges de la maison du roi. — Les grandes charges sous les deux premières races. — Priviléges sous la troisième race. — Sénéchal. — Connétable. — Chancelier. — Grand maître. — Grand chambellan. — Grand écuyer. — Amiral. — Grand maître de l'artillerie. — Maréchal. — Listes de ces dignitaires.

L'origine des hautes charges qui, à toutes les époques, entourèrent le trône en France, remonte aux Romains, je veux dire aux Romains du Bas-Empire qui avaient multiplié ces offices et leur avaient soigneusement attribué des fonctions déterminées. Les charges de la cour des derniers empereurs se partageaient en deux classes distinctes : celles de l'armée *militia armata*) et celles de la cour (*militia palatina*) ; je ne m'occupe ici que de ces dernières. A la tête de chaque office était un *primicerius*, et les auteurs anciens nous ont conservé les noms des *propricerius sacri cubili, magister officiorum, comes castrensis, comes largitionum, comes rerum privatarum, comes domesticorum equitum, comes domesticorum peditum, questor palatii, constabularius*, etc.

Nos rois mérovingiens adoptèrent naturellement la plupart de ces usages, et nous voyons à leur cour le maire du palais, *major palatii, præfectus aulæ regiæ*, successeur de l'ancien préfet du prétoire, qui résumait en lui la haute puissance sur tous les autres officiers ; le comte palatin, qui dirigeait la maison du prince et son service de bouche ; le comte des écuries (*comes stabuli*), dont le service se comprend aisément, et dont le titre dégénéra ensuite par un singulier abus de langage en celui de connétable avec des attributions toutes différentes ; le référendaire ou chancelier ; le chambrier (*camerarius*), chargé du soin de la personne du roi. Pour la seconde race, nous sommes mieux renseignés, grâce à l'*Ordo sacri palatii* que nous a laissé le savant Adalbert, abbé de Corbie. Il nous apprend que les grands officiers de la couronne étaient alors : l'archi-chapelain ou apocrisiaire, sous les ordres duquel étaient les clercs de la chapelle du roi et tout le service de cette chapelle. Mais c'étaient là, comme nous l'apprend M. B. Hauréau, dans une très-curieuse notice sur Charlemagne et sa cour, ses moindres soins, car il avait en outre, dans ses attributions, l'intendance des affaires ecclésiastiques du royaume et préparait le jugement de toutes les causes de l'ordre canonique portées à la cour du roi par les prélats ou les simples clercs, ce qui lui donnait une haute et réelle influence. Cette importante fonction était cependant ordinairement attribuée à de simples abbés, mais tous d'un rare mérite, d'un profond savoir, et surtout d'une remarquable habileté.

Le chancelier, qui ne possédait pas à cette époque les éminentes fonctions qui lui furent dans la suite déléguées : il présentait au roi les requêtes, signifiait ses réponses et décisions, expédiait les chartes et diplômes. Il avait au-dessus de lui les notaires du palais et portait même quelquefois ce titre modeste. C'est ainsi qu'on voit, en 808, le *notaire* Rotfrid, abbé de Saint-Amand, envoyé comme ambassadeur en Angleterre pour rétablir sur son trône le roi du Northumbriens, Eardulf.

Le camérier ou chambellan avait les mêmes attributions que sous les Mérovingiens.

Le comte du palais, dont les attributions comprenaient pour les matières civiles le même champ que celles de l'apocrisiaire pour les matières religieuses : il avait en outre le gouvernement de la maison du roi, la surveillance et la haute direction des préfets, le contrôle des comptes ; de plus, c'est Hincmar, archevêque de Reims au neuvième siècle, qui le dit, il entendait avant le roi tous les plaideurs de l'ordre civil qui recouraient à son intervention.

Le sénéchal, maître d'hôtel du roi, qui portait quelquefois auss le titre de *princeps coquorum*, et dont les inférieurs s'appelaient *actores regis*.

Le bouteiller ou grand échanson, dont les attributions s'expliquent d'elles-mêmes.

Le connétable, qui réunissait à l'intendance des écuries celle de la vénerie, et, à ce titre, commandait aux quatre principaux veneurs [1] et au fauconnier. Habituellement aussi, il exerçait des fonctions militaires. Geilon et Burchard se signalèrent à ce titre sous Charlemagne.

Le *mansionarius*, dont la charge correspond assez exactement à celle de grand maréchal des logis, était chargé de tous les détails du logement du roi et de la cour en voyage.

Venait ensuite la foule des officiers subalternes dans l'énumération desquels je n'entrerai pas : je citerai cependant parmi eux le capitaine de la porte, le garde des armes royales, le garde du trésor royal auquel d'Expilly donne à tort le titre de grand trésorier, charge qui n'exista jamais.

Sous la troisième race, ces charges paraissent d'abord avoir été conservées. Henri Ier cependant supprima l'office de comte du palais. A cette époque, l'apocrisiaire n'existait plus ; la chapelle du roi comprenait un certain nombre d'aumôniers, mais

---

[1] Les quatre veneurs se partageaient la Neustrie, l'Austrasie, la Bourgogne et l'Aquitaine. Ils administraient également les forêts, et veillaient à ce que la cour fût toujours approvisionnée de gibier.

n'ayant plus à leur tête un grand dignitaire comme sous les dynasties précédentes. Ces offices, du reste, ne paraissaient pas avoir été très-exactement déterminés, ni exempts de confusion, à mesure qu'ils se multipliaient : aux chancelier, sénéchal, bouteiller, chambellan, connétable, s'ajoutèrent peu à peu le pannetier, le grand-queux, le grand écuyer, le grand veneur, le grand fauconnier, le grand maître des arbalétriers, le général des galères, etc. Les questions de préséance soulevèrent de nombreux conflits jusqu'à ce qu'Henri III eût fixé, par l'ordonnance du 3 avril 1582, leurs rangs et leurs attributions. Il y eut dès lors deux espèces de grands officiers, savoir : les grands officiers de la couronne, le connétable, le chancelier, le grand maître, le grand chambellan, l'amiral, les maréchaux et *non autres*, dit le document officiel, et les grands officiers de la maison qui furent tous ceux non compris dans la précédente nomenclature.

Henri III créa une septième grande charge de la couronne, le colonel général de l'infanterie, supprimée en 1663. Henri IV en institua deux autres, le grand écuyer et le grand maître de l'artillerie.

Par suite de la suppression de la connétablie, en 1627, et de la charge de colonel général, les grands offices de la couronne sont ainsi énumérés dans l'édit de 1669 : le chancelier, le grand maître, le grand chambellan, l'amiral, les maréchaux, le grand écuyer et le grand maître de l'artillerie.

Je vais maintenant, avant d'étudier séparément ces divers offices, indiquer le rôle qu'ils procuraient à leurs titulaires dans le gouvernement de la chose publique [1]. Les grands officiers de la couronne étaient membres de l'État, et avaient le droit d'instituer des agents chargés de rendre en leur nom la justice dans toutes les matières relatives à leurs charges. Ce droit justicier émanait directement du roi auquel à ce titre étaient dus foi et hommage, sans que cette prérogative pût être autrement que viagère. C'est ce qui constituait la haute dignité de ces fonctionnaires et leur supériorité sur tous les autres officiers ; c'est aussi ce qui seul leur permettait d'appeler leurs offices, *offices de la couronne*. Quelques-uns d'entre eux même étendirent leur juridiction sur les corporations des arts et métiers, et en exigèrent des taxes et des redevances dont ils obtinrent tacitement la concession royale. Au moyen-âge, nombre de seigneurs féodaux et d'évêques se constituèrent de véritables cours copiées sur celles de nos rois, avec les mêmes officiers porteurs des mêmes titres ; ils jouissaient des mêmes priviléges sur les corporations. Je vois ainsi à Châlons-sur-Marne [2] les vidame, camérier, écuyer, maréchal du prélat s'arroger certains droits sur les peintres, pelletiers, merciers, selliers, boulangers, etc., basés assurément sur ceux que leurs collègues de la cour

---

[1] Voir l'excellente *Histoire des Conseils du roi,* de M. de Vidaillan.

[2] Voyez notre *Histoire du diocèse de Châlons-sur-Marne,* 1858, chez Aubry, et nos *Cartulaires* du même évêché, 1854, chez Didron.

royale exerçaient eux-mêmes. Quand les choses se régularisèrent et que le pouvoir royal eut acquis une unité que lui dénia constamment le moyen-âge, ces juridictions, véritables démembrements du pouvoir, disparurent ; les maréchaux et l'amiral seuls conservèrent les leurs ; le grand prévôt de l'hôtel, antérieurement simple agent du grand maître, se vit même attribuer l'administration exclusive de la justice du palais et devint ainsi un des grands officiers de la maison.

Chaque grand officier était indépendant dans sa charge et ne devait compte qu'au roi, et à cet égard on ne souffrait ni empiétement, ni passe-droit. Les grands officiers de la couronne avaient, depuis le règne de Louis VIII, séance parmi les pairs. On crut généralement que, dans cette circonstance, l'intervention royale eut pour but d'éteindre une opposition qui refusait à ces hauts dignitaires un privilége réclamé par eux, et les termes de l'ordonnance de ce prince me semblent confirmer cette opinion : « Ils doivent, selon l'ancien usage et les coutumes observées depuis longtemps, se trouver aux procès qui ont lieu contre un pair de France, pour le juger conjointement avec les autres pairs (1224) [1]. » Ils faisaient en outre de droit

---

[1] Voici le texte de cette ordonnance rendue au sujet du discord soulevé pour une question de compétence de la cour des pairs, entre la comtesse Jeanne de Flandre et Jean de Nesle, extrait des *Mémoriaux de la Chambre des comptes*, vol. A, an 1224, f° 42, v° : « Seur ces choses fut jugié que Jehan de Neelle ne devoit pas retourner à la cour de la comtesse, et que elle

partie du conseil du roi, et, à ce titre, contresignaient les chartes et ordonnances. Guy Coquille commente ainsi ce fait : « Selon les anciens usages, le roi a des conseillers, les uns *nés*, les autres *faits*, sans l'assistance desquels il ne doit rien faire, puisqu'en sa personne il reconnoît toutes les infirmités qu'ont les autres hommes. Les conseillers nés sont les princes du sang et les pairs de France, tant laïcs qu'ecclésiastiques. Les conseillers faits sont les officiers généraux de la couronne, comme connétable, grand chambellan, grand maître, grand échanson et les quatre maréchaux de France ; la charge desquels maréchaux est aide ou compagne de celle du connétable. Au temps de Philippe-Auguste, roi, et jusqu'au temps de Philippe-le-Bel, lesdits officiers de la couronne assistoient et soubsignoient à toutes les expéditions d'importance que les rois faisoient, même quand ils ordonnoient quelque loi. »

Pour en finir avec les priviléges généraux de ces dignitaires de la vieille monarchie, je dirai qu'ils avaient des fonctions particulières aux sacres, jouissaient

---

li devoit respondre en la court le roy, où il la avait appellée de deffaut de droit. Après ce, comme les pers de France deissent que le chancelier, le bouteiller, le chamberier et le connestable, qui sont les officiers de l'hostel le roy ne doivent mi estre avec eux à faire jugement sur les pers de France, et lesdits officiers dudict hostel le roy deissent au contraire et que ils devoient estre (aux us et coutumes de France gardées) avec les pers pour jugier les pers : il fut jugié en la court le roy que iceux officiaux dudict hostel le roy devoient estre avec les pers de France à jugier les pers, et lors lesdicts officiaux jugièrent avec les pers la comtesse de Flandres, à Paris, l'an 1224. »

du droit de se faire précéder d'un petit drapeau, d'entourer leurs écussons des attributs de leurs charges, recevaient certains honneurs militaires : ils étaient titrés *cousins du roi*, et, en vertu de l'ordonnance de 1577, avaient le pas sur tous les pairs nouvellement créés. Enfin leurs descendants étaient admis aux honneurs de la cour sans avoir besoin de fournir les preuves d'une noblesse antérieure à l'année 1400.

Je ne parlerai, dans cette étude, que comme souvenir du grand sénéchal, première charge de la couronne, dont on vit revêtu un comte d'Anjou, deux sires de Montlhéry, un comte de Vermandois et un comte de Champagne, Thibaut III, mort en Palestine, en 1191.

Ces fonctions demeurèrent vacantes jusqu'au règne de Jean II, le Bon, qui les supprima définitivement après que son fils aîné les eut exercées à son sacre, en 1350.

Le grand sénéchal était, à proprement parler, le successeur du *comes castrensis* ou comte du palais, servait le roi à table les jours de cérémonie, présidait les conseils et commandait en chef l'armée ; il jouissait de droits assez étendus, notamment sur la ville d'Orléans ; pouvait, dans certains cas, gracier un banni et levait d'assez fortes redevances sur les biens royaux.

I

Le connétable, après avoir recueilli une partie de l'héritage du grand sénéchal, — l'autre partie échut au grand maître, — devint le premier des grands officiers de la couronne. Saint Grégoire de Tours et Hinemar ne lui reconnaissaient que le cinquième rang, parce qu'alors, en effet, ses attributions se bornaient à l'intendance des écuries et de la vénerie. Avec les Capétiens, et surtout à partir du règne de Philippe Ier, le connétable occupa la suprême dignité militaire; sa charge devint à vie sous Philippe de Valois.

On trouve dans les titres de Bourbon, à la chambre des comptes, l'énumération des droits et fonctions de la connétablie. Voici le détail des principales dispositions de ce précieux document :

Le connétable « est et doit estre du plus secret et estroit conseil du roy; et ne doit li rois ordonner de nul fait de guerre sans son conseil. » — Il loge au palais. — Il a les vivres et les chevaux en campagne, comme le roi. Il a tout ce qui se trouve dans les châteaux pris d'assaut, excepté les hommes et l'argent qui sont au roi et l'artillerie au maître des arbalétriers. — En guerre, il fait estimer les chevaux de lui et de sa suite pour que le roi lui en rende le prix en cas d'accident. — Personne n'avait justice que le connétable sur les gens de son hôtel. — Il avait toutes les armes recueilli sur les champs de bataille où il se trouvait. — Le roi le défrayait de tout à la guerre.— « Toutes gens d'armes des osts doivent obéir au connétable et à ce qu'il fait crier de par luy. » — Il commandait pour tout aux maréchaux et au maître des arbalétriers. — Le roi absent, la bannière du connétable était la première arborée sur les places prises d'assaut. — Au sacre, il logeait au Moulinet devant Notre-Dame et allait quérir la sainte ampoule. — « Il est par-dessus tous autres qui sont en l'ost, excepté la personne du roy. » — Il ordonne toutes les batailles et chevauchées, même en ce qui concerne le roi. — Une ordonnance, du mois de février 1340, étendit les droits du connétable sur tous les gens d'armes aux gages du roi, de quelque nombre qu'ils soient « à l'exception des soudoyers de mer. »

On comprend facilement que le connétable devint aisément, au milieu des troubles perpétuels du moyen-âge et de la renaissance, le principal personnage du royaume. Louis XII laissa même vaquer cette trop importante charge. Richelieu se décida à la supprimer par édit du mois de janvier 1627. Depuis, Mazarin songea à rétablir cette dignité en faveur de Turenne, et l'on sait que Bussy-Rabutin prétend que Louis XIV pensa de nouveau à réaliser ce projet, lui ayant dit, en le faisant maréchal de camp général, alors qu'il professait encore la religion prétendue réformée : « Je voudrais que vous m'eussiez obligé à faire quelque chose de plus pour vous. » Depuis cependant, à chaque sacre, l'office de connétable fut rempli par un grand seigneur de la cour. Quand l'archevêque de Reims avait béni l'épée de Charlemagne déposée sur l'autel, il la ceignait au roi, puis tirait la lame et la remettait entre ses mains : le roi la donnait alors au connétable qui devait la conserver haute durant toute la cérémonie, en demeurant auprès de son souverain. Il marchait devant lui dans les cérémonies.

La juridiction du connétable existait à la Table de marbre de Paris, et, conservant son nom, subsista annexée à la maréchaussée après l'extinction de la dignité. Un arrêt de l'année 1392 décida que celui qui offenserait ce haut fonctionnaire devenait coupable de lèse-majesté.

Voici la liste des connétables de France dont on a conservé les noms :

1. Geillon, 800.
2. Burchard, 807.
3. Guillaume, 825.
4. Albéric, signe en cette qualité la charte de fondation du prieuré de Saint-Martin des Champs, 1060.
5. Baldéric, 1065, 1067.
6. Gautier, signe la charte de Saint-Germain de Pontoise, 1069.
7. Adam, 1078.

8. Thibaut de Montmorency, 1083, mort en 1090.

9. Aléaume, 1093.

10. Dreux de Mello, signe les franchises accordées à la ville de Mantes, 1106.

11. Gaston de Chaumont, signe la charte de réforme de Saint-Éloy de Paris, 1107.

12. Guy, signe l'ordonnance d'arpentage du royaume, 1115.

13. Hugues de Chaumont, 1118, mort en 1138.

14. Mathieu de Montmorency, 1139, mort en 1160. — Il paraît qu'il ne conserva pas longtemps ses fonctions, car on trouve dans les chartes, Ives de Nesle, envoyé contre les Impériaux, à Nice, en 1147, et Simon de Nesle, qualifié connétable sur son épitaphe à l'abbaye de Vaux de Cernay, 1150.

17. Raoul, comte de Clermont, 1158. — Il reparaît ensuite en 1165; en 1152 et 1163, les chartes portent cette mention : *Constabulario nullo*. Tué à Saint-Jean d'Acre, en 1191.

18. Dreux II de Mello, nommé après une vacance de deux ans, mort le 3 mars 1219.

19. Mathieu II de Montmorency, mort le 24 novembre 1230.

20. Amaury, comte de Montfort, mort en 1241; prisonnier pendant trois ans en Palestine.

21. Gilles le Brun de Trasigniès, mort en 1276. — Pendant qu'il était en Égypte, en 1271, Robert, comte d'Artois, le suppléa au sacre de Philippe-le-Hardi.

22. Humbert de Beaujeu - Montpensier, mort en 1285.

23. Raoul de Nesles, comte de Clermont, tué à Courtray, le 11 juillet 1302, ayant rendu, depuis 1286, l'épée de connétable.

24. Gaucher de Châtillon, nommé en 1286, mort en 1329.

25. Raoul de Brienne, comte d'Eu, tué dans un tournoi, le 18 janvier 1344.

26. Raoul II de Brienne, comte d'Eu et de Gauînes, son fils, prisonnier en Angleterre, de 1346 à 1347. — Ayant été accusé et convaincu d'intelligence avec les Anglais, il eut la tête tranchée le 19 novembre 1350.

27. Charles de Castille-Espagne, intérimaire en 1346-1347, nommé en 1350, mort le 6 janvier 1354.

28. Jacques de Bourbon, comte de la Marche, démissionnaire en 1356, mort de ses blessures, le 6 avril 1361.

29. Gauthier de Brienne, duc d'Athènes, tué à la bataille de Poitiers, 19 novembre 1356.

30. Robert Fiennes, démissionnaire en septembre 1370.

31. Bertrand du Guesclin, mort le 13 juillet 1380.

32. Olivier de Clisson, destitué le 25 novembre 1392, mort en 1407.

33. Philippe d'Artois, comte d'Eu, mort prisonnier de Bajazet, en juin 1397.

34. Louis de Champagne, comte de Sancerre, mort le 6 février 1402.

35. Charles d'Albret, destitué par la faction bourguignonne, qui fit nommer Valeran de Luxembourg, comte de Saint-Pol, à sa place; il fut réintégré le 13 juillet 1413; tué à Azincourt, 1415.

36. Bernard d'Armagnac, comte de Charolois, assassiné le 12 juin 1418.

37. Charles, duc de Lorraine, nommé par la reine Isabeau, destitué en 1424.

38. Jean Stuart, comte de Buckan, nommé le 24 avril 1424, tué à la bataille de Verneuil, le 18 août suivant.

39. Arthur de Bretagne, comte de Richmond, nommé le 7 mars 1425, mort le 26 décembre 1458.

40. Louis de Luxembourg, comte de Saint-Pol, nommé le 5 octobre 1465, après huit années de vacance; il trahit également le duc de Bourgogne et le roi, qui le fit décapiter, le 19 décembre 1475.

41. Jean, duc de Bourbon, nommé en 1483, n'exerça jamais et mourut le 1er février 1486.

42. Charles, duc de Bourbon, nommé en 1515, après près de vingt ans de vacance; on connaît ses trahisons, qui lui firent perdre sa dignité en 1520; tué en 1526.

43. Anne de Montmorency, nommé le 10 février 1538; tué à la bataille de Saint-Denis, en 1567.

44. Henri de Montmorency, nommé en 1577, mort le 2 avril 1614.

45. Charles d'Albret, duc de Luynes, nommé le 2 avril, mort le 14 décembre 1621.

46. François de Bonne, duc de Lesdiguières, nommé après son abjuration, en 1622, « pour avoir toujours été vainqueur et jamais vaincu, » disent les lettres patentes; mort le 28 septembre 1626.

L'empereur créa, en 1805, son frère Louis, connétable, et le maréchal Berthier, vice-connétable de l'empire.

II

Le chancelier, comme je l'ai déjà brièvement fait voir, n'exerçait originairement que des fonctions relativement modestes et analogues à celles des notaires. Son nom même l'indique : *cancellarius* vient de *cancelli*, nom des barreaux formant l'enceinte où venait rendre la justice l'empereur suivi d'un secrétaire, qui recevait et examinait les pièces présentées, et fut bientôt désigné par le mot de *cancellarius* [1]. Sous les deux premières races, d'ailleurs, le nom de ce fonctionnaire varie assez fréquemment : chancelier, référendaire, notaire, garde du sceau, archinotaire, apocrisiaire [2]. Les auteurs sont d'accord pour considérer ces termes comme synonymes, et je crois que c'est une erreur : il est beaucoup plus simple de croire qu'alors il y avait divers agents revêtus simultanément de ces titres divers, et formant une véritable bureaucratie, ce qui n'était nullement étranger aux habitudes du Bas-Empire, près desquelles il faut

---

[1] D'autres auteurs font venir ce mot de *cancellare*, réformer, annuler, effacer, parce que ce fonctionnaire pouvait corriger la charte qu'on lui apportait à sceller.

[2] Sans doute parce que souvent l'apocrisiaire, *archi-chapelain*, exerça les fonctions de chancelier. Hincmar distingue soigneusement ces deux charges.

aller chercher les modèles des institutions de notre France carlovingienne.

Anciennement donc, les fonctionnaires dans lesquels on veut reconnaître les prédécesseurs des chanceliers modernes, relisaient, contresignaient les chartes et les revêtaient du scel royal, dont ils étaient dépositaires et qu'ils portaient suspendu au col[1]. Ces attributions ne changèrent guère au commencement de la race capétienne. Les chanceliers continuèrent à contresigner et à sceller : au quinzième siècle, ils se mirent à viser les ordonnances de leurs propres mains. Il paraît que c'est Guérin, évêque de Senlis et chancelier de Philippe-Auguste, qui releva singulièrement sa charge, en abandonnant à des secrétaires tout le menu travail et ne se réservant que la haute main. Nous avons vu que l'ordonnance de 1224 place le chancelier parmi les grands officiers de la couronne, et même au premier rang. A cette époque, cependant, il était encore amovible, tandis qu'à partir du quinzième siècle, il ne peut plus être privé de sa charge que par mort, démission ou condamnation infamante : le roi seulement pouvait lui enlever les sceaux.

Jusqu'à Charles V, le roi nomma le chancelier ; il renonça à cette prérogative, par ordonnance du 21 février 1371, l'abandonnant au parlement et se réservant de l'agréer. Louis XI rétablit l'ancien état de choses.

---

[1] Plus tard le garde des sceaux porta sur lui la clef du coffre renfermant les sceaux.

On connaît les autres fonctions du chancelier : il portait la parole pour le roi et en sa présence, en la cour du parlement où il siégeait et opinait, immédiatement après les princes du sang, y précédant même le connétable [1]; souvent il fut choisi par nos rois pour présider le conseil de régence. Il recevait pour le souverain l'hommage des grands vassaux et des grands officiers. Par la suite, il devint le chef de l'administration de la justice, et parvint ainsi dans l'État à un degré d'élévation que le mérite de ses titulaires, d'ailleurs, justifia le plus souvent : il présidait en cette qualité le conseil d'État et tous les conseils royaux; il pouvait également présider le parlement, droit consacré par l'ordonnance qui rendit cette compagnie stable, en 1302. Dans les séances, dites *lits de justice*, le chancelier s'asseyait au-dessous du roi dans un fauteuil couvert par l'extrémité du tapis fleurdelisé, exposait la volonté du souverain, dirigeait la discussion, recueillait les votes et prononçait le résultat. C'est à lui qu'il fallait s'adresser pour obtenir l'agrément des offices de judicature : il nommait le prévôt de Paris, les conseillers au petit Châtelet et certains autres magistrats subalternes.

Au sacre, le chancelier montait à l'autel après l'évangile et faisait l'appel des pairs. Quand il avait la garde des sceaux, sa porte était gardée par un cent-

---

[1] En 1577, Henri III donna *accidentellement* le pas au connétable de Montmorency sur le chancelier de Birague.

suisse du roi. Du reste, les honneurs n'étaient pas épargnés à ce haut dignitaire de la monarchie. Son costume était magnifique : robe de velours cramoisi doublée de satin, mortier couvert d'or et de perles ; ses appartements étaient tendus de tapisseries aux armes de France, et quand il sortait en cérémonie, nombre de laquais, d'huissier, de hocquetons, de massiers et de gardes escortaient son splendide carosse.

Voici le serment usité au seizième siècle et observé depuis : « Vous jurez Dieu, vostre créateur et sur vostre foy et honneur que bien et loyaument exercerez l'estat et office de chancelier de France, serez obéissant au roy, et servirez audit estat envers tous et contre tous, sans nul excepter ; ferez justice à un chascun sans acception de personnes ; là où verrez qu'il y aura quelque désordre, tant au fait de la justice que de vostre chancellerie, y mettrez ordre, en advertirez ledit seigneur afin de l'y mettre ; aimerez le bien et honneur d'iceluy seigneur et en toutes choses lui donnerez bon et loyal conseil. Quand on vous apportera à sceller quelque lettre signée par le commandement du roy, si elle n'est justice et raison, ne la scellerez point, encore que ledit seigneur le commandât par une ou deux fois ; mais viendrez devers iceluy seigneur et lui remontrerez tous les points par lesquels ladite lettre n'est point raisonnable, et après qu'il aura entendu lesdits points, s'il vous commande les sceller, les scellerez, car lors le pesché en sera sur ledit seigneur et non sur vous. Exalterez à vostre pouvoir les bons savants et vertueux personnages ; les promouverez ou ferez promouvoir aux estats et offices de judicature, dont advertirez le roy quand les vacations d'iceux offices adviendront ; ferez punir les mauvais, afin que ce soit punition à eux et exemple aux autres ; ferez garder les ordonnances royales, tant par les secrétaires que par les officiers ; prendrez garde que nulles exactions et extorsions indues se fassent par iceux secrétaires, gens du grand conseil et autres officiers. Autrement ferez tous actes concernant l'Estat et qui conviennent estre faits par un bon chancelier, comme ledit seigneur a en vous sa parfaite fiance, et ainsi le jurez et promettez. » Guyot, dans son *Traité des offices*, cite une anecdote qui prouve à quel point le chancelier Voysin de la Norraye prit à la lettre les paroles de son serment. Ayant appris qu'un scélérat avait obtenu des lettres de grâce, Voysin vint trouver Louis XIV. — Sire, lui dit-il, Votre Majesté ne peut accorder des lettres de grâce dans un cas pareil. — Je les ai promises, répliqua le roi qui n'aimait pas, on le sait de reste, à être contredit ; allez chercher mes sceaux. — Mais, sire... — Je le veux ! — Le chancelier apporte les sceaux ; le roi scelle lui-même les lettres et remet le coffre au chancelier. — Ils sont pollués ! dit celui-ci en les reposant sur la table ; je ne les reprends plus ! — Quel homme ! s'écria le roi, et il jeta les lettres au feu. — Je reprends les sceaux, dit alors M. de Voysin, le feu purifie tout.

Je ne vais donner ici que la suite des chanceliers de la troisième race : ceux des deux premières me semblent trop confusément connus et leurs fonctions trop dissemblables pour être recueillis ici : aussi bien leurs noms ne fourniraient aucune indication sur leur individualité, et n'indiquant même pas leur famille, ne présenteraient aucun intérêt. On est convenu d'en compter vingt-six sous les Mérovingiens et quarante-deux sous les Carlovingiens, ceux-ci presque exclusivement choisis parmi des prélats :

1. Adalberon, archevêque de Reims, chancelier des deux derniers Carlovingiens et de Hugues-Capet qu'il sacra; mort le 5 juillet 989, prisonnier depuis un an.

2. Renaud, évêque de Paris, 988.

3. Gerbert, archevêque de Reims, 992, pape sous le nom de Silvestre II, mort en 1005.

4. Roger, évêque de Beauvais, mort en 1004.

5. Abbon, mort la même année.

6. Francon, 1005, mort en 1028, ayant cessé ses fonctions depuis 1019.

7. Arnoul, archevêque de..., 1019.

8. Baudouin, mort en 1059.

9. Gervais de Château du Loir, archevêque de Reims, 1060, mort en 1084.

10. Baudouin, 1065.

11. Pierre de Loiselèves, 1067, abbé de Saint-Germain des Prés.

12. Guillaume, 1073, mort en 1074.

13. Roger, évêque de Beauvais, 1074 - 1078, mort en 1080.

14. Godefroy de Boulogne, évêque de Paris, 1082, mort en 1087.

15. Ursion, évêque de Senlis, 1090.

16. Hubert, 1092.

17. Etienne le Bouteiller de Senlis, évêque de Paris, démissionnaire, en 1018, en faveur de :

18. Étienne de Garlande, évêque de Beauvais, sénéchal de France, démissionnaire en 1027.

19. Simon, 1127.

20. Algrin, chanoine d'Étampes, 1137, mort deux ans après.

21. Noël, abbé de Rebais (diocèse de Troyes), 1140.

22. Cadure, 1141-1147, mort en 1198.

23. Barthélemy, 1147.

24. Simon, 1150 - 1153.

25. Hugues de Champfleuri, évêque de Soissons, mort en 1175; pendant sa disgrâce, qui dura assez longtemps, les actes portèrent cette formule : « *Vacante cancellariâ.* »

26. Aldéric, mort en 1190, avait quitté avant.

27. Hugues du Puiset, 1180.

28. Hugues de Béthisy, 1186.

29. Guérin, chapelain de l'ordre de Saint-Jean de Jérusalem, évêque de Senlis, 1223-avril 1230.

30. Jean de la Cour d'Aubergenville, 1256.

31. Simon de Montpincé, 1262, puis pape sous le nom **de Martin IV.**

32. Pierre Barbette, 1271, depuis archevêque de Reims.

33. Henry de Vezelai, 1277, depuis évêque de Bayeux.

34. Pierre Challon, doyen de Saint-Martin de Tours, 1281.

35. Jean de Vassaigne, évêque de Tournay, 1293-1300 [1].

36. Pierre Flotte de Revel, 1301 tué à Courtray, le 11 juillet 1308.

37. Etienne de Suizy, 1302, quitta en 1304 et devint cardinal.

38. Pierre de Mornay, évêque d'Orléans, 1304-1306.

39. Pierre de Belleperche, évêque d'Auxerre, 1306-7 janvier 1307.

40. Pierre de Corbeil, évêque d'Auxerre, 1307-septembre 1308.

41. Guillaume de Nogaret-Calvisson, mort en 1313 ; il avait quitté à la fin de 1309.

42. Gilles Aycelin de Montagu, archevêque de Rouen, 1309-23 juin 1311.

42 *bis*. Guillaume de Nogaret reprend cette charge jusqu'à sa mort en 1313.

43. Pierre de Latilly, évêque de Châlons-sur-Marne, 26 avril 1313, destitué l'année suivante, ayant été accusé d'avoir empoisonné Philippe-le-Bel ; il fut reconnu innocent et mourut en 1327.

---

[1] On trouve Guillaume de Crespy, comme chancelier, en 1296 et 1298 ; il doit y avoir une confusion. Quelquefois il y avait des vice-chanceliers, ce qui pourrait expliquer la présence de ce Guillaume.

44. Étienne de Mornay, quitte en 1316 et meurt en 1332.

45. Pierre d'Arrablay, quitte en 1317 et devient cardinal.

46. Pierre de Chappes, évêque d'Arras, 1317-1320, cardinal.

47. Jean de Cherchemon, destitué en 1321, à la mort de Philippe-le-Long, puis renommé le 19 novembre 1323 et maintenu jusqu'à sa mort, 25 octobre 1328; pendant l'année de disgrâce, Pierre Rodier, évêque de Carcassonne, fut créé chancelier.

48. Mathieu Ferrand, chanoine de Saint-Quentin, 1328-7 septembre 1330, après avoir été destitué d'avril à juillet 1329.

49. Jean de Marigny, archevêque de Rouen, frère du surintendant, nommé chancelier pendant la disgrâce de Mathieu Ferrand, il fut rétabli après lui en cette dignité, mais il ne la conserva pas.

50. Guillaume de Sainte-Maure Mont-Gaugier, doyen de la cathédrale de Tours, 1329-1334.

51. Pierre Rogier de Beaufort-Turenne, archevêque de Rouen, 1334 ; il n'exerça que quelques mois et devint, en 1342, pape sous le nom de Clément VI.

52. Guy Baudet, évêque de Langres, 3 mars 1334-1338.

53. Étienne de Vissac, seigneur d'Arlenc, 1339.

54. Guillaume Flotte de Revel, 1339, quitte en 1347.

55. Firmin Coquerel, évêque de Noyon, mort en 1349.

56. Pierre de la Forest, archevêque de Rouen, 14 juillet 1349, destitué par ordre des États en 1357.

57. Gilles Aycelin de Montagu, 1357, quitte en 1361.

58. Jean de Dormans, évêque de Beauvais, quitte en 1371.

59. Guillaume de Dormans, son frère, élu le 21 février 1371 - 11 juillet 1373.

59 *bis*. Jean de Dormans, reprend et meurt le 7 novembre suivant.

60. Pierre d'Orgemont, premier président du parlement de Paris, démissionnaire le 1ᵉʳ octobre 1380.

61. Milon de Dormans, fils de Guillaume, évêque de Beauvais, élu; quitte en juillet 1383.

62. Pierre de Giac, démissionnaire en 1388.

63. Arnaud de Corbie, premier président au parlement de Paris, destitué le 12 novembre 1380.

64. Nicolas du Bosc, évêque de Bayeux, démissionnaire en 1400.

64 *bis*. Arnaud de Corbie, réintégré et déposé par la faction bourguignonne en 1405.

65. Jean de Montagu, évêque de Chartres, puis archevêque de Sens, destitué en 1409, époque où Arnaud de Corbie reparut pour la troisième fois, renommé en 1412, tué à Azincourt, après avoir été définitivement destitué en 1413.

66. Charles de Savoisy, 1413.

67. Eustache Delaistre, seigneur d'Ecury, premier président à la cour des comptes et gendre d'Arnaud de Corbie, qui venait de mourir, 14 juin 1413, destitué le 8 août.

68. Henri le Corgne de Marle, seigneur de Versigny, président au parlement, assassiné avec son fils par la populace parisienne, le 12 juin 1418.

68 *bis*. Eustache Delaistre, réintégré jusqu'en 1420.

69. Jean le Clerc de la Motte, seigneur de Luzarches, démis le 7 février 1424.

69 *bis*. Louis de Luxembourg, évêque de Thérouenne et premier président de la cour des comptes, nommé par le roi d'Angleterre; il exerça jusqu'en 1435 [1].

69 *ter*. Thomas Hoo de Hastings, exerça jusqu'au 1er octobre 1449.

70. Robert le Maçon, baron de Trèves, 1418-1421.

71. Martin Gouges de Charpaigne, évêque de Chartres, destitué le 6 avril 1425, réintégré le 6 août suivant et de nouveau destitué le 8 novembre 1428.

72. Renard de Chartres, archevêque de Reims, intérimaire pendant la suspension du précédent, puis lui succéda et demeura jusqu'à sa mort, le 4 avril 1445.

73. Guillaume Juvenal des Ursins, baron de Traisnel; destitué de 1461 au 9 novembre 1465, temps pendant lequel exerça Pierre de Morvilliers; il fut réintégré ensuite et resta chancelier jusqu'à sa mort, le 22 juin 1472.

74. Pierre d'Oriolle, démis le 12 mais 1482 et nommé premier président de la cour des comptes.

75. Guillaume de Rochefort, 12 mai 1482-12 août 1492.

76. Robert Briçonnet, archevêque de Reims, nommé

---

[1] Je ne fais pas figurer ces deux étrangers dans la liste numérique, parce qu'ils ne furent qu'au service de l'ennemi.

après une assez longue vacance, le 30 août 1495, mort le 30 juin 1497.

77. Guy de Rochefort, frère de Guillaume, mort en juin 1507.

78. Jean de Ganay de Savigny, premier président au parlement, mort en 1512.

79. Antoine du Prat, premier président au parlement, puis, après son veuvage, archevêque et cardinal de Sens, mort le 9 juillet 1535.

80. Antoine du Bourg, baron de Saillans, président au parlement, mort le 8 novembre 1538.

81. Guillaume Poyet, baron de Berné, président au parlement, incarcéré pour concussion, 8 août 1542 et condamné le 24 avril 1545.

82. François Olivier de Leuville, président au parlement, démis en 1550, puis rétabli et mort en 1560.

83. Michel de l'Hospital, premier président au parlement, 30 juin 1560; démis en 1568.

84. René de Birague, nommé seulement à la mort du précédent le 13 mars 1573, mort le 26 novembre 1585.

85. Philippe Hurault, comte de Cheverny, mort le 29 juillet 1599.

86. Nicolas Pomponne de Bellièvre, 2 août 1599 - 9 septembre 1607.

87. Nicolas Brûlart, marquis de Sillery, l'un des principaux diplomates de son siècle, mort le 1er octobre 1624, ayant depuis plusieurs années remis les sceaux.

88. Étienne d'Aligre, président du parlement de Rennes, mort le 11 décembre 1635.

89. Pierre Séguier, duc (non enregistré) de Villemor, président au parlement, mort en 1672.

90. Étienne II d'Aligre, fils d'Étienne Ier, mort le 15 octobre 1677.

91. Michel le Tellier de Louvois, marquis de Barbezieux, mort le 30 octobre 1685.

92. Louis Boucherat, comte de Compans, mort le 2 septembre 1699.

93. Louis Phelippeaux, marquis de Pontchartrain, démis le 30 juin 1714.

94. Daniel Voysin de la Norraye, mort le 1er février 1717.

95. Henri d'Aguesseau, procureur général au parlement, démis le 27 novembre 1750, par exception, chancelier honoraire, mort le 7 février 1751.

96. Guillaume de Lamoignon de Malesherbes de Blancmesnil, démis le 15 novembre 1768.

97. René-Charles de Maupeou, premier président au parlement, nommé le 15 novembre 1768, démissionnaire le lendemain en faveur de son fils.

98. René-Augustin de Maupeou, dernier chancelier de l'ancienne monarchie, mort le 29 juillet 1792.

99. P. de Cambacerès, duc de Parme, archi-chancelier sous l'empire.

100. Charles-Henri Dambray, chancelier de France, 1814, mort en 1829

101. Le marquis de Pastoret, 1830.

102. Étienne-Denis, duc Pasquier, 1830 - 1848.

III

Le grand maître, anciennement *magister officiorum* ou *comes Palatii*, ne prit d'importance que quand il eut recueilli une partie de la succession du sénéchal, et fut devenu ainsi le troisième des grands officiers de la couronne. Le souverain maître d'hôtel du roi avait le commandement sur tous les officiers de la maison et de la bouche du roi, recevait leurs serments de fidélité et disposait de leurs charges. De lui, en conséquence, relevaient les services de l'hôtel, de la panneterie, de l'échansonnerie, de l'office, de la cuisine, de la table et le contrôle. Un règlement du 7 janvier 1681 fixa ces attributions en reconnaissant au grand maître la haute surveillance des dépenses du service intérieur de la maison. Au sacre, il présidait le festin royal, et à la mort du roi, criait le : « Le roi est mort, vive le roi ! »

Jusqu'au quinzième siècle ces hauts dignitaires ne portèrent que le titre de souverain maître de l'hôtel. Antoine de Croy paraît le premier comme grand maître de France, en 1463, désignation nullement appropriée aux fonctions. Voici, du reste, la liste de ces grands officiers qui, dans la suite, appartinrent constamment à la famille régnante.

1. Arnoul de Wesemale, premier souverain maitre de l'hôtel dont le nom ait été conservé, 1290.

2. Mathieu de Trie, 1310.

3. Jean de Beaumont, mort en 1337.

4. Guy de Cérity, 1343.

5. Robert de Dreux, mort en 1350.

6. Jean de Châtillon, 1350.

7. Jean de Melun, comte de Tancarville, 1351.

8. Pierre de Villiers, 1372 - 1386.

9. Guy de Cousans, 1386.

10. Jean le Mercier de Noviant, 1388 - 1392.

11. Louis, duc de Bavière, beau-frère du roi, 1402 - 1405.

12. Jean de Montagu, décapité en 1409.

13. Guichard Dauphin de Saligny, tué à Azincourt en 1415.

14. Louis de Bourbon, comte de Vendôme, 1413.

15. Thibaut de Neufchâtel, 1418.

16. Tanneguy du Châtel, mort en 1449.

17. Charles de Culant, quitte en 1451.

18. Jacques de Chabannes, mort en 1451.

19. Raoul de Gaucourt, 1456.

20. Antoine de Croy, seigneur de Renty, grand maître de France 1463, démis en 1465.

21. Charles de Melun, décapité le 26 août 1468.

22. Antoine de Chabannes, comte de Dammartin, mort en 1488, mais s'était démis avant.

23. François, comte de Laval, 1484 - 1500.

24. Charles d'Amboise-Chaumont, mort en 1511.

25. Jacques II de Chabannes-la-Palice.

26. Artur Gouffier, comte d'Étampes, 1514-1519.

27. René de Savoie, comte de Villars, 1519-1525.

28. Anne de Montmorency, connétable de France, démis en 1558.

29. François, duc de Montmorency, son fils, démis en 1559.

30. François de Lorraine, duc de Guise, mort en 1563.

31. Henri de Lorraine, duc de Guise, assassiné en 1588.

32. Charles de Lorraine, duc de Guise, démis en 1594 de ses droits.

33. Charles de Bourbon, comte de Soissons, nommé en 1589-1612

34. Louis de Bourbon-Soissons, son fils, 1612-1641.

35. Henri de Bourbon, prince de Condé, 1641-1647.

36. Louis de Bourbon, prince de Condé, destitué en 1654.

37. Thomas de Savoie, prince de Carignan, grand maître, nommé en 1654, pendant la trahison de M. le Prince.

38. Armand de Bourbon, prince de Conty, démis en 1660.

39. Henri de Bourbon, duc d'Enghien, puis prince de Condé, 1660.

40. Louis, duc de Bourbon, en survivance le 24 juillet 1685-1710.

41. Louis-Henri, duc de Bourbon, nommé en 1710-1740.

42. Louis-Henri de Bourbon, prince de Condé, 1740-1770.

43. Louis-Henri de Bourbon, prince de Condé, 1770-1830.

IV

Le grand chambellan (*camerarius*) avait la surintendance sur tous les officiers de la chambre et de la garde-robe, et par ses fonctions pouvait approcher le plus facilement et le plus fréquemment de la personne du souverain. Dans les cérémonies, aux lits de justice, il se plaçait au bas du trône, sur un tapis de velours violet, semé de fleurs de lis d'or, en vertu de son droit de coucher au pied du lit royal. Le grand chambellan, cependant, n'acquit réellement son importance que quand François Ier eut, par ordonnance de l'année 1545, supprimé l'office de grand chambrier, qui avait pour principale prérogative, la haute administration des corporations et jurandes, et qui paraît avoir commencé à exister, mais distinct de celui de chambellan, sous Hugues Capet.

Le grand chambellan donnait la chemise au roi, le servait quand il mangeait dans sa chambre. Dans les audiences des ambassadeurs, il se plaçait derrière le fauteuil royal. Il faisait prêter l'hommage par ceux qui le devaient au souverain, gardait la cassette, signifiait les lettres patentes et détenait le cachet du cabinet. Au sacre, il chaussait les bottines et revêtait au roi son manteau ; à son décès, il présidait à l'ensevelissement. Il avait table entretenue à la cour.

Je ne parlerai ici que des grands chambellans de la troisième race, à laquelle elle remonte à proprement parler; antérieurement existait plutôt le grand chambrier.

1. Gauthier de Villebéon, mort en 1205.
2. Gauthier de Villebéon, son fils, 1205-1219.
3. Philippe de Nemours, parent du précédent.
4. Adam de Villebéon, mort en 1238.
5. Pierre de Villebéon, son fils, seigneur de Baignaux, mort à Tunis en 1270.
6. Mathieu de Montmorency-Marly, 1272.
7. Pierre de la Brosse de Langeais, pendu en 1277.
8. Raoul de Clermont-Nesle, depuis connétable.
9. Mathieu IV de Montmorency, mort en 1304.
10. Mathieu de Trie, 1306.
11. Enguerrand de Marigny, pendu en 1315.
12. Jean de Melun, 1318-1347.
13. Jean II de Melun, reçu après son père, en 1351, grand maître de France, mort en 1382.
14. Jean III de Melun, mort en 1384.
15. Armand d'Albret, mort en 1401, ayant quitté en 1397.
16. Jacques de Bourbon, comte de la Marche, juillet 1397.
17. Guy de Cousans, 1401-1407.
18. Louis de Bourbon, comte de Vendôme, 17 avril 1407, grand maître de la maison.

19. Jean II de Montmorency, nommé en 1424, démis en 1429 pour le suivant.

20. Georges de la Trémouille, démis en 1449.

21. Jean d'Orléans, comte de Dunois, mort en 1470.

22. Antoine de Châteauneuf, 1472.

23. René, duc de Lorraine, nommé en 1486.

24. François d'Orléans, comte de Dunois et de Longueville, mort en 1491.

25. François, marquis de Hocberg, démis en 1492.

26. Philippe de Crèvecœur, février 1492, mort en 1494.

27 Louis de Luxembourg, mort en 1503.

28 François d'Orléans, duc de Longueville, mort en 1512.

29. Louis d'Orléans, duc de Longueville, mort en 1516.

30. Claude d'Orléans, duc de Longueville, tué à Pavie en 1524.

31. Louis d'Orléans, duc de Longuevillle, mort en 1537.

32. François III d'Orléans, duc de Longueville, mort en 1551.

33. François de Lorraine, duc de Guise, tué au siége d'Orléans en 1552.

34. Charles de Lorraine, duc de Mayenne, mort en 1611.

35. Henri de Lorraine, duc de Mayenne, tué à Montauban en 1621.

36. Claude de Lorraine, duc de Chevreuse, mort en 1657.

37. Louis de Lorraine, duc de Joyeuse, mort en 1654.

38. Henri de Lorraine, duc de Guise, mort en 1664.

39. Maurice de la Tour, duc de Bouillon, démis en 1715.

40. Emmanuel de la Tour, duc d'Albret et ensuite de Bouillon.

41. N... de la Tour, duc de Bouillon.

42. N... de la Tour, duc de Bouillon, jusqu'en 1789.

43. Le prince de Talleyrand-Périgord, 1814-1830.

LISTE DES GRANDS CHAMBRIERS.

1. Renaud, 1060.
2. Valerend, 1065 et 1085.
3. Guy, son fils, 1106-1121.
4. Albéric, 1128.
5. Manassès, 1130.
6. Hugues, 1134.
7. Mathieu, comte de Beaumont, 1139.
8. Albéric, comte de Dammartin, 1162.
9. Mathieu II, comte de Beaumont, 1174.
10. Renaud, 1176.
11. Raoul, 1186.
12. Mathieu III, comte de Beaumont, 1190-1207.
13. Ursion de Méréville, 1209.
14. Barthélemy de Roye, 1210, mort en 1224.
15. Jean, comte de Beaumont, 1225.
16. Jean de Nanteuil, 1240-1248.
17. Alphonse de Brienne, comte d'Eu, 1258, mort en 1270.

18. Erard de Valery, mort en 1277.
19. Robert, duc de Bourgogne, 1287.
20. Jean, comte de Dreux, mort en 1309.
21. Louis, duc de Bourbon, mort en 1341.
22. Pierre, duc de Bourbon, tué à Poitiers, 1346.
23. Louis II, duc de Bourbon, mort en 1410.
24. Jean, duc de Bourbon, mort en 1434.
25. Philippe de Bourgogne, comte de Nevers, tué à Azincourt.
26. Jean de Châlon, prince d'Orange, mort en 1418.
27. Guillaume de Châteauvillain, mort en 1439.
28. Charles, duc de Bourbon, mort en 1456.
29. Jean II, duc de Bourbon, mort en 1488.
30 Pierre II, duc de Bourbon, mort en 1503.
31. Charles III, duc de Bourbon, tué à Rome en 1527.
32. Henri, duc d'Orléans, depuis roi sous le nom de Henri II.
33. Charles, duc d'Orléans, 1536-1545.

Le grand chambellan avait au-dessous de lui le premier chambellan et les chambellans ordinaires, servant par quartier, les gentilshommes ordinaires de la chambre, les quatre premiers valets de chambre et les autres officiers de ce service, tels que tapissiers, décorateurs, etc; les pages de la chambre, les huissiers du cabinet et de la chambre, les portemanteaux, le porte-arquebuse ; le cabinet, comprenant secrétaires, lecteurs, peintres, écrivains, dessinateurs, graveurs et tout le service de santé. François 1er, en supprimant le grand chambrier, créa un premier gentilhomme de la chambre, auquel Henri III en adjoignit un second, et Louis XIII deux autres, tous quatre titrés *premiers*. Le premier gentilhomme servait par année, suppléant complétement le grand chambellan en son absence, donnant la chemise au roi, le servant à table, recevant le serment des officiers, leur délivrant des certificats, réglant la dépense de la chambre; il logeait au palais, assistait au lever et au coucher et réglementait les ballets, comédies et théâtre; il fixait également les deuils et réglait les costumes, et avait en général la surintendance des menus plaisirs.

Il ne faut pas confondre avec les gentilshommes ordinaires de la chambre, institués postérieurement, les quarante-cinq gentilhommes ordinaires de la maison, créés par Henri et réduits à vingt-quatre par son successeur : ils n'avaient aucun chef, servaient par quartier, ne prêtaient point serment et avaient bouche en cour à la table du grand maître. Le roi les employait à porter ses ordres et à toutes les missions que bon lui semblait.

V

La charge d'amiral, comme grand officier de la couronne, subissait une exception, ne donnant point séance au parlement à son titulaire, suivant un arrêt de l'année 1551. Il commandait en chef l'armée navale qui, comme on le sait, se divisait autrefois en flotte du Levant et flotte du Ponant, et avait en général la surintendance de toutes les choses qui concernaient la marine, justiciables également des siéges de l'amirauté, dont ce haut dignitaire nommait les officiers : c'est même en son nom que la justice s'y rendait. C'était de lui aussi que tous les capitaines marchands recevaient leurs commissions ; il percevait la dîme des prises et rançons, le tiers des épaves, des droits d'ancrage, tonnage et balise [1].

Le cardinal de Richelieu fit supprimer la dignité d'amiral pour s'en revêtir, en 1626, sous le nom mieux approprié à son caractère de grand maître et surintendant du commerce et de la navigation. Louis XIV la rétablit seulement en 1669, mais en lui enlevant la plus grande partie de ses prérogatives et réservant au roi la nomination exclusive de tous les officiers de la marine militaire.

1. Florent de Varenne ; c'est le premier connu : il accompagnait saint Louis en 1270.
2. Enguerrand, 1285.
3. Mathieu IV de Montmorency, 1295, depuis grand chambellan.

[1] Il y avait anciennement dans chaque province maritime une charge d'amiral possédée par de puissants seigneurs : amiral de Provence, de Bretagne, de Gascogne, etc. Au dix-septième siècle, elles étaient toutes réunies à la grande amirauté.

4. Othon de Tocy, 1296.

5. Benoît Zacharie, 1297.

6. Raynier de Grimaut, 1302-1305.

7. Thibaud de Chepoy, 1306-1308.

8. Bérenger-Blanc, 1316-1329.

9. Gentien Tristan, 1326.

10. Pierre Miége, 1326.

11. Jean II de Chepoy, 1338.

12. Hugues Quieret, tué dans un combat contre les Anglais, en 1340.

13. Louis d'Espagne, comte de Talmond, 1341 [1].

14. Pierre Flotte de Revel, 1345, octobre 1347.

15. Jean de Nanteuil, grand prieur d'Aquitaine, 1351-1356..

16. Enguerrand-Quieret, 1357.

16 *bis*. Enguerrand de Montenay, intérimaire en 1359.

17. Jean de la Heuse, 1359-1368.

18. François de Pétilleux, juillet 1368.

19. Aimeric VIII, vicomte de Narbonne, 1369, destitué en 1373.

20. Jean de Vienne, décembre 1373, tué à Nicopolis en 1396.

21. Renaud de Trie, démis en 1405.

22. Pierre de Breban, destitué en 1408, s'intitule encore amiral en 1420.

23. Jacques de Châtillon, tué à Azincourt en 1415.

24. Robert de Bracquemont, destitué en 1418.

24 *bis*. Jeanet de Poix, n'exerça pas.

---

[1] Les amiraux précédents me semblent plutôt des officiers commissionnés pour une expédition que des grands officiers de la couronne : c'est là, cependant une simple supposition que je me permets.

25. Jacques de Récour, nommé en 1418 également.

26. Georges de Beauvoir, 1420.

27. Louis de Culant, 1423 - 1436.

27 *bis*. Guillaume de la Pole, comte de Suffolx, et Édouard de Courtenay, portèrent, en 1424 et 1439, le titre d'amiraux de France pour le roi Henri VI.

28. André de Laval, sire de Raiz, quitte en 1439.

29. Prégent de Coëtivy, sire de Raiz, tué à Cherbourg, 1450.

30. Jean de Beüil, comte de Sancerre, quitte en 1465.

31. Jean de Montauban, mort en 1466.

32. Louis, bâtard de Bourbon, comte de Roussillon et de Dauphiné, mort en 1485.

33. Louis Malet de Graville, quitte, pour son gendre, en 1508 :

34. Charles d'Amboise-Chaumont, mort en 1511.

34 *bis*. Louis Malet de Graville, réintégré.

35. Guillaume Gouffier, seigneur de Bonnivet, 1517.

36. Philippe Chabot, comte de Charny, nommé en 1526.

37. Claude d'Annebaut, baron de Raiz, nommé en 1543.

38. Gaspard de Coligny, novembre 1552 - août 1572.

39. Honorat de Savoie, marquis de Villars, démis en 1578, pour son gendre.

40. Charles de Lorraine, duc de Mayenne, démis en 1582.

41. Anne, duc de Joyeuse.

42. Jean de la Valette, duc d'Épernon, 1587, démis en 1589.

42 *bis*. Antoine de Brichanteau, marquis de Nangis, nommé le 25 février 1589, n'exerça pas.

43. Bernard de la Valette.

44. Charles de Gontaut, duc de Biron, démis en 1594.

45. André de Brancas-Villars.

46. Charles de Montmorency, 1596 – 1612.

47. Henri de Montmorency, démis en 1626.

» Édit d'octobre 1626, supprimant la charge d'amiral.

» Armand du Plessis, cardinal de Richelieu, grand maître, chef et surintendant général de la navigation, marine et commerce, 1626 - 1642.

» Armand de Maillé, marquis de Brézé, tué en mer le 14 juin 1646.

» Anne d'Autriche, reine régente, démise en 1650.

» César, duc de Vendôme et de Beaufort, 1650.

» François de Vendôme, duc de Beaufort, tué à Candie, 25 juin 1669.

48. Louis de Bourbon, comte de Vermandois, recréé amiral par édit d'août 1669.

49. Louis-Alexandre de Bourbon, comte de Toulouse, 1683 - 1737.

50. Louis de Bourbon, duc de Penthièvre, 1737, mort en 1793.

51. Joachim Murat, grand amiral sous l'Empire.

52. Le duc d'Angoulême, dernier grand amiral de France, 1814 - 1830.

53. Le comte Truguet, amiral de France, 1831-1839.

54. Le baron Duperré, 1830- 1846.

55. Le baron de Mackau, 1847-1856.

56. Le baron Roussin, 1841-1854.
57. N., Baudin, mort en 1856.
58. N.. Parseval des Chênes, 1854.
59. N.. Hamelin, 1854.
60. N.. Bruat, 1854, mort en 1855.

Anciennement, l'état-major général de la marine se composait de deux vice-amiraux, du Ponant et du Levant, créés en 1669 et souvent revêtus de la dignité de maréchal de France, de quatre lieutenants généraux des armées navales, et de douze à seize chefs d'escadre; après venaient les capitaines des vaisseaux du roi, lieutenants, enseignes et gardes nobles. Le général des galères était originairement le premier officier après l'amiral, et commandait à tous les bâtiments marchant à la rame et sous voiles latines; il avait juridiction, police et administration particulières. Son centre d'opérations était la Méditerranée et ses deux ports d'armement Marseille et Toulon. Le premier général des galères dont le nom ait été conservé est Jean de Chambrillac, en 1410; il y a ensuite une assez longue lacune jusqu'à :

1. Prégent de Bidoux, chevalier de Saint-Jean de Jérusalem, 1497, quitte en 1518.
2. Bernardin de Baux, chevalier de Saint-Jean, 1518-1520.
3. Bertrand d'Ornesan Saint-Blancart, 1521.
4. André Doria, quitte en 1528 le service de France.

5. Antoine de la Rochefoucauld-Barbezieux, mort en 1537.

6. Antoine Escalin des Aimars, dit le capitaine Polin, 1544, destitué en 1546.

7. Léon Strozzi, chevalier de Saint-Jean, quitte en 1551.

7 *bis*. Antoine Escalin, rétabli.

8. François de Lorraine, grand prieur de France, 1557 – 6 mars 1563.

9. René de Lorraine, marquis d'Elbeuf, 1563-1566.

9 *bis*. Antoine Escalin, rétabli de nouveau, demeure jusqu'à sa mort, 1578.

10. Henri d'Angoulême, grand prieur de France, 1578 et quitte à la fin de l'année.

11. Charles de Gondy, meurt la même année.

12. Charles II de Gondy, marquis de Bellisle, tué en 1596.

13. Albert de Gondy, duc de Retz, mort en 1602.

14. Philippe-Emmanuel de Gondy, comte de Joigny, meurt en 1626.

15. Pierre de Gondy, duc de Retz, démis en 1635.

16. François de Vignerot, marquis du Pont-Courlay, mort le 26 janvier 1646, démis depuis 1643.

17. Armand de Vignerot, duc de Richelieu, 1643, démis en 1661.

18. François, marquis de Créquy, quitte en 1669.

19. Louis de Rochechouart, duc de Vivonne.

20. Louis de Rochechouart, duc de Mortemart, meurt le 3 avril 1688.

21. Louis de Bourbon, duc du Maine, démis en 1694 pour :

22. Louis de Bourbon, duc de Vendôme, mort en octobre 1712.

23. René de Froulay de Tessé, décédé en 1716.

24. Jean-Philippe, chevalier d'Orléans; la charge fut supprimée après lui.

VI

Le grand écuyer, ou, pour parler comme autrefois, Monsieur le Grand, dirigeait les écuries du roi. Il disposait de toutes les charges de la grande et de la petite écurie. On sait que ces deux termes désignent, le premier, les chevaux et équipages de guerre; le second, les chevaux et équipages de fêtes et de promenades. Il avait également le maniement des fonds de ces services, la surintendance des haras et des *académies*, où l'on instruisait les jeunes gens aux exercices militaires. Aux cérémonies et au sacre, le grand écuyer portait l'épée royale dans le fourreau.

A la tête de chacune des deux écuries était un premier écuyer; puis venaient dans chacune huit écuyers ordinaires, servant deux par quartier; puis les pages, avec leurs gouverneur, sous-gouverneur et officiers; les écuyers cavalcadours, écuyers des deux écuries, etc. L'écuyer de service se trouvait au lever, pour savoir si le roi montait à cheval, et lui chaussait l'éperon.

Le titre de grand écuyer ne paraît pas très-ancien, et, d'après les vieux titres, il y a lieu de croire que ce service n'était pas très-exactement déterminé ou ne formait pas une charge aussi importante que dans les temps modernes. Le père Anselme fait commencer sa liste à Roger, écuyer du roi en 1294, et je crois qu'il commet une erreur en mettant à la suite des maîtres de l'écurie, fonctionnaires non uniques, puisqu'il en trouve deux ensemble en 1298. Il me semble plus vraisemblable d'admettre que les chartes ne nous ont pas conservé les noms des premiers écuyers, et de ne commencer leur liste qu'à :

1. Guillaume Pisdeo, nommé premier écuyer en 1316.
2. Jean Bataille, 1321-1325.
3. Gilles de Clamart, 1325.
4. Philippe des Moustiers, 1330-1333.
5. Odart des Roules, 1335.
6. Henri de Liénas, 1344.
7. Guillaume de Boncourt, 1345.
8. Guillaume de Champagne, 1354-1362.
9. Martelet du Mesnil, 1364.
10. Trouillart de Caffort, 1373.
11. Calart de Tanques, 1376.
12. Robert de Mondoucet, 1397.
13. Philippe de Giresme, grand maître de l'écurie, 1399.
14. Jean de Kaërmien, 1411.

15. Bureau de Disy, 1413.

16. André de Toulonjon, 1419.

17. Huet de Corbie, 1420.

18. Hugues de Noër.

19. Pierre Frottier, 1425.

20. Jean du Vernet.

21. Jean Poton de Xaintrailles, 1431.

22. Tanneguy du Châtel, 1453.

23. Jean de Garguesalle, 1462-1471

24. Alain Goyon, grand écuyer de France, 1474.

25. Pierre d'Urfé, 1484.

26. Galéas de Saint-Séverin, 1506.

27. Jacques de Genouilhac, 1525.

28. Claude Gouffier, duc de Roannois, 1548.

29. Léonard Chabot, comte de Charny, 1570, amiral.

30. Charles de Lorraine, duc d'Elbeuf, 1582.

31. Roger de Saint-Lary, baron de Termes, duc de Bellegarde.

32. César de Termes, 1620.

32 bis. Roger de Saint-Lary, renommé, 1632-1639.

33. Henri Ruzé d'Effiat, marquis de Cinq-Mars, 1640, décapité en 1632.

34. Henri de Lorraine, comte d'Harcourt, 1643.

35. Louis de Lorraine, comte d'Armagnac, 1666.

36. Henri de Lorraine, comte de Brionne, février 1677.

37. Charles de Lorraine, comte d'Armagnac, frère du précédent.

38. Le comte de Brionne, 1751-1761.

39. Charles-Eugène de Lorraine, prince de Lambesc, 1761-1789.

40. M. de Caulaincourt, duc de Vicence, grand écuyer sous l'Empire.

41. La charge de grand écuyer de France fut rétablie en 1814, mais non pourvue de titulaire. MM. le marquis de Vernon et le duc de Polignac furent créés écuyers commandants sous la Restauration. Le marquis de Strada exerça les mêmes fonctions sous le gouvernement de Juillet. En 1852, le maréchal de Saint-Arnaud avait été revêtu de la dignité de grand écuyer, et depuis sa mort, il n'y a plus qu'un premier écuyer chargé du service : c'est le général Fleury.

Le grand écuyer pouvait marcher près du roi quand il était à cheval, et était assez souvent admis dans son carrosse ; il avait séance aux lits de justice et s'asseyait à droite, au bas des degrés, tenant l'épée dans son fourreau de velours bleu semé de fleurs de lis d'or. Dans les cérémonies, son cheval était caparaçonné de même[1].

---

[1] Il y avait encore à l'ancienne cour plusieurs officiers portant le titre d'écuyers, et qui ne relevaient nullement du service du grand écuyer. *L'écuyer tranchant*, quelquefois dit grand tranchant, faisant l'essai sur le couvert du roi, lui découvrant et présentant les plats, changeant les assiettes, découpant les viandes. *L'écuyer de bouche*, préparant les plats dans l'office, et présentant les essais au maître-d'hôtel. *L'écuyer de cuisine*, etc. ; c'étaient des emplois subalternes et soumis au grand maître.

VII

François 1ᵉʳ créa l'office de colonel général de l'infanterie française en faveur de Jean de Taix, par édit de l'année 1544. Henri III en fit une des grandes charges de la couronne pour le duc d'Épernon, en 1584, et régla ses attributions. Il lui donna la nomination de tous les emplois venant à vaquer dans l'armée, un lit de justice pour juger de la vie et de l'honneur des gens de guerre, une garde de deux compagnies, et d'autres prérogatives qui amenèrent la suppression de cette charge devenue trop importante, en 1661, à la mort du second duc d'Épernon. Rétablie en 1721, pour le duc de Chartres, ce prince s'en démit et la fit supprimer, par ordonnance du 8. décembre 1730; c'est depuis ce jour que l'on employa la dénomination de colonel plus volontiers que celle de mestre de camp pour l'infanterie.

On compte en tout dix colonels généraux de l'infanterie, dont trois en grands offices :

1. Jean de Taix, 1544, destitué en 1547, tué à Hesdin, en 1555.
2. Gaspard de Coligny, 1547-1552.
3. François de Coligny-d'Andelot, 1552, destitué comme protestant en 1559.

4. Charles de la Rochefoucauld, comte de Randan, 1559.

5. Sébastien de Luxembourg, 1562.

6. Timoléon de Cossé, comte de Brissac, 1569.

7. Philippe Strozzi, nommé en 1569.

8. Jean de la Valette, duc d'Epernon, 1582, démis en 1610.

9. Bernard de la Valette, duc d'Épernon, 1610 — 25 juillet 1661.

10. M. le duc de Chartres, 1721 — 8 décembre 1730.

Charles IX créa l'office de colonel général de la cavalerie en faveur de Claude de Lorraine, duc d'Aumale; cet office fut d'abord partagé en colonel général en-decà des monts et colonel général en-delà des monts; puis, sous Louis XIII, en cavalerie française et cavalerie allemande. Enfin, sous Louis XIV, ces charges furent réunies en une seule : les inspecteurs généraux rendaient compte au colonel général, qui donnait l'attache à toutes les commissions d'officier de cavalerie, et avait en général la haute main sur tout ce corps. Louis XV supprima cette dignité. Il maintint, en revanche, celle de colonels généraux de la cavalerie légère, des dragons et des suisses et grisons ; la première, créée par Louis XIV, et dont M. de Bussy-Rabutin fut revêtu ; l'autre, en 1668, pour le duc de Lauzun. La dernière remontait à l'année 1571 ; Charles IX en revêtit le fils du connétable de Montmorency. Chacun de ces officiers avait les mêmes attributions et prérogatives pour leurs corps respectifs.

Le gouvernement impérial établit des colonels généraux des cuirassiers (maréchal comte Gouvion Saint-Cyr); des dragons (comte Baraguey-d'Hilliers); des hussards (duc d'Abrantès); des chasseurs à cheval (comte de Grouchy), et des inspecteurs généraux, — charges analogues, — du génie (comte Dejean), et de l'artillerie (comte de la Riboissière). La restauration créa ces offices pour les suisses, l'infanterie de ligne, les carabiniers, cuirassiers et dragons, les chasseurs et lanciers, les hussards et l'infanterie légère. Les titulaires furent tous princes du sang : Monsieur, le prince de Condé, le duc d'Angoulême, le duc de Berry, le duc d'Orléans et le duc de Bourbon.

VIII

Il y avait anciennement à la tête de l'artillerie, ou, pour mieux m'exprimer, des engins et machines de guerre, un maître dont on rencontre la mention dès 1291 dans les chartes; à cette époque, Guillaume de Dourdan était maître de l'artillerie du Louvre. Cette charge était la principale; mais on trouve des officiers du même titre dans les principales places de guerre, comme à Montargis, Rouen, Orléans,

Melun, etc. A la tête des provinces frontières, il y avait des visiteurs généraux qui centralisaient le service, comme Jean des Lyons, au baillage de Vermandois, en 1340 ; mais ce même Jean est nommé, dans des comptes de 1358 à 1365, souverain maître des artilleries du roi.

C'est en faveur de Sully que Henri IV érigea cet office en grande charge de la couronne, en 1601. Le grand maître était le chef suprême de l'artillerie, et ses lettres d'institution portaient qu'il avait « la surintendance, l'exercice, l'administration, le gouvernement de l'état et charge de grand maître et capitaine général de l'artillerie de France, tant en-delà qu'en deçà des monts et mers, dedans et dehors le royaume, pays et terres étant sous l'obéissance et la protection de Sa Majesté. » On ne faisait aucun mouvement de munitions ou de matériel sans son attache ou celle de ses lieutenants spécialement délégués ; de même pour les marchés, passés tous en son nom, les comptes qu'il arrêtait. Quand une ville était prise de force, le grand maître pouvait prendre les cloches et cuivres et les faire racheter par les habitants. Toutes les places de guerre lui devaient le salut de cinq coups de canon.

Milet des Lyons est le premier dont on connaisse authentiquement l'institution comme maître général et visiteur de l'artillerie du roi. Galiot de Genouillac paraît le premier, à son tour, titré grand maître de l'artillerie, en 1479.

1. Jacques Ricart de Galiot de Genouillac.

2. Guyot de Lauzières, sénéchal d'Armagnac, nommé en 1493.

3. Paul de Busserade, nommé en 1504, tué à Ravennes en 1512.

4. Jacques de Genouillac, grand écuyer de France, mort en 1546.

5. Jean de Taix, colonel général de l'infanterie, destitué en 1547.

6. Charles de Cossé, comte de Brissac, quitte en 1550.

7. Jean d'Estrées, mort en 1567.

8. Jean Babou de la Bourdaisière, mort en 1570

9. Armand de Gontaud-Biron, quitte en 1577.

10. Philibert de la Guiche.

11. François d'Espinay-Saint-Luc, nommé en 1596, tué à Amiens. 8 septembre 1597.

12. Antoine d'Estrées, marquis de Cœuvres, quitte en 1599.

13. Maximilien de Béthune, duc de Sully, 1599, grand officier de la couronne, 1601, quitte en 1618.

14. Maximilien II de Béthune, marquis de Rosny, 1618-1634. Pendant sa disgrâce, le maréchal de Schomberg et le marquis d'Effiat exercèrent cette charge en 1621, 1622 et 1625.

15. Charles de la Porte, duc de la Meilleraye, 1634-1664.

16. Armand de la Porte, duc de la Meilleraye, Mazarin et Mayenne, quitte en juillet 1669.

17. Henri de Daillon, duc du Lude, mort en 1685.

18. Louis de Crevant, duc d'Humières, septembre 1685-1694.

19. Louis de Bourbon, duc du Maine, 4 septembre 1694, quitte pour son fils en mai 1710.

20. Louis de Bourbon, comte d'Eu, démissionnaire le 2 décembre 1755. La charge fut supprimée : le corps d'artillerie placé sous l'autorité directe du roi et dix inspecteurs généraux, dont un premier, mis à la tête de 1774 à 1791.

Je ne puis passer sous silence les grands maîtres des arbalétriers, qui étaient véritablement autrefois les chefs de l'ancienne artillerie. François I*er* supprima, en 1525, cet office. On connaît les noms de vingt-six grands maîtres depuis Thibaut de Montléart, qui figure, en 1230, dans un arrêt du parlement, parmi les grands seigneurs du royaume, jusqu'à Aymar de Prie, dernier titulaire. Les familles dont les membres furent revêtus de cette dignité sont, au quatorzième siècle, Galart, la Baume, de Roye, d'Houdetot, de Ligne, de Châtillon, de Grimaud, de Trie et de Bueil ; au quinzième, Hangest, Rambures, Torsay, la Baume, de Lannoy, Malet de Grasville et d'Estouteville.

IX

Maréchal, signifie maître des chevaux, *march schalch*. On croit communément que c'est saint Louis qui se servit de ce mot pour désigner la plus éminente dignité militaire. Antérieurement, le maréchal n'était qu'un officier préposé au service des écuries. Cependant, Guillaume-le-Breton, dans sa *Philippéide*, parlant de la conquête de l'Anjou par Philippe-Auguste, dit formellement :

> Fit subito tetra castris irruptio nocte,
> Quippe marescallus festinum duxerat agmen.

Ce qui indique surabondamment que dès cette époque le maréchal était un officier militaire considérable. Saint Louis en institua deux charges : depuis le nombre fut singulièrement accru. A cette époque, les maréchaux étaient amovibles, mais ils furent toujours grands officiers de la couronne. Henri II créa quatre offices; sous Henri III, il y en avait neuf qu'il réduisit au chiffre précédent, fréquemment augmenté depuis. François 1er leur donna l'inamovibilité et le titre de cousins du roi. Leurs priviléges du reste étaient nombreux : nomination d'un commissaire des guerres lors de leur institution, salve de canon à leur entrée dans les villes de guerre, garde de cinquante hommes, le collier des ordres de droit. Les maréchaux étaient juges du point d'honneur et siégeaient à la Table de Marbre : ils avaient des lieutenants dans les provinces.

Henri IV donnait aux maréchaux 12,000 livres par an, plus, 6,000 livres par mois en campagne, et défrayés de tout ; Louis XV porta ce traitement à

30,000 livres, plus 6,000, pour les maréchaux exerçant des commandements en province.

Louis XIV admit les officiers généraux de la marine à devenir maréchaux.

La liste des maréchaux de France est longue : j'ai pensé cependant qu'il était utile de la donner parce qu'un trop grand nombre de familles s'y trouvent représentées pour qu'il ne soit pas intéressant de recueillir ces noms, résumé véritable des gloires du pays. Je la commencerai au règne de Philippe-Auguste, bien que je ne croie pas que les véritables maréchaux doivent être considérés comme antérieurs à saint Louis.

RÈGNE DE PHILIPPE-AUGUSTE.

1. Albéric Clément, seigneur de Metz, 1185. Tué à Saint-Jean-d'Acre, 1191.
2. Guillaume du Bournel, 1192.
3. Nevelon d'Arras, 1202.
4. Henri Clément, 1204 - 1214.
5. Guillaume de la Tournelle, 1220.
6. Jacques Clément, 1223.

RÈGNE DE LOUIS VIII.

7. Gauthier de Nemours, 1226 - 1253.
8. Robert de Coucy, mort en 1260.
9. Henri Clément, sire d'Argentan, 1262 - 1265.

10. Ferry-Pasté de Challerange, 1265.
11. Henri de Cousances, mort en 1268.
12. Éric de Beaujeu, 1265, mort à Tunis, en 1270.
13. Jean de Beaumont, 1267 - 1269.
14. Renaud de Précigny, mort à Tunis, en 1270.

RÈGNE DE PHILIPPE III.

15. Raoul de Sores, seigneur d'Estrées, 1270 - 1282.
16. Lancelot de Saint-Mard, 1270-1278.
17. Ferry de Verteuil, 1279.
18. Guillaume Crespin du Bec, 1282.

RÈGNE DE PHILIPPE IV.

19. Jean d'Harcourt-Lillebonne, 1285 – 1302.
20. Raoul le Flamenc, seigneur de Cany, 1285.
21. Jean de Varennes, 1291.
22. Simon de Melun, 1293. Tué à Courtray, en 1302.
23. Guy de Clermont-Nesle, 1294. Tué à Courtray.
24. Foulques de Melle, 1302 - 1317.
25. Miles de Noyers, employé dans diverses affaires d'État, 1302 - 1350.
26. Jean de Corbeil, mort en 1318.

RÈGNE DE LOUIS X.

27. Jean de Beaumont, 1315 - 1318.

RÈGNE DE PHILIPPE V.

28. Renaud de Trie, 1316 - 1320.
29. Jean des Barres, seigneur de Chaumont, 1318.

RÈGNE DE CHARLES V.

30. Mathieu de Trie, 1322 - 1344.

31. Bernard de Mareuil, 1326, démissionnaire en 1328 pour devenir gouverneur du Dauphin.

RÈGNE DE PHILIPPE VI.

32. Robert de Briquebec, 1328.

33. Anceau de Joinville, 1338 - 1351.

34. Charles de Montmorency, 1344; il battit les Anglais dans plusieurs batailles en Gascogne et se démit en 1347.

35. Robert de Waurin de Saint-Venant, 1344, démissionnaire en 1348.

RÈGNE DE JEAN II.

36. Guy de Nesle, 1350. Tué à Moron, 1352.

37. Édouard de Beaujeu, 1347. Tué à Ardres, 1351.

38. Arnoul d'Andreham, 1351 - 1370.

39. Rogue de Hangest, nommé et mort en 1352.

40. Jean de Clermont, 1352. Tué à Poitiers en 1356.

41. Jean le Meingre de Boucicaut, 1356; se distingua contre les Anglais. Mort en 1368.

42. Robert de Clermont, 1356 1358.

RÈGNE DE CHARLES V.

43. Jean de Neuville, 1358 - 1380.

44. Jean de Mauquenchy de Blainville, 1368 - 1391.

45. Louis de Champagne, comte de Sancerre, 1368; nommé connétable en 1397.

RÈGNE DE CHARLES VI.

46. Jean II le Meingre de Boucicaut, 1391; commanda à Milan.

47. Jean de Rieux, 1397, démissionnaire en 1417.

48. Louis de Loigny, nommé et mort en 1412, pennant la disgrâce momentanée du précédent.

49. Jacques d'Heilly, 1412. Tué à Azincourt, 1415.

50. Pierre de Rieux-Rochefort, fils de Jean, 1417, mort prisonnier en Angleterre, 1439.

51. Claude de Beauvoir, seigneur de Chastelus, 1418-1453; destitué en 1422 par Henri V.

52. Jean de Villiers de l'Isle-Adam, 1418; destitué en 1421 par Henri V, renommé en 1435-1437.

53. Jacques de Montberon, 1418-1422.

RÈGNE DE CHARLES VII.

54. Gilbert Mottier de la Fayette, 1422-1464.

55. Antoine de Vergy, 1421-1439.

56. Jean de la Baume Montrevel, 1422-1437.

57. Amaury de Séverac, 1424-1427.

58. Jean de Brosse, 1427-1433.

59. Gilles de Laval, sire de Raiz, connu pour ses monstrueux crimes; arrêté en 1440, exécuté en 1448.

60. André de Montfort de Laval, 1439-1486.

61. Philippe de Culant, 1441-1454.

62. Jean Potron de Xaintrailles, 1454-1461, après avoir été destitué deux mois avant par Louis XI.

RÈGNE DE LOUIS XI.

63. Jean, bâtard d'Armagnac, comte de Comminges, 1461-1473.

64. Joachim Rouault de Gamaches, 1461; démis en 1471.

65. Volfart de Borzelles, comte de Boucan, 1464; destitué l'année suivante.

66. Pierre de Rohan, sire de Gyé, 1476; destitué en 1506.

RÈGNE DE CHARLES VIII.

67. Philippe de Crèvecœur de Guerdes, 1483-1494.

68. Jean de Baudricour, 1486, gagna la bataille de Saint-Aubin et commanda à Naples; mort en 1499.

RÈGNE DE LOUIS XII.

69. J.-J. Trivulce, marquis de Vigène, 1499-1518.

70. Charles d'Amboise-Chaumont, 1506, conquit une partie du Milanais; mort en 1511.

71. Odet de Foix-Lautrec, 1511, commanda en Italie; mort de la peste en 1528.

72. Robert Stuart d'Aubigny, 1514, défendit la Provence contre Charles-Quint; mort en 1544.

RÈGNE DE FRANÇOIS Ier.

73. Jacques de Chabannes la Palice, 1515; tué à Pavie en 1525.

74. Gaspard de Coligny, 1516-1522.

75. Thomas de Foix-Lescun, 1518; mort à Pavie de ses blessures, 1523.

76. Anne, duc de Montmorency, 1522; connétable en 1538.

77. Robert de la Marck, 1526-1537.

78. Théodore Trivulce, 1526, s'illustra par la défense de Gênes; mort en 1531.

79. René de Montejean, 1538-1539.

80. Claude d'Annebaut, 1538-1562.

81. Oudart du Biez, 1542; incarcéré en 1547, après avoir été condamné à la peine de mort.

82. Antoine de Lettes des Prés de Montpézat, 1544, mort la même année.

83. Jean Caraccioli, prince de Melphes, 1544-1550.

RÈGNE DE HENRI II.

84. Jacques d'Albon, marquis de Saint-André et de Fronsac, 1537; tué à la bataille de Dreux, en 1542, après avoir occupé une place importante au *triumvirat* des ducs de Guise.

85. Robert de la Marck, duc de Bouillon, 1547, prit Metz en 1552 et mourut en 1556.

RÈGNE DE FRANÇOIS II.

86. Charles de Cossé, comte de Brissac, 1550-1563.

87. Pierre Strozzi, 1554; tué à Thionville en 1558.

88. Paul de la Barthe de Termes, 1558-1562.

89. François de Montmorency, 1559-1579.

RÈGNE DE CHARLES IX.

90. François de Scepeaux de la Vieuville, 1562-1571.

91. Imbert de la Plâtrière de Bourdillon, 1564-1567.

92. Henri, duc de Montmorency, 1566, connétable en 1590.

93. Arthur de Cossé-Brissac, 1567-1582.

94. Gaspard de Saulx, vicomte de Tavannes, 1570. Il pacifia le Dauphiné soulevé par les protestants, assista à presque tous les combats de son temps, depuis Pavie, où il servait comme page du roi, gagna la bataille de Renty et occupa un rang éminent dans tous les conseils, mort en 1573.

95. Honorat de Savoie, marquis de Villars, amiral, nommé maréchal en 1571-1580.

96. Albert de Gondy, duc de Retz, 1573-1602.

RÈGNE DE HENRI III.

97. Roger de Saint-Lary de Bellegarde, 1574-1579.

98. Blaise de Montesquiou-Montluc, 1574-1577.

99. Armand de Gontaut, duc de Biron, 1577; tué à Épernay en 1592.

100. Jacques de Goyon, comte de Matignon et de Thorigny, 1579-1597.

101. Jean d'Aumont, 1579-1595.

102. Guillaume, vicomte de Joyeuse, d'abord évêque d'Alet, 1582-1592.

103. François Gouffier, marquis de Crèvecœur, désigné en 1586, mort sans avoir exercé en 1594 [1].

RÈGNE DE HENRI IV.

104. Henri de la Tour, duc de Bouillon, 1592-1623.

105. Jean de Saulx, vicomte de Tavannes, nommé par le duc de Mayenne le 27 février 1592, confirmé par Henri IV le 22 juin 1595, avec promesse de la première vacance; mort en octobre 1630, non pourvu.

105 bis. Antoine, duc de Joyeuse, nommé de même en mai 1592, noyé en octobre.

105 ter. Antoine de Saint-Pol, nommé de même en 1593, tué par le duc de Guise en 1594.

106. Charles de Gontaut, duc de Biron, 1594; décapité le 31 juillet 1602.

107. Claude, baron de la Châtre, nommé par la Ligue en 1593, confirmé en 1594-1614.

108. Charles de Cossé, duc de Brissac, de même, confirmé en 1594-1621.

109. Jean de Montluc de Balagny, 1595-1603.

110. Jean de Beaumanoir, marquis de Lavardin, 1595-1614.

111. Henri, duc de Joyeuse, capucin après son veuvage, puis maréchal de la Ligue. Henri IV le confirma dans sa dignité en 1596, mais il reprit le froc en 1599 et mourut en 1608.

---

[1] Souvent, à cette époque, le roi nommait maréchal avec promesse de la première vacance, mais plus souvent encore cette promesse n'était pas tenue. La formule cependant était positive, et la dignité bien et duement conférée, sauf la réception.

112. Urbain de Laval-Montmorency, marquis de Bois-Dauphin, 1597-1629.

113. Alfonse d'Ornano, 1597-1610.

114. Guillaume de Hautemer, comte de Fervacques, 1597-1613.

115. François de Bonne, duc de Lesdiguières, 1609; connétable en 1622.

RÈGNE DE LOUIS XIII.

116. Concino-Concini, marquis d'Ancre, 1613; tué en 1617.

117. Gilles de Courtenvaux, marquis de Souvré, 1614, commanda en Touraine et mourut en 1626.

118. Antoine, baron de Roquelaure, 1614-1625.

119. Louis, marquis de la Châtre, 1616-1630.

120. Pons de Lauzières, marquis de Thémines, 1616-1627.

121. François de la Grange d'Arquien, 1616-1617.

122. Nicolas de l'Hospital, marquis de Vitry, 1917-1644.

123. Charles de Choiseul, marquis de Praslin, 1619; prit Caen, et assista à la plupart des siéges formés à cette époque contre les villes du midi; mort en 1626.

124. Jean de la Guiche, comte de Saint-Géran, 1619-1632.

125. Honoré d'Albert, duc de Chaulnes, 1619; battit les Espagnols, en Artois; mort en 1649.

126. Germain d'Esparbès de Lussan, vicomte d'Aubeterre, 1620-1628.

127. Charles de Blanchefort, marquis de Créqui, 1621, tué à Brême, 1628.

128. Gaspard de Coligny, duc de Châtillon, 1622, commanda en Savoie, mort en 1646.

129. Jacques de Caumont, duc de la Force, 1622-1652.

130. François, marquis de Bassompierre, 1622, blessé au siége de Privas, mort en 1646.

131. Henri, marquis de Schomberg, 1625; commanda au siége de la Rochelle, battit Montmorency à Castelnaudary, mort en 1632.

132. J. B. d'Ornano, comte de Montlor, 1626, mort à la Bastille la même année.

133. François, duc d'Estrées, d'abord évêque de Noyon, 1626-1670.

134. Timoléon d'Espinay, marquis de Saint-Luc, 1627-1644.

135. Louis, marquis de Marillac, 1629, décapit en 1632.

136. Henri, duc de Montmorency, 1630, décapité en 1632.

137. Jean du Caylar de Saint-Bonnet, marquis de Thoiras, 1630, passa au service de Savoie en 1633.

138. Antoine Ruzé, marquis d'Effiat, 1631-1632.

139. Urbain de Maillé, marquis de Brézé, 1632-1650.

140. Maximilien Ier de Béthune, duc de Sully, créé en 1624, mort le 31 décembre 1641.

141. Charles de Schomberg, duc d'Halwin, vainqueur des Espagnols à Leucate et en Roussillon, 1637-1656.

142. Charles de la Porte, duc de la Meilleraye, créé sur la brèche d'Hesdin, 1639-1664.

143. Antoine, duc de Gramont, 1641 ; commanda en second à Nordlingen, mort en 1678.

144. J. B. de Budes, comte de Guébriant, 1642, tué à Rotwel en 1643.

145. Philippe de la Mothe-Houdancourt, 1642, vice-roi de Catalogne, mort en 1657.

RÈGNE DE LOUIS XIV.

146. François de l'Hôpital, comte du Hallier, d'abord abbé de Sainte-Geneviève, 1648-1660.

147. Henri de la Tour, vicomte de Turenne, 1643; tué le 27 juillet 1675.

148. Jean, comte de Gassion, 1643, après avoir été blessé au siége de Thionville, tué à Laon, en 1647.

149. César de Choiseul, duc de Praslin, adversaire de Turenne pendant la trahison de ce grand capitaine et le battit à Rethel, mort en 1675.

149 *bis*. Josias, comte de Rantsaw, 1645, mort en 1650.

150. Nicolas de Neuville, duc de Villeroy, 1646-1685.

151. Antoine, duc d'Aumont, 1651-1669.

152. Jacques d'Étampes, 1651-1668.

153. Charles de Monchy, marquis d'Hocquincourt, vice-roi de Catalogne, 1651; il trahit et passa, en 1643, au service des Espagnols, dans les rangs desquels il fut tué à Dunkerque, en 1658.

154. Henri de Senneterre, duc de la Ferté, 1651-1681

155. Jacques Rouxel, comte de Grancey et de Médavy, 1651-1680.

156. Armand de Caumont, duc de la Force, 1652, vainqueur à Colloredo, mort en 1675.

157. Philippe de Clérembaut, 1652-1665.

158. César d'Albret, comte de Miossens, mort en 1676.

159. Louis de Foucault, comte de Daugnon, 1653-1659.

160. Jean de Schulemberg, 1658-1671.

161. Abraham, marquis de Fabert, 1658-1662.

162. Jacques de Castelnau, marquis de Mauvissières, nommé à trente-huit ans, au siége de Dunkerque, en 1658, où il fut tué quelques jours après sa promotion.

163. Bernardin Gigault, marquis de Bellefonds, 1668-1694.

164. François, marquis de Créqui, 1668; commanda en Allemagne, prit Luxembourg, mort en 1687.

165. Louis de Crevant, duc d'Humières, 1668; commanda en Flandres, mort en 1694.

166. Geoffroy, comte d'Estrades, 1675-1686.

167. Philippe de Montaut de Benac, duc de Navailles, 1675-1684.

168. Armand, comte de Schomberg, 1675, tué à Boyne, 1690, ayant commandé en Portugal et en Flandre.

169. Jacques-Henri de Durfort, duc de Duras, 1675-1704; commanda deux fois en Allemagne.

170. François d'Aubusson, duc de la Feuillade, 1675-1691; il commanda à la bataille du Saint-Gothard.

171. Louis-Victurnien de Rochechouart, duc de Vivonne, amiral, nommé maréchal, 1675-1688.

172. François de Montmorency, duc de Luxembourg, 1675-1695; vainqueur à Nerwinde et à Steinkerque.

173. Henri-Louis d'Aloigny, marquis de Rochefort, 1675-1676; commanda en Flandre.

174. Guy de Durfort de Duras, duc de Lorge, 1676-1702; commanda en Flandre et en Allemagne.

175. Jean, comte d'Estrées, 1681-1707; vice-roi d'Amérique.

176. Claude de Choiseul-Francières, 1691-1711; défendit avec éclat la Flandre française.

177. Jean-Armand de Grandpré, duc de Joyeuse, 1693-1710.

178. François de Neuville, duc de Villeroy, 1693-1730.

179. Louis, duc de Boufflers, 1693-1711; un des plus grands capitaines de son siècle.

180. Anne de Costentin, comte de Tourville, vice-amiral, 1693-1701.

181. Anne de Noailles, 1693-1708; gouverneur général du Roussillon.

182. Nicolas de Catinat, 1693-1712.

183. Louis, duc de Villars, 1702, — 17 juin 1734.

184. Noël Bouton, marquis de Chamilly, 1703-1715.

185. Victor-Marie, duc d'Estrées, marquis de Cœuvres, 1703-1737.

186. Louis de Rousselet, comte de Château-Renaud, vice-amiral, 1703-1716.

187. Sébastien Le Prestre de Vauban, 1703-1707.

188. Conrad, marquis de Rosen, 1703-1715.

189. Nicolas du Blé, marquis d'Uxelles, d'abord abbé de Bussières, 1703-1730.

190. René de Froulay, comte de Tessé, 1703 - 1725.

191. Camille d'Hostun, duc de Tallard, 1703 - 1728.

192. Nicolas de la Baume, marquis de Montrevel, 1703 - 1716.

193. Henry, duc d'Harcourt, 1703; mort de blessures reçues devant Tunis, 1718.

194. Jacques de Fitz-James, duc de Berwick, 1706; tué devant Philisbourg, en 1734.

195. Charles de Goyon, comte de Matignon, 1708 - 1729.

196. Jacques Bazin de Bezons, 1709 - 1733.

197. Pierre de Montesquiou, comte d'Artagnan, 1709 - 1725.

RÈGNE DE LOUIS XV.

198. Victor, comte de Broglie, 1724 - 1738.

199. Gaston, duc de Roquelaure, 1724 - 1738.

200. Jacques Rouxel, comte de Grancey et de Médavy, 1724 - 1725.

201. Léonor du Maine, comte du Bourg, 1724 - 1739.

202. Yves, marquis d'Alègre, 1724 - 1733.

203. Louis d'Aubusson, duc de la Feuillade, 1724 - 1725.

204. Antoine, duc de Grammont, blessé à Malplaquet, 1724 - 1725.

205. Alain, marquis de Coëtlogon, vice-amiral, 1730, mort sept jours après sa nomination.

206. Armand de Gontaut, duc de Biron, 1734 - 1756.

207. Jacques de Chastenet, marquis de Puységur, 1734 - 1743.

208. Claude Bidal, marquis d'Asfeld, 1734 - 1743.

209. Maurice, duc de Noailles, 1734-1768.

210. Louis de Montmorency-Luxembourg, prince de Tingry, 1734-1746.

211. François de Franquetot, duc de Coigny, colonel-général des dragons, 1734-1759.

212. François, duc de Broglie, 1734-1745.

213. Louis, marquis de Brancas, 1741-1750.

214. Louis d'Albert, duc de Chaulnes, 1741-1744.

215. Louis de Brichanteau, marquis de Nangis, 1741-1742.

216. Louis de Mérode, prince d'Isenghien, 1741-1747.

217. Jean de Durfort, duc de Duras, 1741-1770.

218. J. B. Desmarets, marquis de Maillebois, 1741-1762.

219. Charles-Louis Fouquet, duc de Bellisle, 1741-1761.

220. Maurice, comte de Saxe, 1745, — 30 novembre 1750.

221. J. B. de Langeron, marquis de Maulevrier, 1745-1754.

222. Guillaume Testu, marquis de Balincourt, 1746-1770.

223. Philippe, marquis de la Fare, 1746-1752.

224. François, duc d'Harcourt, 1746-1750.

225. Guy de Montmorency-Laval, 1747-1751.

226. Gaspard, marquis de Clermont-Tonnerre, 1747-1781.

227. Louis, marquis de la Mothe-Houdancourt, 1747-1755.

228. Woldemar, comte de Lowendal, 1747-1755.

229. Louis-Armand du Plessy, duc de Richelieu, 1748-1788.

230. Jean-Charles, marquis de Senneterre, 1757-1770.

231. Hector de Fay, marquis de la Tour-Mosbourg, 1757-1764.

232. Daniel de Gelas de Voisins, vicomte de Lautrec, 1757-1762.

233. Louis de Gontaut, duc de Biron, 1757-1787.

234. Charles de Montmorency, duc de Luxembourg, 1757-1764.

235. César Le Tellier, comte d'Estrées, 1757-1771.

236. Charles O'Brien de Clare, comte de Thomond, 1757-1761.

237. Gaston de Lévis, duc de Mirepoix, nommé et mort en 1757.

238. Ladislas, comte de Bercheny, 1758.

239. Hubert de Brienne d'Armentières, comte de Conflans, vice-amiral, 1758-1777.

240. Georges, marquis de Contades, 1758.

241. Charles de Rohan, prince de Soubise, 1758-1787.

242. Victor, duc de Broglie, prince du Saint-Empire, 1760-1805.

243. Guy de Durfort, comte de Lorge, duc de Durfort et de Randan, 1768-1773.

244. Louis de Brienne-Conflans, marquis d'Armentières, 1768-1774.

245. Paul-Timoléon de Cossé, duc de Brissac, 1768-1780.

RÈGNE DE LOUIS XVI.

246. Anne-Pierre, duc d'Harcourt, 1775-1784.

247. Louis, duc de Noailles, gouverneur-général du Roussillon, 1775-1786.

248. Antoine, comte de Nicolaï, 1775-1777.

249. Charles, duc de Fitz-James, 1775-1787.

250. Philippe-de Noailles, duc de Mouchy, 1775.

251. Louis-Victor de Félix, comte du Muy, nommé et mort en 1775.

252. Emmanuel de Durfort, duc de Duras, 1775-1789.

253. Augustin, comte de Mailly, gouverneur-général du Roussillon, 1783; décapité le 25 mars 1794. Au 10 août, il se conduisit avec un courage et un dévouement qui dépassent tous les éloges.

254. Jean d'Esparbès de Lussan, marquis d'Aubeterre, 1783.

255. Charles, prince de Beauveau-Craon, 1783-1793.

256. Gabriel de la Croix, marquis de Castries, 1783-1800.

257. Noël de Jourda, comte de Vaux, 1783-1788.

258. Guy de Montmorency, duc de Laval, 1783-1798.

259. Philippe, comte de Ségur, 1783-1801.

260. Philippe, comte de Choiseul-Stainville, 1783.

261. Gaston, marquis de Lévis, 1783-1787.

262. Nicolas Luckner, 1791, décapité en 1793.

263. J. B. de Vimeur, marquis de Rochambeau, 1791-1807.

RÈGNE DE NAPOLÉON 1ᵉʳ.

264. Alexandre Berthier, prince de Neufchâtel et de Wagram, 1804-1821.

265. N.. Moncey, duc de Conégliano, 1804-1802.

266. N.. Masséna, prince d'Essling, duc de Rivoli 1804-1817.

267. Nicolas Augereau, duc de Castiglione, 1804-1816.

268. Jean Bernadotte, prince de Pontecorvo, 1804; roi de Suède.

269. Jean de Dieu Soult, duc de Dalmatie, 1804-1852.

270. N.. comte Brune, 1804-1814.

271. N.. comte Jourdan, 1804-1833.

272. N.. Lannes, duc de Montebello, 1804; tué à Essling en 1809.

273. N.. Mortier, duc de Trévise, 1804-1835.

274. Michel Ney, duc de la Moskowa et d'Elchingen, 1804-1821.

275. N.. Davout, prince d'Eckmühl, duc d'Auerstaedt, 1804-1823.

276. N.. Bessières, duc d'Istrie, 1804-1813.

277. N.. Victor, duc de Bellune, 1804-1841.

278. N.. Oudinot, duc de Reggio, 1804-1847.

279. N.. Viesse de Marmont, duc de Raguse, 1804; mort en 1855.

280. Alexandre Macdonald, duc de Tarente, 1804-1840.

281. N.. Suchet, duc d'Albuféra, 1804-1826..

282. N.. Kellermann, duc de Valmy, 1804-1820.

283. N.. Lefebvre, duc de Dantzick, 1804-1820.

284. N.. comte Pérignon, 1804-1818.

AVANT ET DEPUIS 1789

285. N.. comte Serrurier, 1804-1819.
286. Le marquis Gouvion Saint-Cyr, 1812-1830.

RÈGNE DE LOUIS XVIII.

287. Le comte Riel de Beurnonville, 1816-1821.
288. Le marquis de Viomesnil, 1816-1827.
289. Le marquis Law de Lauriston, 1823-1828.
290. Le comte Molitor, 1823-1849.
291. Le marquis Maison, 1823-1840.

RÈGNE DE CHARLES X.

292. Le comte de Bourmont, 1829-1846.

RÈGNE DE LOUIS-PHILIPPE.

293. Le marquis de Grouchy, 1830-1847.
294. Le comte Gérard, 1830-1852.
295. Le comte de Clauzel, 1830-1842.
296. N.. Mouton, comte de Lobau, 1830-1838.
297. Le comte Sébastiani della Porta, 1840-1851.
298. Jean Bugeaud de la Piconnerie, duc de l'Isly, 1843-1849.
299. N.. Drouet, comte d'Erlon, 1843-1844.
300. Le comte Reille, 1847.
301. Le vicomte Dode de la Brunerie, 1847-1854.

RÈGNE DE NAPOLÉON III.

302. Le comte Excelmans, 1850-1852.
303. Le comte Vaillant, 1852.
304. Le prince Jérôme Bonaparte, 1852.

305. Le comte Harispe, mort en 1854.
306. J. Bernard Magnan, 1852.
307. Le comte de Castellane, 1852.
308. Le comte Baraguey-d'Hilliers, 1852.
309. N.. Leroy de Saint-Arnaud, 1852-1854.
310. N.. Pélissier, duc de Malakoff, 1855.
311. Le comte Randon, 1855.
312. N.. de Certain de Canrobert, 1856.
313. Bosquet, 1856.

Nos rois créèrent quelquefois des maréchaux généraux : le premier fut le maréchal de Birague ; mais cette charge ne répondait pas originairement à l'idée que l'on s'en est faite depuis. Cet *emploi* consistait à « départir les garnisons, postes, logis des gens de guerre, tant de cheval que de pied et de l'artillerie, vivres et munitions, ès-lieux les plus propres et les plus commodes à l'assiette des camps et armées [1]. » Le titre véritable était maréchal général des camps et des armées du roi, mais il ne donnait aucune prééminence sur les maréchaux de France.

Ceux qui en furent révêtus après Louis de Birague, furent : les maréchaux Armand de Gontaut-Biron, nommé le 30 avril 1568 ; de Termes, 31 décembre 1584 ; de la Valette, 10 novembre 1586 ; de Gontaut-Biron II, 2 août 1592 ; le duc de Lesdiguières, 30 mars 1621 ; Turenne, 1660 ; le duc de Villars, 1733 ; le comte de Saxe, 12 janvier 1747. Deux autres

---

[1] Ce sont les termes de la provision de Turenne.

titulaires ne furent pas même pas maréchaux : Jean de Léaumont de Puygaillard, 2 octobre 1577-décembre 1584, et le marquis du Plessis de Lénoncourt, revêtu des fonctions en même temps et mort dans le même mois. Le roi Louis-Philippe, voulant donner un nouveau témoignage au duc de Dalmatie, seul survivant alors des maréchaux de l'empire, le créa maréchal général, en janvier 1847, mais sans aucune prérogative effective.

Au-dessous des maréchaux comme on le sait, se trouvaient anciennement les lieutenants généraux des armées du roi, maréchaux de camp, brigadiers d'infanterie, de cavalerie et de dragons; les régiments ne comprenaient que les grades suivants : colonel, lieutenant-colonel, majors, capitaines aide-major ou simples capitaines, lieutenants, sous-lieutenants ou enseignes.

CHAPITRE XI.

Des grands officiers de la maison. — Grand aumônier. — Grand veneur. — Grand échanson. — Grand bouteiller. — Grand pannetier. — Grand maître de la garde-robe. — Grand fauconnier. — Grand louvetier. — Grand queux. — Grand maréchal des logis. — Grand prévôt de l'hôtel. — Grand maître des cérémonies. — Listes de ces dignitaires. — Porte-oriflammes. — Garde des sceaux. — Secrétaire d'État. — Dames d'honneur. — Cour actuelle.

Je vais maintenant ranger dans ce seul chapitre les grands officiers de la maison du roi qui ne se trouvaient pas revêtus des charges dites de la couronne et n'avaient, par conséquent, droit dans l'État à aucun de ces grands priviléges. Quoiqu'ils se rapprochassent davantage de la domesticité, ils n'en étaient pas moins recherchés, parce que, comme dit M. de Saulx-Tavannes, dans ses curieux mémoires sur son père, « on se croit anobli en servant plus grand que soi. »

Les grands offices de la maison du roi étaient : la grande aumônerie, la grande vénerie, la grande échansonnerie, la grande panneterie, la grande maîtrise de la garde-robe, la charge du grand queux de France, la grande fauconnerie, la grande louveterie, la charge de grand maréchal des logis, celle de grand prévôt de l'hôtel, et enfin la grande maîtrise des cérémonies.

I

Le grand aumônier était le premier dignitaire ecclésiastique du royaume et faisait les fonctions d'évêque de la cour; il était commandeur des ordres du roi de droit, prêtait serment entre ses mains, recevait celui des officiers de la chapelle, certifiait ceux des évêques, disposait des fonds de secours et aumônes, administrait à Paris les Quinze-Vingts et à Chartres les Vingt-Huit, en donnait les places et anciennement, c'est-à-dire jusqu'à leur annexion à l'ordre des Saints Maurice et Lazare, gouvernait toutes les maladreries. Jamais le grand aumônier ne put, malgré de constants efforts, se faire reconnaître comme grand officier de la couronne. Ce titre, d'ailleurs, est porté, pour la première fois, par Geoffroy de Pompadour, grand aumônier du roi, en 1486.

Sous les deux premières races et au commencement de la troisième, il y avait dans la maison royale des aumôniers, des clercs de l'aumône et des chapelains : je crois même que sous les premiers Capétiens ce service n'eut point de chef proprement dit, mais seulement deux ou quatre aumôniers servant au même titre. Vers le quinzième siècle, l'aumônier du roi paraît seul, et nous voyons, en 1364, Silvestre de la Cervelle, premier aumônier, et ses successeurs désignés comme sous-aumôniers avant d'être pourvus de la charge. Charles VI avait positivement trois aumôniers de même grade, si je puis dire, en même temps. Je ne commencerai donc ma liste qu'à Geoffroy de Pompadour, tout en faisant remarquer que ses deux prédécesseurs, d'après leurs dignités ecclésiastiques, devaient être aussi élevés que lui : le cardinal Balue, évêque d'Angers, et Angelo Castro, archevêque de Vienne.

1. Geoffroy de Pompadour, grand aumônier du roi, 1486.

2. François Leroy de Chavigny, mort en 1515.

3. Le cardinal Adrien Gouffier, mort en 1523, quitte avant.

4. François de Moulins de Rochefort, 8 octobre 1519-1526.

5. Le cardinal le Veneur.

6. Antoine Sanguin, cardinal de Meudon, grand aumônier de France, 7 août 1545, démis en 1547.

7. Philippe de Cossé, évêque de Coutances, mort le 24 novembre 1548.

8. Bernard de Ruthye.

9. Louis de Brézé, nommé en 1556.

10. Charles de Crevant d'Hermières, 12 juillet 1559.

11. Jacques Amyot, évêque d'Auxerre, 6 décembre 1560.

12. Le cardinal Davy du Perron, mort en 1618.

13. Le cardinal de la Rochefoucauld, démis en 1624.

14. Le cardinal de Richelieu, archevêque de Lyon, mort en 1645.

15. Le cardinal Barberini, archevêque de Reims, mort en 1671.

16. Le cardinal de Bouillon, destitué en 1700.

17. Le cardinal de Coislin, mort en 1706.

18. Le cardinal de Janson, évêque de Beauvais, mort en 1715.

19. Le cardinal de Rohan, 1715-1733.

20. Le cardinal de Rohan-Soubise, 1733-1760.

21. Le cardinal de la Roche-Aymon, 1760-1786.

22. Le cardinal de Rohan-Soubise, 1786-1790.

23. Le cardinal Fesch, grand aumônier sous l'Empire, et admis comme grand officier de la couronne.

24. Le cardinal de Talleyrand-Périgord, 1814-1822.

25. Le cardinal prince de Croy, 1822-1830, mort en 1844.

26. Le cardinal Morlot, nommé en août 1857; jusque là, monseigneur Menjaud, évêque de Nancy, avait fait le service comme premier aumônier.

La chapelle royale, outre le grand aumônier, comprenait un premier aumônier, un aumônier ordinaire, un confesseur, huit aumôniers servant par quartier, un chapelain ordinaire, huit chapelains et huit clercs de chapelle par quartier, un maître des cérémonies, un secrétaire général, un trésorier [1].

II

La grande vénerie, anciennement dans les mains du grand écuyer, ne fut érigée en titre d'office que par Charles VI. Jusque là, il n'y avait eu qu'un maître veneur, dont le premier connu est Geoffroy, sous saint Louis. Le grand veneur, comme l'indique son nom, était le chef des officiers de la vénerie, divisés en chasses à courre et en chasses à tir, avec capitaines, lieutenants et pages.

1. Louis d'Orgecin, grand veneur du roi, 1413.
2. Jean de Berghes, seigneur de Cohen, 1418.
3. Guillaume Bollier, 1428
4. Jean Soreau, 1453.
5. Roland de Lescoët, 1457.
6. Guillaume de Callac, 1467.
7. Yves du Fou, 1472-1485.

[1] Le grand aumônier se trouvait naturellement le supérieur de toutes les chapelles de la cour. On sait que chaque prince ou princesse avait la sienne, plus ou moins nombreuse. La reine avait, depuis Louis XIV, un grand aumônier, un premier, un ordinaire, un confesseur, six aumôniers et deux chapelains. Les autres princes et princesses avaient un premier, un ordinaire, quatre aumôniers, cinq chapelains, ou seulement un aumônier et un chapelain.

8. Le seigneur de Rouville, 1488.

9. Jacques de Dinteville, 1492.

10. Louis de Brézé, comte de Maulevrier, 1496.

11. Le duc de Guise, 1530.

12. Le duc de Guise, 1549.

13. Le duc d'Aumale, 1566-1573.

14. Le duc d'Aumale, sous Henri III.

15. Le duc d'Elbeuf.

16. Le duc de Rohan-Montbazon, 1602-1654.

17. Louis de Rohan, prince de Guemené, 1654-1655.

18. Louis, chevalier de Rohan, 1655, destitué en 1670 et décapité en 1674.

19. M. de Bellefourière, marquis de Soyecour, 1670-1679.

20. Le duc de la Rochefoucauld, 1679-1714.

20 *bis*. Le duc de la Rochefoucauld, son fils en survivance, se démet en 1714.

21. Le comte de Toulouse, 1714-1737.

22. Le duc de Penthièvre, 1737-1780.

23. Le prince de Lamballe.

24. Le maréchal Berthier, prince de Wagram, sous l'Empire.

25. Le maréchal marquis de Lauriston, sous la Restauration.

26. Le maréchal Magnan, 1852.

Après le grand veneur, venait un premier veneur, qui le remplaçait au besoin.

III

La grande fauconnerie a subi les mêmes vicissitudes que la grande vénerie : ses titulaires, dont le premier connu est Jean de Beaune, en 1250, ne furent d'abord que maîtres fauconniers. Charles VI paraît l'avoir érigée en même temps en office de sa maison. Le grand fauconnier était chargé de tout ce qui concernait l'organisation, le personnel et le matériel de la fauconnerie, fort en honneur sous nos anciens rois. Il nommait à tous les emplois, sauf aux charges de chef des oiseaux de la chambre et de garde des aires. Les marchands leur apportaient leurs faucons avant de les exposer en vente. Si le roi chassait, les chefs de vol présentaient l'oiseau au grand fauconnier, qui le mettait sur la main du souverain ; quand la proie était prise, le piqueur coupait la tête que le chef du vol remettait au grand fauconnier, qui à son tour l'offrait au roi.

Cette charge ne fut pas rétablie en 1814, et depuis longtemps elle n'était plus qu'un titre.

1. Eustache de Gaucourt, 1406 - 1412.
2. Jean Malet de Graville, 1415.
3. Nicolas de Bruneval, 1416.
4. Guillaume Desprès, 1418.
5. Philippe de la Châtre, 1432 - 1452.

6. Georges de la Châtre, 1455 - 1459.
7. Olivier Salart. 1468.
8. Jacques Odard de Canay, 1480.
9. Raoul de Vernon, mort en 1516.
10. Réné de Cossé-Brissac, 1521.
11. Charles de Cossé-Brissac, maréchal de France, 1540 - 1563.
12. Timoléon de Cossé-Brissac, 1563 - 1580.
13. Charles de Cossé, duc de Brissac, 1580 - 1596.
14. Le marquis de la Vieuville, 1596.
15. Charles, duc de la Vieuville,
16. André de Vivonne, 1612 - 1616.
17. Le duc de Luynes, 1616 - 1621.
18. Claude de Lorraine, duc de Chevreuse, 1622.
19. Louis d'Albert, duc de Luynes, 1643.
20. Nicolas Dauvet, comte des Marets, 1650.
21. Henri Dauvet, comte des Marets, 1678.
22. François Dauvet, comte des Marets, 1688.
23. Le duc de la Vallière, nommé en 1748 - 1780.
24. Le comte de Vaudreuil, 1780 - 1790.

IV.

Nos rois avaient anciennement à leur service un officier nommé louvetier, mais ce n'est qu'en **1467** que l'on voit paraître la qualification de grand louvetier. Celui qui occupait cette charge avait dans son service les mêmes attributions et prérogatives que ses collègues de la vénerie et de la fauconnerie. De plus, il nommait dans les provinces des lieutenants de louveterie, chargés de prendre les mesures nécessaires pour empêcher les dégâts et ravages que causaient ces animaux, alors très-nombreux : ces lieutenants étaient commensaux de la maison du roi. Ce service ne fut pas rétabli en 1814 ; mais les lieutenants de louveterie ont été conservés et soumis à la grande vénerie.

1. Pierre Hannequau, grand louvetier, 1467.
2. Jean de Rosbarch, 1471.
3. Antoine de Crêvecœur, 1493.
4. François de la Boissière, 1495.
5. Jean de la Boissière succède à son père, en 1533.
6. Jacques de Mornay, 1540.
7. Antoine d'Halewin, 1553.
8. Jean de la Boissière, 1575.
9. François de Villiers, 1581.
10. Jacques Le Roy de la Grange, 1601.
11. Claude de l'Isle, 1603.
12. Charles de Joyeuse, 1612.
13. Robert de Harlay, baron de Montglat, 1615.
14. François, duc de la Rochefoucault, 1628.
15. Le duc de Saint-Simon, 1643.
16. M. de Roquemont, 1636.
17. Charles de Bailleul du Perrey, 1655.
18. Nicolas de Bailleul du Perrey, 1683.
19. François de Montmorin, marquis de Saint-Hérem, 1701.
20. Michel Sublet, marquis de Heudicourt, mort en 1720.

21. Le marquis de Heudicourt, son fils, mort en 1736.

22. Armand de Belzunce, comte de Castel-Moron, mort en 1744.

23. Gaston de Grossoles, marquis de Flamarens, 1741-1780.

24. Le comte d'Haussonville, 1780-1789.

V

Le grand échanson ou grand bouteiller figurait autrefois parmi les principaux officiers du roi, signait les chartes et obtint même la présidence-née de la cour des comptes, au quatorzième siècle. Sous les Carlovingiens, cette charge était peut-être plus encore en honneur, à cause du service de son titulaire, qui se trouvait dans la plus grande intimité du prince. Elle fut supprimée à la mort du marquis de Saint-Aulaire, et son service, dirigé par un premier échanson, réuni à la grande maîtrise de la chambre.

1. Hugues, 1060 [1].
2. Engeneril, 1065-1067.
3. Adam, 1067.
4. Renaud, 1069.
5. Guy, 1071-1704.

---

[1] Je donne cette liste dès le commencement et alors qu'il n'y avait pas de grand échanson, parce que ces noms sont très-utiles pour la lecture et la date des chartes.

6. Hervé de Montmorency, 1075-1079.

7. Adelard, 1085.

8. Lancelin, 1086.

9. Payen d'Orléans, 1106.

10. Guy de Senlis, sire de Chantilly, 1108-1111.

11. Gilbert de Garlande, 1114-1121.

12. Louis de Senlis, 1130.

13. Guillaume de Senlis, son frère, 1131-1147.

14. Guy III de Senlis, son fils, 1147-1188.

15. Guy IV de Senlis, 1188.

16. Robert de Courtenay, 1223; le bouteiller marchait alors après le sénéchal.

17. Étienne de Sancerre, 1248.

18. Jean de Brienne, 1258.

19. Ferry de Verneuil, maréchal de France, 1288.

20. Guy de Chatillon, comte de Saint-Paul, 1292.

21. Henry de Sully, 1317, grand bouteiller de France.

22. Miles de Noyon, maréchal de France, 1336-1343.

23. Briant de Montejean, 1346.

24. Jean de Chalon, comte d'Auxerre et de Tonnerre, 1350-1364.

25. Jean, comte de Sarrebruch, 1364-1383.

25 *bis*. Enguerrand de Coucy, comte de Soissons, 1384.

26. Jacques de Bourbon, sire des Préaux, nommé en juillet, 1397.

27. Guillaume de Melun, comte de Tancarville, 1402.

28. Pierre des Essars, juillet 1410, quitte en octobre, décapité en 1413.

29. Valeran de Luxembourg, comte de Saint-Paul, octobre 1410, connétable en 1411.

30. Jean de Croy, 1411.

31. Robert de Bar, comte de Marle, 1413-1415.
32. Jean d'Estouteville, 1415.
33. Jean de Neufchâtel de Montaigu, 1418-1424.
34. Jacques de Dinan-Beaumanoir, 1427.
35. Louis d'Estouteville, 1445.
36. Antoine de Chateauneuf, grand chambellan, 1466.
37. Jean du Fou, 1469.
38. Charles de Rohan-Gyé, 1498-1516.
39. François de Baraton, 1516-1519. [1]
40. Adrien de Hangest, 1520-1533.
41. Louis de Bueil, comte de Sancerre, 1533.
42. Jean de Bueil, comte de Sancerre, mort en 1638.
43. Jean de Bueil, comte de Marans, mort en 1665.
44. Pierre de Periers, marquis de Crenan, beau-frère du précédent, mort en 1671.

---

[1] C'est à ce moment que furent confondues la bouteillerie et l'échansonnerie. Jusque-là on trouve des échansons, voire même des grands échanson mentionnés séparément :

    Mathieu de Marly, mort en 1305.
    Erard de Montmorency, 1309.
    Pierre de Chantemesle, 1325.
    Gilles de Soyecour, 1327-1344.
    Tristan de Magnelers, 1367-1379.
    Guichard Dauphin de Jaligny, 1380.
    Guy de Cousan, grand échanson, 1385.
    Louis de Gyac, 1386-1396.
    Charles de Savoisy, grand échanson, 1397-1413.
    Jean de Craon, 1413.
    Nicolas Mabry, 1419.
    Philippe de Courcelles, 1421.

Je crois que ce fut le dernier.

45. Louis de Beaupoil de Saint-Aulaire, marquis de Chabannes, 1671.

46. Marc-Antoine de Beaupoil, marquis de Lanmary, reçu le 3 septembre 1702-1711.

VI

De même, la grande panneterie cessa d'être un titre de grand office pour être réuni à la grande maîtrise, en demeurant sous la direction d'un premier pannetier, par édit du mois d'août 1711. Le grand pannetier avait juridiction sur tous les boulangers de Paris et de la banlieue, droits de visite et justice exercés au palais par un lieutenant général spécial. Comme le bouteiller, c'était un des principaux officiers des premiers Capétiens.

Il est assez difficile de donner la liste de ces officiers, car, outre le grand pannetier, il y avait d'ordinaire quatre pannetiers du roi, que les chartes confondent fréquemment. Je ne vais donc donner ici que le catalogue publié par le père Anselme, sans y apporter de changement, contrairement à ce que j'ai fait pour les précédentes nomenclatures.

1. Eudes Arrode, mort en 1217.
2. Hugues d'Athies, 1224-1235.
3. Geoffroy de la Chapelle, 1240.
4. Jean Britaut de Nangis, 1260.

5. Mathieu, vidame de Chartres, 1287.
6. Robert de Meudon, 1298.
7. Mathieu de Trie, 1298-1302.
8. Raoul Herpin d'Erquerry, 1305.
9. Bouchard de Montmorency, 1323.
10. Charles de Montmorency, 1344.
11. Rogues de Hangest, 1345.
12. Jean de Trainel, 1355.
13. Raoul de Rayneval, 1358-1388.
14. Guy de la Roche-Guyon, 1396.
15. Antoine de Craon, 1411.
16. Jean Malet de Graville, 1413.
17. Robert de Mailly, 1418.
18. Roland de Donquerre, 1419.
19. Jean de Prie, 1425.
20. Jean de Naillac, 1428.
21. Jacques de Chatillon, 1432.
22. Antoine de Chabannes, comte de Dammartin, 1449.
23. Louis de Crussol, 1461.
24. Jacques de Crussol, 1473.
25. Jacques Odart de Cursay, 1485.
26. René de Cossé-Brissac, 1495.
27. Charles de Crussol, vicomte d'Uzès, 1533.
28 Artus de Cossé-Secondigny, 1552-1582.
29. Charles de Cossé, duc de Brissac, 1582-1621.
30. François de Cossé, duc de Brissac, 1621-1651.
31. Louis, duc de Brissac, 1651-1661
32. Timoléon, comte de Cossé, 1661-1675.
33. Artus T. de Cossé, duc de Brissac, 1675-1709.
34. Charles T. de Cossé, duc de Brissac, 1709.

La charge fut supprimée en 1711, seulement, le duc de Brissac conserva le titre sa vie durante, et ses fils et petits-fils furent, jusqu'en 1789, premiers pannetiers. Il y avait alors huit charges analogues et soumises au grand maître, premier pannetier, premier échanson et premier tranchant ; après eux marchaient les maîtres d'hôtel, dirigés également par un premier.

VII

Le grand queux de France figure dès 1060 dans les chartes. Il était le chef des officiers de bouche du roi, et cette charge était assez en honneur, puisqu'on la voit porter par les sires de Beaumont, d'Harcourt, de Chatillon, de Nesles, de Linières, de Prie, etc. Elle fut supprimée après Louis de Prie-Buzançois, qui l'exerçait en 1490.

Depuis, il n'y a plus eu que deux, et plus tard quatre maîtres queux, simples officiers, inférieurs aux écuyers de bouche.

VIII

La grande maîtrise des cérémonies fut instituée en 1585, par Henri III, et donnée à M. de Pot de Rhodes, dans la maison duquel elle demeura très-longtemps, et passa ensuite aux Dreux-Brezé qui l'exerçaient encore en 1830.

Antérieurement, le service était fait par le grand maître de France ou les maîtres de l'hôtel délégués par lui.

Le grand maître des cérémonies réglait le rang de chacun dans les cérémonies, ayant sous ses ordres un maître et un aide. Il allait aussi avertir les cours souveraines de la venue du roi, et y parlait assis et couvert [1].

IX

Le grand prévôt de France ou de l'hôtel du roi était le plus ancien juge du royaume, étant reconnu d'existence immémoriale ; il faisait toutes les fonctions de justice, procédures, et connaissait de toutes les affaires civiles et criminelles entre officiers du roi ou dans les affaires où ceux-ci étaient en cause ; il avait pour le seconder six maîtres des requêtes : deux au civil, quatre au criminel.

Cette charge demeura, aux deux derniers siècles, dans la maison de Sourches des Tourzel.

X

Le grand maréchal des logis était chargé de pourvoir à tous les besoins de l'installation de la cour

---

[1] Depuis 1852, M. le duc de Bassano est grand maître des cérémonies.

dans ses voyages et déplacements. Cette charge ne fut pas rétablie en 1815. Le dernier titulaire fut le marquis de la Suze (1771-1789); il avait sous ses ordres un capitaine général des guides et armées du roi.

Louis XIV créa en outre, en 1644, un maréchal général des logis de l'armée, officier chargé du même service pour les armées en marche; cette charge disparut en 1790.

Le grand maréchal, créé par Napoléon Ier, pour Duroc, et rétabli en 1852 (maréchal Vaillant), répond à ce service de grand maréchal des logis.

XI.

Quelques mots ne seront pas déplacés, je crois, au sujet des gardes des sceaux et secrétaires d'État, qui constituaient aussi une partie des grands fonctionnaires du royaume. La garde des sceaux ne fut longtemps exercée que par commission, quand le roi croyait devoir les enlever au chancelier ou que celui-ci le priait de l'en décharger. Henri II, le premier, créa l'office de garde des sceaux « avec attribution des honneurs et autorités appartenant au chancelier » (avril 1551). Depuis lors, il y eut des gardes des sceaux toutes les fois que, pour une des deux causes que je viens de dire, ils se trouvaient vaquer. Ce fonctionnaire avait le même rang que le chancelier, et par ce motif on lui attribue souvent, quoique bien à tort, le titre et le rang de grand officier de la couronne. Il arriva quelquefois que le roi tint en outre lui-même le sceau, ou le fit tenir par de tout autres personnes. Il y avait quatre sceaux : le grand sceau, où le roi était représenté sur son trône, avec les armes de France au contre-scel, et servant à tous les actes de la souveraineté et de la grande chancellerie ; — le sceau-dauphin, où le roi, à cheval, tenait l'écu, partie de France et de Dauphiné, servait à sceller les expéditions de cette province ; — le petit sceau, servant aux lettres expédiées dans les chancelleries des diverses cours ; — le sceau du secret, conservé dans le cabinet du roi et tenu par un chambellan. Les déclarations se scellaient en cire jaune ; les édits, en cire verte. On employait la cire rouge pour tout ce qui concernait le Dauphiné.

Voici la liste des personnes revêtues de la charge de garde des sceaux, depuis l'érection de cette fonction en titre d'office :

1. Jean Bertrand, cardinal-archevêque de Sens, avril-1551, démis en 1559.

2. Jean de Morvilliers, évêque d'Orléans, 1561, démis en 1570.

3. François de Montholon, 6 septembre 1588-1589.

4. Charles de Bourbon, cardinal de Vendôme août-décembre 1589.

5. Guillaume du Vair, 16 mai 1616, 3 août 1621, après une interruption de quelques mois, en 1617, pendant laquelle le maréchal d'Ancre fit donner les sceaux à Claude Mangot de Villarceau.

6. Mery de Vic d'Ermenonville, 24 décembre 1621, mort le 3 septembre 1623.

7. Louis Le Febvre de Caumartin, 21 septembre 1622, mort l'année suivante.

8. Michel de Marillac, 1626, démis le 12 novembre 1630.

9. Charles de l'Aubespine, 14 novembre 1630; destitué le 5 avril 1651, après avoir été suspendu de 1633 à 1615.

10. Mathieu Molé, 5 avril 1651, mort le 3 janvier 1656.

11. René de Voyer de Paulmy, marquis d'Argenson, janvier 1718, quitte le 5 janvier 1720.

12. Joseph Fleuriau d'Arménonville, 28 février 1722, démis le 15 août 1727.

13. Louis de Chauvelin, 17 août 1727, destitué en 1737.

14 J. B. de Machaut d'Arnouville, 9 décembre 1750, démis le 2 février 1757.

15. Nicolas René Berryer, 13 octobre 1761, mort le 15 août suivant.

16. Paul Feydeau de Brou, 1er octobre 1763, quitte en 1764.

17. Armand Hue de Miromesnil, 24 mars 1774, démis le 8 avril 1787.

18. François de Lamoignon de Basville, 13 avril 1787, démis le 14 septembre 1788.

19. Charles de Barentin, 19 septembre 1788, démis le 3 août 1789.

20. Jérôme Champion de Cicé, archevêque de Bordeaux, 3 août 1789, quitte le 22 novembre 1790.

Depuis lors, la charge de garde des sceaux, devenue permanente, a été réunie à celle de ministre secrétaire d'État au département de la justice.

Sous l'ancienne monarchie, nos rois avaient eu de tout temps des clercs pour l'expédition des affaires : Philippe-le Bel avait trois clercs de secret, et un certain nombre de clercs inférieurs ou notaires. Sous Philippe de Valois, les clercs du secret prirent le nom de secrétaires du roi, de nombre variable ; en 1419 parut une ordonnance le réduisant à huit, servant par moitié de mois en mois. Au seizième siècle, ces fonctionnaires prirent une grande importance, et le 3 avril 1559, M. de l'Aubespine, secrétaire des commandements, obtint du roi le droit de s'intituler secrétaire d'État, pour figurer à rang égal avec les ministres du roi d'Espagne, aux conférences provoquées par le traité de Cateau-Cambrésis. Depuis lors, il y en eut quatre qui purent, à dater de **1560**, *signer par le roi* au lieu de contresigner seulement. A partir de 1580, ils ne prêtèrent plus serment qu'entre les mains du souverain : le document qui établit cette règle est un règlement daté de Blois, en mai, et qui est véritablement la charte, si je puis dire, de ces fonctionnaires distingués ; je regrette qu'il soit trop long pour trouver ici sa place. Un nouveau règlement du 1er janvier 1589, limita ainsi les attributions des secrétaires d'État : affaires étrangères; commerce et marine; guerre; maison du roi; intérieur.

La surintendance des finances forma de tout temps une fonction importante du royaume, et ceux qui en furent revêtus échangèrent au dix-septième siècle ce titre pompeux contre celui plus modeste de contrôleurs généraux; ils siégeaient au conseil avec les secrétaires d'État, et connaissaient exclusivement de toutes les affaires des finances.

La révolution balaya toutes ces grandes charges, qui faisaient de la cour de France la plus splendide de l'Europe. L'empereur Napoléon 1er la rétablit, et même en créa quelques nouvelles, enrichissant leurs titulaires et voulant qu'ils effaçassent, si c'était possible, leurs devanciers. Il y eut alors six grands dignitaires, rois ou princes : le grand électeur, le connétable, l'archichancelier de l'empire, l'archichancelier de l'État, l'architrésorier, le grand amiral; seize charges de grands officiers : le grand aumônier, le grand chambellan, le grand écuyer, le grand maréchal du palais, le grand veneur, le grand maître des cérémonies, le vice-grand chancelier, le vice-connétable, les huit colonels généraux ou inspecteurs généraux; puis venaient les maréchaux.

La Restauration rétablit la plupart des grandes charges antérieures à 1789. Elles disparurent de nouveau en 1830, et il n'en exista aucune sous le gouvernement de Juillet. Le roi n'eut alors que sa maison militaire, comme les rois ses prédécesseurs, c'est-à dire des aides de camp, un écuyer commandant, un secrétaire des commandements, un médecin, etc., comme les princes, ses fils; la reine et les princesses, plus heureuses, conservèrent leurs aumôniers, leurs dames et leurs chevaliers d'honneur. Ces faibles débris disparurent en février 1848, mais aussitôt la constitution du second Empire, les grandes charges ont reparu, à savoir : le grand chambellan, le grand veneur, le grand écuyer, le grand maréchal du palais, le grand maître des cérémonies, et chacun avec un nombreux personnel de fonctionnaires de divers grades. L'impératrice a également une maison considérable sous la direction d'une grande maîtresse.

La grande aumônerie a été pareillement reconstituée, et seulement complétement réorganisée au mois d'août 1857.

CHAPITRE XII.

Des ordres de chevalerie français. — Ordres imaginaires. — Ordres antérieurs au seizième siècle. — Ordres de Saint-Michel, — du Saint-Esprit. — Liste des familles honorées des ordres du roi. — Ordres du Mont-Carmel et Saint-Lazare, — de Saint-Louis, — du Mérite, — de la Légion d'honneur, — de la Réunion.

Les auteurs sont convenus de reconnaître l'existence d'un assez grand nombre d'ordres de chevalerie français, qui me paraissent au moins douteux et encore moins sérieux, en admettant qu'ils aient existé. Le père Ménétrier prétend qu'ils furent institués en imitation des ordres religieux et militaires qui avaient rendu de si éclatants services, en Palestine, au temps des croisades. Castelnau, au contraire, dit que, dans l'ancienne chevalerie, le titre de chevalier était un honneur qui ne donnait aucun rang, mais qui rendait les personnes si considérables, que cela a donné lieu aux ordres de chevalerie qui furent inventés dans la suite, pour mettre une distinction entre les chevaliers, à cause de la quantité qu'il s'en était faite pendant nos guerres avec les Anglais. Je crois qu'après avoir nommé l'ordre de la Sainte-Ampoule, simple distinction honorifique donnée aux quatre barons chargés héréditairement de porter le dais au sacre des rois, à Reims, et qui étaient ceux de Terrier, de Louvercy, de Bellestre et de Sonastre (la croix, suspendue à un cordon noir, était en or émaillé de blanc, chargée d'une colombe tenant le vase précieux à son bec, et cantonnée de quatre fleurs de lis d'or), on peut passer sous silence les ordres de la Genette, attribué à Charles Martel, de la Couronne royale, fondé par Charlemagne, du Navire, institué par saint Louis ; ce pieux monarque en créa un dont l'existence est authentiquement prouvée par les registres de la cour des comptes de Paris, et qui subsista jusqu'au règne de Charles VI, l'ordre de la Cosse du Genêt, dont ce dernier prince envoya les insignes, en 1393, au roi d'Angleterre.

Le roi Jean institua, en octobre 1352, au château de Saint-Ouen, l'ordre de l'Étoile et de Notre-Dame de la Noble Maison, qui ne paraît pas avoir été recherché après Charles VIII, à cause de l'accroissement qu'on donna au nombre de ses membres. L'insigne consistait en un collier de chaînons d'or tortillés à trois rangs, entrenoués de roses également d'or et émaillées alternativement de blanc et de gueules. La devise était : « *Monstrant regibus astra viam.* » Les chevaliers étaient seulement astreints à plus d'assiduité auprès du roi. Je mentionnerai ensuite, en passant, cinq ordres français qui n'ont jamais pris de développement et qui, d'ailleurs, n'ont point été établis par les souverains du royaume : l'ordre de Notre-Dame du Chardon, créé en 1370 par Louis II, duc de Bourbon, pour vingt-cinq membres, tous nobles de race ; l'ordre du Porc-Épic ou du Camail, institué, pour un nombre égal de chevaliers, par Louis, duc d'Orléans, en 1394 ; les femmes pouvaient y être admises : Louis XII le conféra quelquefois, mais il s'éteignit avec lui ; l'ordre du Croissant, inauguré à Angers, en 1448, par René d'Anjou, pour cinquante gentilshommes qui faisaient certains vœux de piété. En Bretagne, nous trouvons les ordres de l'Hermine et de la Cordelière, institués : le premier, pour vingt-cinq gentilshommes, par le duc François Ier ; le second, par la reine Anne, pour les femmes.

Louis XI, le premier, créa un ordre sérieux de chevalerie, à Amboise, le 1er août 1469, le plaça sous le vocable de saint Michel, et en formula les statuts en soixante-six articles ; il les augmenta le 22 décembre 1476, et ils furent encore remaniés par Charles IX, en 1565, et Henri III, en 1574. L'ordre destiné seulement à récompenser les seigneurs de la cour ne devait compter que trente-six membres dont le roi était grand maître. En recevant le collier, ils promettaient un attachement inviolable au souverain, de le suivre à la guerre, de lui garder le secret sur ses projets, etc. Le roi, de son côté, s'engageait à soutenir, protéger et défendre les chevaliers, à ne rien entreprendre de considérable sans les consulter, sauf dans les cas d'urgence. Le collier était de coquilles d'or entrelacées et posées sur un collier également d'or, et auquel pendait un médaillon ovale représentant saint Michel : il pesait deux cents écus d'or et revenait à l'ordre à la mort du titulaire. Les chevaliers devaient toujours le porter, sauf à la maison ou à la chasse, où ils pouvaient se contenter de la médaille, suspendue à un ruban noir.

Cet ordre demeura quelque temps l'une des plus éminentes distinctions honorifiques qu'on pût ambitionner, et fut recherché par un grand nombre de souverains. Brantôme nous dit à cet égard : « La distinction de *l'ordre du roi* était si précieuse et si chère, que l'on a vu plusieurs gentilshommes et seigneurs obtenir plutôt une compagnie de gendarmes que le collier de Saint-Michel, même attendre longtemps après ; car ce n'était pas le tout de combattre ou de faire quelques petites prouesses : il en fallait faire quantité pour le mériter, ou bien en faire une très-signalée. On en a vu qui avaient donné leurs biens, comme fit M. de Chateaubriand, qui donna sa belle maison de Chateaubriand à M. le connétable de Montmorency, pour qu'il lui fît obtenir d'être un des chevaliers de cet ordre. » Sous Henri II, on commença à prodiguer l'ordre d'une manière regrettable ; Charles IX continua, et la création de l'ordre du Saint-

Esprit acheva de déconsidérer complétement celui de Saint-Michel. Louis XIV se décida cependant à réformer la fondation de Louis XI, en 1661, et publia de nouveaux statuts, le 12 janvier 1665; il fixa le nombre des chevaliers à cent, dont six ecclésiastiques, six de robe et les autres d'épée, ayant servi dix ans et prouvant trois degrés de noblesse. La croix fut pareille à celle du Saint-Esprit, à l'exception qu'elle était plus petite de moitié et portait un saint Michel au centre; elle était suspendue à un ruban noir. Louis XIV modifia encore cette organisation, en admettant dans l'ordre les gens de robe, de finance, les gens de lettres, artistes, savants, médecins, leur accordant ou des lettres de noblesse ou des dispenses. Il n'y eut, dès lors, plus ou presque plus de gentilshommes de familles anciennes : la religion catholique était rigoureusement exigée.

Le roi était toujours grand maître; mais, comme cet ordre était censé réuni à l'ordre du Saint-Esprit, il n'avait pas d'officiers particuliers.

L'ordre de Saint-Michel, supprimé par la révolution, fut réinstitué en 1814, et subsista jusqu'en 1830.

Henri III fonda l'ordre du Saint-Esprit, le 31 décembre 1578, pour remplacer celui de Saint-Michel, dont la noblesse ne se souciait plus; l'inauguration en fut très-solennellement faite dans l'église des Grands-Augustins, à Paris, en présence de toute la cour.

Le roi fut déclaré par les statuts perpétuellement grand maître et chef souverain, et l'investiture devait lui en être faite le lendemain du sacre. Les principales règles furent que les membres ne devaient pas dépasser le nombre de cent, être catholiques, gentilhommes de trois races et âgés de trente-cinq ans. Les princes du sang pouvaient être reçus chevaliers à l'âge de vingt-cinq ans : les fils de France seuls étaient membres-nés de l'ordre et ne comptaient pas dans le nombre fixé et rigoureusement observé. On reçut assez souvent des souverains et des grands seigneurs étrangers. Avant de créer un chevalier du Saint-Esprit, le roi l'investissait, dans son cabinet, de l'ordre de Saint-Michel : d'où vient qu'on appelait les titulaires Chevaliers des Ordres du roi.

La réception d'un chevalier se faisait après la messe ; le novice était vêtu d'un pourpoint de toile d'argent, caleçon, bas de soie et souliers blancs, l'épée d'argent ; il portait un rabat de point d'Angleterre, un capot de velours noir, une toque noire à plume blanche. Il se prosternait à genoux devant le roi, assis sur son trône, placé dans le chœur : il prononçait et signait son serment ; puis on lui ôtait son capot, et le roi lui remettait le collier et le manteau. Ce manteau était de velours noir, doublé de satin jaune-orange et semé de flammes, brodé en or : une large broderie d'or le bordait ; par-dessus était un collet de moire vert et argent, brodé et bordé de même.

Henri IV changea le motif des broderies du tour

comme des dessins du collier, composé jusqu'alors des lettres grecques A, Φ et Δ, d'H et de M : il y substitua des trophées d'armes, d'où surgissaient des flammes, des fleurs de lis et des HH. LL. couronnés. Les prélats décorés des ordres et les officiers remplaçaient ce collier par un large ruban de moire bleue, au bas duquel pendait la croix, portant le Saint-Esprit sur ses deux faces, parce qu'eux n'étaient point reçus chevaliers de Saint-Michel. Les autres chevaliers portaient la croix avec un saint Michel d'un côté et un Saint-Esprit de l'autre, et pouvaient en faire broder la plaque sur leurs habits de cérémonie.

J'ai pensé que ce serait un document assez intéressant que de réunir ici les noms de toutes les familles dont des membres ont été décorés de l'ordre du Saint-Esprit, ou, pour mieux dire, des ordres du roi, en y comprenant celles dont les représentants n'ont figuré que comme officiers des ordres, c'est-à-dire chancelier, maître des cérémonies, trésorier général, intendant et greffier. Le grand aumônier de France était de droit commandeur. Parmi les chevaliers, il devait toujours y avoir huit prélats.

Je donne d'abord les trente-cinq chevaliers créés lors de la première promotion :

Charles de Bourbon, cardinal-archevêque de Rouen.

Louis de Lorraine-Guise, cardinal-archevêque de Reims.

Réné de Birague, chancelier de France et cardinal.

Charles des Cars, évêque et duc de Langres.

Pierre de Gondy, cardinal-évêque de Paris.

René de Daillon du Lude, abbé du Châtelier.

Jacques Amyot, grand aumônier.

Louis de Gonzagues, duc de Nevers et de Mantoue.

Philippe-Emmanuel de Lorraine, duc de Mercœur.

Jacques de Crussol, duc d'Uzez.

Charles de Lorraine, duc d'Aumale.

Honorat de Savoye, marquis de Villars, maréchal de France.

Artus de Cossé, maréchal de France.

François de Gouffier, seigneur de Bonnivet.

François des Cars.

Charles d'Halluyn, marquis de Maignelay.

Charles de la Rochefoucauld, seigneur de Barbezieux.

Jean des Cars, prince de Carency.

Christophe Juvénal des Ursins, marquis de Traînel, gouverneur de Paris.

François le Roy, comte de Clinchamps, lieutenant général en Anjou et Touraine.

Scipion de Fiesque, comte de Lavagne, chevalier d'honneur de la reine-mère.

Antoine de Pons, comte de Marennes, capitaine des cent gentilshommes du roi.

Jacques d'Humières, marquis d'Ancre.

Jean d'Aumont, comte de Châteauroux, maréchal de France.

Jean de Chourses de Malicorne, gouverneur du Poitou.

Albert de Gondy de Retz, maréchal de France.

René de Villequier, gouverneur de l'Ile-de-France.

Jean Blosset, baron de Torcy.

Claude de Villequier, vicomte de la Guiche.

Antoine d'Estrées, marquis de Cœuvres, grand maître de l'artillerie.

Charles de la Marck, comte de Braisne, capitaine des Cent-Suisses du roi.

François de Balzac d'Entragues, gouverneur d'Orléans.

Philibert de la Guiche, maître de l'artillerie du roi.

Philippe Strozzi, colonel général de l'infanterie française.

Philippe Hurault de Chiverny, chancelier de l'ordre.

Guillaume Pot de Rhodes, grand maître des cérémonies de l'ordre.

Nicolas de Neuville de Villeroy, grand trésorier.

Claude de l'Aubespine, greffier.

Benoît Milon, intendant, installé seulement en 1582.

Liste des familles françaises dont des membres ont été honorés du collier des Ordres du roi, de 1579 à 1789 :

d'Adhémar,
d'Affry,
d'Agoult,
d'Albert,
d'Albergotti,
d'Albret,
d'Aloigny,
d'Amboise (de Clermont),
d'Angennes,
d'Apcher,
d'Apchon,
Arnaud,
d'Arpajon,
Audibert,
d'Aubeterre,
d'Aubigné,
d'Aubusson,
d'Aumont,
d'Averton,

Babou,
de Balzac,
de Barbezière,
de Bassompierre,
de Baylens,
Barbier de la Rivière,
de Beaudéan,
Berton de Crillon,
de Beauclerc,
de Beauffremont,
de Beaune,
de Beaumanoir,
de Beauvilliers,
de Berangreville,
de Bellay,
de Béthune,
de Belleferière,
de Bethoulat,
Bertrand de la Bazi-
  nière,
de Béranger,
de Beringhem,
de Beauveau,
de Birague,
du Blé d'Uxelles,
de Boisgelin,
de Bonne,
de Bonzy,
de Bouillé,
Bouchard d'Aubeterre,
Boucherat,
de Bourdeille,

de Boufflers,
Bouton de Chamilly,
Bouhier,
de Bouthilliers,
de Breteuil (le Tonne-
  lier),
de Brancas,
de Brichanteau,
de Broglie,
de Brouilly,
Brulart,
de Buade,
de Budes,
de Bullion,
de Caillebault,
de Calvo,
de Camboust de Cois-
  lin,
de Cardaillac,
de Castellane,
de Castries (de la Croix).
de Cassagnet,
de Caumont la Force,
de Cazillac,
de Chabannes,
de Chabot,
de Chateigner,
de Chateauvieux,
de Champagne,
de Chatillon,
Chamillard,
Chauvelin,

de Chazeron,
de Choiseul,
de Clerembaud,
de Clermont-Tonnerre,
de Clermont Gallerande,
de Clerc,
de Cléron d'Haussonville,
Coiffier-d'Effiat.
de Coligny,
Colbert,
de Comminges,
de Conflans,
de Contades,
de Cosnac,
de Cossé-Brissac,
de Courcillon de Dangeau,
de Crevant d'Humières,
de Créquy,
de Crochefilet,
de Croy,
Crozat,
de Cugnac,
de Crussol d'Uzès,
de Daillon du Lude,
de Damas,
Dauvet des Marets,
Davy du Perron,
Des Cars,
Deschiens de la Neuville,
du Bec,
du Châtelet,
de Dinteville,
du Bois,
du Bouchet de Sourches,
du Bueil,
du Chayla,
Duplessis-Lénoncourt,
de Duras,
Duret de Chevry,
de Durfort,
d'Ecquevilly (Hennequin),
d'Eschaux,
d'Escoubleau de Sourdis,
d'Espinay-Saint-Luc,
d'Esterhazy,
d'Estaingt,
d'Estrades,
d'Estrées,
d'Étampes,
Filhet de la Curée,
de Fitz-James,
de Fleury (de Rosset),
de Foix,
de Forbin,
Fouquet,
de Franquetot de Coigny,
de Froulay,

de Furstemberg,
de Galard,
de Gadagne,
de Gélas,
Gigaud de Bellefond,
de Gontaut-Biron,
de Gondran,
de Gondy (de Retz),
Gourdon de Genouillac,
de Goësbriand,
de Grasville,
de Gramont,
de Grimaldi,
de Grimonville,
de Grimoard du Roure,
de Guichen,
de Guines,
de Guiscard,
de Harcourt,
Hardouin de Péréfixe,
du Harlay,
de Harville,
de Hautefort,
de Hautemer,
de l'Hôpital,
de Hostun-Tallard,
Hurault de Chiverny,
d'Isenghien,
de Jaucourt,
Jeannin,
de Joyeuse,
Juvénal des Ursins,

de La Baume,
de La Châtre,
de Laubespine,
de La Fare,
de Lamoignon,
de Langeron,
de La Valette,
de La Vallière,
de La Grange,
de La Jugie,
de La Madeleine,
de Laval-Boisdauphin,
de La Guiche,
de La Rochéfoucauld,
de La Tour-Maubourg,
de La Tour d'Auvergne
de La Marck,
de Laval-Nesle,
de Lancry,
de La Mothe-Houdan-
  court,
de La Porte-la-Meille-
  rays,
de La Vauguyon (de Que-
  len),
de La Vieuville,
de La Vallée-Fossés,
Lebat,
Le Camus,
de Léaumont,
Le Hardi de la Trousse,
Le Jay de Tilly,

Le Prestre de Vauban,
de Lestang,
Le Tellier,
de Levis,
Le Veneur,
de Lisle,
de Livron,
de Lorraine,
de Lowendall,
de Loubens,
de la Trémouille,
de Luxembourg,
de Maillé,
de Malains,
de Maligny,
de Mancini,
de Mandelot,
de Marcilly,
de Mauléon,
de Maillebois,
de Mailly,
de Marsan,
de Marsin,
de Melun,
de Mesme,
de Milon,
de Mitte,
de Monestay,
de Montal,
de Montault,
de Montbéron,
de Montboissier,
de Montbarey,
de Montesquiou,
de Montmorency,
de Montsaulnin,
de Monstiers,
de Montmorin,
de Morand,
de Morizet,
de Mouy,
de Muy,
de Nages,
de Nesle,
de Nettancourt,
de Nivernais,
de Neuville,
de Noailles,
de Nouveau,
d'O,
d'Ognes,
d'Ornano,
d'Ossun,
Phelippeaux,
du Plessis-Liancourt,
du Plessis-Richelieu,
de Polignac,
de Pompadour,
de Pons,
de Pot de Rhodes,
Potier de Gesvres,
de Poyanne,
de Prie,
de Quatrebarbes,

de Rambures,
de Randan.
de Rebe,
de Rieux,
de Rochambeau,
de Rochechouart,
de Rochefort,
de la Roche-Aymon,
Rogier de Villeneuve,
de Rohan,
de Roquelaure,
de Rosen,
de Rouault-Gamaches,
Rousselet,
de Rouxel de Grancey,
Ruzé,
de Salignac-Fénélon,
de Sassenage,
de Saulx-Tavannes,
de Saint-Gelais-Lusignan,
de Saint-Georges,
de Saint-Lary,
de Saint-Séverin,
de Saint-Simon,
de Saint-Sulpice,
de Saint-Vital,
de Sainte-Maure,
de Schomberg,
de Schulembourg,
Séguier,
de Ségur,
Servien,
de Senneterre,
de Silly,
de Simiane,
de Sourches,
de Souvré,
de Suffren,
Sublet,
de Tencin,
de Terratz,
de Tessé,
de Thémines,
de Thévalle,
de Thiard,
de Thomond,
Thiercelin de Bussy,
de Tournon,
de Vaudreuil,
de Vaulgrenant,
de Vassé,
de Verthamon,
de Viau,
de Vienne,
de Vignoles,
de Villars,
de Villeroy,
de Vintimille,
de Vivonne,
de Volvire,
de Voyer d'Argenson,
de Voysin,
de Warignies.

Voici maintenant, pour finir, la liste des chevaliers des Ordres du roi, en 1830 :

1ᵉʳ janvier 1773, le prince de Condé.
27 mai 1787, le Dauphin.
2 février 1789, le duc d'Orléans.
1808. Le cardinal duc de Talleyrand.
1820. L'abbé duc de Montesquiou,
    Le duc de Luxembourg,
    Le duc de Gramont,
    Le duc d'Aumont,
    Le duc de Laval,
    Le duc de Duras,
    Le duc de Mouchy,
    Le duc Dalberg,
    Le duc de Conégliano,
    Le duc de Bellune,
    Le duc de Tarente,
    Le duc de Reggio,
    Le duc de Raguse,
    Le duc Decazes,
    Le marquis de la Tour-Maubourg,
    Le duc de Caraman,
    Le duc de Blacas d'Aulps,
    Le vicomte Lainé,
    Le baron Pasquier.
1821. Le cardinal prince de Croy.
1823. Le comte de Villèle.
1824. Le vicomte de Chateaubriand,
    Le duc de Doudeauville,
    Le duc de Damas-Crux,

Le marquis de Talaru.
1825. Le cardinal duc de Latil,
Le duc de Chartres,
Le duc d'Uzez,
Le duc de Brissac,
Le duc de Mortemart,
Le duc de Chevreuse,
Le duc de Fitz-James,
Le duc de Polignac,
Le duc de Maillé,
Le duc de Castries,
Le duc de Narbonne-Pelet,
Le duc de Dalmatie,
Le duc de Trévise,
Le comte Jourdan,
Le marquis de la Suze,
Le marquis de Pastoret,
Le comte de la Ferronnays,
Le marquis d'Autichamp.
Le comte Ravez,
Le comte de Noailles.

1826. Le duc de la Trémouille,
Le prince de Croy-Solre,
Le prince de Polignac.

1827. Le duc de Clermont-Tonnerre,
Le comte Molitor,
Le comte Peyronnet,
Le comte Corbière,
Le baron de la Rochefoucauld.
Le marquis de Vibraye,
Le comte Guilleminot.

Le comte de Mesnard,
Le comte du Burgues de Missiessy.
1828. Le comte de Chabrol-Crouzol,
Le comte de Frayssinous.
1829. Le comte de Lecca,
Le duc de Nemours.

Pendant la même période, furent revêtus du collier comme officiers des ordres du roi, MM. Daviau du Bois de Sanzay, le duc d'Albuféra, le marquis de Viomesnil, le marquis Dessole, le duc de Richelieu, le marquis de Rivière, le marquis de Lauriston, le chancelier Dambray, le comte de Sèze, le chancelier de Pastoret, le marquis d'Aguesseau (grand maître des cérémonies depuis 1783), le marquis de Villedeuil et le comte Ferrand.

L'ordre de Notre-Dame du Mont-Carmel et de Saint-Lazare, devenu purement honorifique au dix-septième siècle, se composait de deux ordres très-distincts : l'ordre hospitalier de Saint-Lazare avait été fondé vers 1060, en Palestine, pour le secours des pèlerins et des pauvres malades. Louis VII introduisit ces chevaliers dans ses États et leur donna le château de Boigny, près d'Orléans, en 1154. Ceux qui demeurèrent en Terre-Sainte et s'y perpétuèrent, ayant été chassés par les Sarrazins en 1253, prirent également le chemin de la France, et Boigny devint le chef-lieu de cette sainte milice et la résidence du grand maître *tant en deçà qu'en delà des mers*. Vers la fin du quinzième siècle, le pape Innocent VI, trouvant cet ordre inutile et très-déchu, voulut l'unir à celui de Saint-Jean de Jérusalem ; mais le parlement de Paris s'y opposa.

En 1607, Henri IV établit l'ordre de Notre-Dame du Mont-Carmel, destiné, à récompenser les services de sa noblesse, et obtint son annexion à celui de Saint-Lazare, du pape Paul V. Louis XIV lui donna une grande extension, et sous Louis XVI, ses règlements fondamentaux furent encore remaniés : l'ordre de Saint-Lazare ne devait compter que cent chevaliers de deux classes, et chaque année, huit des élèves sortant de l'école militaire y étaient admis de droit : ceux-là ne pouvaient acquérir la seconde croix qu'après une action d'éclat.

Le nombre total des décorés de ces ordres fut à peu près constamment de cinq à six cent cinquante. Les grands maîtres furent :

Claude de Nerestang.
Charles de Nerestang, son fils.
Charles-Achille de Nerestang, frère du précédent.
Le marquis de Louvois, 1673, vicaire-général.
Le marquis de Dangeau, 1693.
Le duc de Chartres, 1721.
Le duc de Berry.
M. de Saint-Florentin, administrateur général.
Le comte de Provence.

La croix de Saint-Lazare était à huit pointes, émaillée alternativement de pourpre et de sinople, bordée d'or, cantonnée de quatre fleurs de lis de même ; au centre, un médaillon représentant d'un côté la sainte Vierge, et de l'autre Lazare sortant du tombeau. Le ruban était vert moiré. Les chevaliers de première classe portaient en outre une plaque brodée, semblable à la croix, avec la devise *Atavis et Armis* et les chiffres **S. L.** et **M. A.** en lettres d'or ; ceux de la seconde portaient la plaque brodée seulement en soie verte.

La croix de Notre-Dame du Mont-Carmel, pareillement à huit pointes, émaillée, cantonnée et bordée de même, portait un médaillon représentant d'un côté l'image de la sainte Vierge, et de l'autre trois fleurs de lis ; le ruban était cramoisi et les chevaliers n'avaient point de plaques.

Le règlement fixa l'âge des chevaliers à trente ans, exigea la religion catholique et quatre degrés de noblesse : celui de 1778 apporta quelques modifications, à cause des jeunes élèves de l'école, et prescrivit huit quartiers sans compter celui du récipiendaire ; pouvait accorder des dispenses.

Il y avait un conseil composé de quatre officiers : chancelier, maître des cérémonies, trésorier et secrétaire-général, et de six commandeurs, dont deux prélats. La restauration rétablit ces ordres, qui disparurent avec elle.

« M. de Louvois, dit M. d'Aspect, historiographe

de l'ordre de Saint-Louis, passionné pour la gloire du roi et le succès de ses armes, avait, depuis longtemps, compris la nécessité de soutenir le zèle des officiers par de nouvelles récompenses. L'ordre de Saint-Lazare lui offrit des ressources. Il avait obtenu de M. de Nerestang de lui céder la grande maîtrise, et, dès qu'il en fut investi, il distribua les commanderies de cet ordre aux officiers qui, par de belles et heureuses actions, avaient mérité les bienfaits et les récompenses du souverain[1]. Mais cette ressource n'exista pas longtemps, et après la mort de ce ministre, M. d'Aguesseau, père du chancelier de ce nom, et M. le maréchal de Vauban, suscitèrent au roi de fonder un ordre purement militaire et destiné à honorer et récompenser les officiers qui se dévouaient à son service. Louis XIV adopta leur avis et créa cet ordre, en le dotant avec magnificence et en s'en déclarant le chef et grand maître. »

Cette institution eut lieu au mois d'avril 1693, et fut destinée aux officiers catholiques ayant au moins dix ans de service ou s'étant distingués d'une manière éclatante. L'ordre, divisé en deux parties, service de terre et service de mer, devait compter originairement huit grand'croix, vingt-quatre commandeurs et un nombre illimité de chevaliers : ces règles furent changées légalement en 1779 ; je dis légalement, car

---

1 L'ordre de Saint-Lazare avait de son ancien patrimoine des maladreries et léproseries qui lui avaient été annexées, et d'assez riches domaines, divisés en commanderies comme dans l'ordre de Malte.

depuis longtemps on ne les observait plus ; il fallut, dès lors, vingt-huit ans de service ou un fait exceptionnel, et il y eut quarante grand'croix, dont six pour la marine, et quatre-vingts commandeurs, dont quinze pour l'armée de mer.

La croix à huit branches, en or, émaillée de blanc et cantonnée de fleurs de lis d'or, porte au milieu l'image de saint Louis avec ces mots : *Ludovicus magnus instituit* 1693 ; et au revers une épée dont la pointe est passée dans une couronne de laurier, avec cette légende : *Bellicæ virtuti præmium*. Les dignitaires la portaient en grand cordon, les grand'croix ayant de plus la plaque brodée en or sur leurs habits.

L'ordre jouissait, avant la révolution, de 450,000 livres de rente, employées à servir des pensions de 4,000 livres aux grand'croix, de 3,000 aux commandeurs et de 200 à 800 aux chevaliers, à la volonté du roi.

La restauration rétablit l'ordre de Saint-Louis, qui jouit constamment d'une grande estime dans l'armée.

Louis XV combla une lacune en créant l'ordre du *Mérite militaire* pour les officiers protestants, dénués jusqu'alors de toute récompense de ce genre, et qui servaient cependant en assez grand nombre dans les régiments étrangers. La croix ressemblait à celle de Saint-Louis ; seulement, sur le médaillon on voyait d'un côté une épée en pal entourée de ces mots :

Pro virtute bellica, et de l'autre une couronne de laurier avec ceux-ci : *Ludovicus XV instituit* 1759 ; le ruban était gros-bleu. On comptait quatre grand'croix et six commandeurs comme dignitaires, partagés également entre les officiers allemands et les officiers suisses. Cet ordre reparut en 1814, sans changement.

Quelques mots sur la *Légion d'honneur* compléteront ce chapitre sur les ordres français. Elle a été créée le **19** mai **1802**, « pour récompenser les services militaires, les services et les vertus civiles. » La légion formait alors seize cohortes, chacune jouissant de 200,000 francs de rente et composée de sept grands officiers, vingt commandants, trente officiers et trois cent cinquante légionnaires, jouissant de 5,000, 2,000, 1,000 et 250 francs de pension viagère ; à la tête se trouvaient le premier consul et un conseil de sept grands officiers. Mais ce fut seulement le 11 juillet 1804 que Napoléon, devenu empereur, décida la décoration que devaient porter les membres de la légion. Ces insignes sont trop connus pour qu'il soit besoin d'en parler ici.

Le décret du 1er mars **1808** attribua aux simples légionnaires le titre de chevaliers, et le nombre de tous les membres fut augmenté singulièrement pendant l'empire ; il n'y eut jamais de nombre fixe pour le dernier grade.

Louis XVIII conserva l'ordre de la Légion d'honneur, en substituant seulement le buste de Henri IV à celui de l'empereur sur la croix, supprimant les pensions et instituant un grand chancelier spécial ; dès lors il dut y avoir quatre-vingts grand'croix, cent soixante grands officiers, quatre cents commandeurs et deux mille officiers; ces chiffres ont toujours été dépassés. Il décida en outre que l'aïeul, le fils et le petit-fils ayant été décorés, ce dernier acquérait de droit la noblesse héréditaire. On n'a rien changé à l'ordre en juillet 1830. Actuellement les pensions militaires sont rétablies.

L'empereur institua encore, en 1811, un ordre dit *de la Réunion* et plus spécialement destiné aux services civils des Français dans les pays réunis ; il y avait les mêmes catégories que dans la Légion d'honneur ; il disparut en 1815. Le ruban était bleu et la croix à douze branches en argent sur un soleil d'or, avec une couronne royale.

La Restauration créa également l'ordre royal du Lys, qui consistait en une croix d'émail blanc fleurdelisée, suspendue à un ruban de moire blanche.

Le 22 janvier 1852, a été créé la *Médaille militaire* pour les sous-officiers et soldats qui se sont distingués.

CHAPITRE XIII.

Des ordres hospitaliers militaires, — du Temple, — de Saint-Jean de Jérusalem et de Malte, — Teutonique. — Chapitres nobles d'hommes et de femmes. — Confrérie de Saint-Georges. — Noblesse épiscopale.

Je ne rappellerai que pour mémoire l'ordre du Temple, supprimé en 1312, et qui fut essentiellement français. Je nommerai seulement aussi l'ordre hospitalier et militaire de Saint-Jean de Jérusalem ou de Malte, sans essayer d'en donner une esquisse historique. Bien que répandue dans toute l'Europe, et en dernier lieu établie souverainement dans une des îles de la Méditerranée, cette antique milice sacrée paraît encore avoir appartenu à notre pays plus qu'à tout autre. Un si grand nombre de nos familles, d'ailleurs, y ont compté des membres que je crois utile d'entrer dans quelques détails sur son organisation et les conditions qu'il fallait remplir pour y entrer.

L'ordre de Saint-Jean de Jérusalem était établi dans l'île de Malte, depuis 1530, par donation de Charles-Quint; il était dirigé par un grand maître, prince souverain, assisté d'un sacré collége, composé ordinairement des baillis, grands prieurs et de l'évêque de Malte, et, dans les cas extraordinaires, en outre des plus anciens chevaliers de chaque langue.

L'ordre se divisait en huit langues ou nations, dirigées chacune par un grand dignitaire:

Langue de Provence, ayant pour chef le grand trésorier ou grand commandeur.

Langue d'Auvergne, ayant pour chef le grand aumônier: ce titre pris dans le sens de distributeur d'aumônes.

Langue de France, ayant pour chef le grand hospitalier.

Langue d'Italie, ayant pour chef le grand amiral.

Langue d'Aragon, ayant pour chef le grand conservateur.

Langue de Castille, ayant pour chef le grand chancelier.

Langue d'Angleterre, ayant pour chef le turcopolier: cette langue disparut lors du schisme qui sépara la Grande-Bretagne de la communion catholique.

En 1782, on institua la langue de Bavière.

Les bénéfices de l'ordre consistaient en grands prieurés, bailliages capitulaires et les commanderies;

Il y avait en France, les grands prieurés de Saint-Gilles, de Toulouse, d'Auvergne, de France, d'Aquitaine, de Champagne; les bailliages de Manosque, de Bourganeuf, de Corbeil; cent quatre-vingt-quinze commanderies ordinaires, huit commanderies magistrales, c'est-à-dire à la disposition du grand maître, et trente-une de chapelains ou frères servants.

Les commanderies se divisaient en commanderies de justice, données par rang d'ancienneté, et dont le titulaire pouvait passer à une plus considérable après avoir *amélioré* celle qu'il détenait, et commanderies de grâce, données indifféremment et par la voie du choix, comme on dirait aujourd'hui.

Les chevaliers étaient ou de *justice*, ayant fait leurs preuves régulières de noblesse, c'est-à-dire quatre degrés paternels et quatre degrés maternels, formant au moins cent ans, ayant acquitté les droits fixés et ayant seize ans; de *grâce*, étant reçus quoique non nobles et pour quelques causes exceptionnelles; de *minorité*, étant nobles et reçus en bas âge, souvent même en naissant, par exception et en payant le double des droits ordinaires, environ 7,000 livres. Puis venaient les chapelains et les frères servants. Il y avait encore les chevaliers-pages du grand maître, reçus après preuves rigoureuses de noblesse.

L'ordre compta quelques familles dont les chefs, à cause de services éminents étaient décorés héréditairement de la dignité de grand'croix, et ne contractaient aucun engagement, que certaines formalités de déférence envers le grand maître. Ces familles, du reste, étaient peu nombreuses : Arpajon, Beauffremont, Narbonne-Pelet par les du Puy-Montbrun, Noailles, Rouvroy de Saint-Simon, Voyer d'Argenson, Wignacourt. Au siècle dernier également, les grands maîtres conférèrent honorairement la croix de Malte à quelques personnages de distinction des deux sexes.

Il y avait en France trois maisons de chanoinesses de l'ordre, vivant régulièrement comme les chevaliers sous une grand'prieure, à Beaulieu, à Martel et à Toulouse.

La croix de Malte est à huit pointes, en or, émaillée de blanc : les chevaliers français la cantonnent de quatre fleurs de lis d'or ; le ruban est noir.

L'ordre fut momentanément dispersés, lors de la prise de l'île et de la capitulation du grand maître de Hompesch, en 1798. L'empereur Paul de Russie accueillit les débris de cette milice chevaleresque, et s'en déclara le protecteur en formant un grand-prieuré de Russie. La mort de ce prince détruisit ces espérances, et les chevaliers de Malte se tournèrent vers Rome. L'ordre se maintint depuis en Italie sous la haute direction d'un lieutenant du magistère électif, et il subsiste avec des revenus dans la plupart des États de la Péninsule ; il est également reconnu en Autriche et en Espagne. L'ordre de Saint-Jean est pareillement demeuré en Russie et en Prusse, mais complétement dénaturé, puisque ses membres dans ces pays doivent professer, les uns, la religion grecque, les autres, la religion prétendue réformée.

Quand un gentilhomme voulait se faire recevoir dans l'ordre, il devait se présenter en personne au chapitre ou à l'assemblée du grand prieuré dans la circonscription duquel il était né, apportant son extrait de baptême en forme authentique, le mémorial de ses preuves, contenant des extraits authentiques des titres qui justifiaient la légitimation de sa noblesse, ainsi que des familles ascendantes. Le conseil décidait alors son admission, et dans ce cas lui délivrait la commission pour faire ses preuves; une enquête était immédiatement faite dans les autres grands-prieurés où pouvaient être nés quelques-uns des ascendants du récipiendaire. Les preuves se faisaient par titres, contrats, témoins, épitaphes et autres titres ayant cachet d'authenticité. Les commissaires nommés en vertu de la commission délivrée, après s'être assurés qu'il n'y avait pas de dérogeance, faisaient leur rapport au chapitre, et l'on envoyait tout le dossier avec les avis à Malte, où le pétitionnaire devait aussitôt se rendre. L'assemblée de sa langue procédait à un nouvel examen et proclamait la réception, mais le nouveau chevalier ne comptait son ancienneté, ce qui était très-important, comme je l'ai dit, pour la collation des commanderies, que du jour où il avait acquitté les droits dits de passage (deux cent cinquante écus d'or), et fait sa profession. On sait que les chevaliers prononçaient des vœux sérieux, et ne pouvaient pas se marier. Le grand maître n'avait même pas le pouvoir de relever du célibat ceux qui étaient définitivement engagés, ayant atteint l'âge de vingt-six ans.

L'ordre Teutonique, qui eut la même origine que les ordres de Saint-Jean de Jérusalem et du Temple, fut fondé par des gentilshommes allemands vers l'année 1190. Les chevaliers vinrent s'établir en Prusse en 1230, et conquirent peu à peu tout le nord de l'Allemagne, jusqu'à ce que Albert de Brandebourg, un de leurs grands maîtres, ayant embrassé la réforme, se fut déclaré souverain indépendant et fut le premier souverain de Prusse. L'ordre déchut singulièrement depuis ce moment, mais se maintint cependant. Il y avait plusieurs commanderies en Alsace. L'organisation de l'ordre était la même que celle des chevaliers de Saint-Jean, et les preuves de noblesse également de seize quartiers, mais très-rigoureuses.

L'ordre Teutonique subsiste encore en Autriche, et le grand maître est toujours un archiduc. L'insigne est une croix potencée de sable, chargée d'une croix fleurdelisée d'or (par concession de saint Louis), chargée en cœur d'un écusson aux armes de l'empire; on le suspend à une chaînette d'or.

Il existait, dans l'ancienne monarchie, un grand nombre de chapitres où des individus des deux sexes étaient admis après avoir fait des preuves de noblesse plus ou moins ancienne. Je ne sache pas qu'aucun ouvrage s'en soit occupé d'une manière spéciale, et je pense fournir un document assez intéressant en le reproduisant ici avec une complète exactitude.

Chapitre de Saint-Martin d'Ainai (Lyon), ancienne abbaye sécularisée en 1685. L'abbé commandataire nommant le prévôt et les dix-huit chanoines ; cent ans de noblesse paternelle, ou au moins noblesse du père et de l'aïeul.

Chapitre Saint-Sauveur d'Aix, 9 janvier 1780 ; pas de preuves; seulement l'archevêque ne nommait que des gentilshommes.

Chapitre Notre-Dame d'Amboise. Le duc de Choiseul nommait, comme seigneur de la ville. Ancien chapitre (1010), érigé en corps noble par lettres patentes de 1770. Douze chanoines, cent ans de noblesse.

Chapitre Saint-Pierre de Baume-les-Messieurs (Besançon), abbaye sécularisée en 1759. L'abbé et dix chanoines ; seize quartiers de noblesse rigoureusement exigés.

Chapitre Saint-Jean de Besançon, ancien chapitre relevant du saint-siége, lettres patentes de décembre 1684. Seize quartiers rigoureux, sauf pour les gradués, qui devaient seulement être fils de nobles ou de gradués et subir un examen. Quatre dignitaires, quatre personnats, trente-huit chanoines.

Chapitre de Saint-Julien de Brioude, relevant de Rome depuis les carlovingiens. Seize quartiers, vingt-deux chanoines. — Comtes de Brioude ; le roi, premier chanoine honoraire.

Chapitre Saint-Louis de Gigny (Saint-Claude), chapitre régulier, sécularisé en 1757 ; huit quartiers paternels et quatre maternels. Quatorze chanoines.

Chapitre Notre-Dame de Lescar, ancien. Seize chanoines ; cent ans de noblesse ou être gradué.

Chapitres de Lure et de Murbach, tous deux fondés aux septième et huitième siècles, sécularisés en août 1764, unis en avril 1765 ; l'abbé, prince du Saint-Empire et prélat. Vingt et un chanoines, par moitié entre les deux ; seize quartiers.

Chapitre Saint-Jean de Lyon ; huit quartiers avec noblesse de race paternelle jusqu'à 1400, sans anoblissement connu et deux cents ans de noblesse pour la ligne maternelle. Trente-deux chanoines. — Comtes de Lyon, dont le roi premier.

Chapitre Saint-Etienne de Metz ; lettres de 1770, trois degrés de noblesse pour les onze dignitaires ou officiers, et dix-sept chanoines sur trente-huit.

Chapitre Notre-Dame de Nancy, fondé en 1602 et érigé en corps noble en 1698. Vingt chanoines ; quatre degrés de noblesse, sauf pour quatre gradués.

Chapitre Saint-Pierre de Saint-Claude, ancienne abbaye, qui avait toujours exigé la noblesse pour ses membres, sécularisée en 1742 ; seize quartiers. Dix-huit chanoines.

Chapitre de Saint-Dié, 1777 ; huit degrés, vingt-six canonicats, dont quatre pour de simples gradués dispensés.

Chapitre Saint-Max de Bar ; brevet du 27 novembre 1779, le chapitre datant de 957. Dix-neuf canonicats, dont six pour les gradués ; trois degrés pour les autres.

Chapitre Saint-Pierre de Mâcon, sécularisé en 1557 ; trente-deux quartiers. Treize chanoines.— Comtes de Mâcon.

Chapitre Saint-Victor de Marseille, abbaye sécularisée en 1751. Dix-neuf canonicats ; six degrés paternels.

Abbaye de Savigny (Lyon) ; quatre degrés paternels et la mère noble, pour tous les religieux bénédictins de la maison.

Chapitre de Notre-Dame de Strasbourg. Vingt-deux chanoines ; huit générations paternelles et maternelles de haute noblesse. Le statut de 1687 exigea que les chanoines français fussent issus de père, aïeul, bisaïeul et trisaïeul décorés du titre de prince ou de duc, et que les familles maternelles fussent de noblesse d'épée.

Chapitre Saint-Etienne de Toul. Trente-six chanoines ; trois degrés paternels rigoureux.

Chapitre Saint-Pierre de Vienne, abbaye sécularisée en 1712, réunie en 1781 à l'ancienne abbaye de Saint-Chef pour former ce chapitre. Trente-six canonicats ; neuf générations de noblesse paternelle et maternelle.

Il n'y avait pas moins de chapitres de femmes.

Chapitre d'Alix (diocèse de Lyon), douzième siècle. Quarante et une chanoinesses-comtesses ; huit degrés paternels et trois maternels, prouvés chacun par trois actes authentiques.

Chapitre d'Andlau (Strasbourg), sécularisé au dix-huitième siècle. Seize chanoinesses-baronnes ; seize quartiers de haute noblesse.

Chapitre d'Avesnes (Arras), abbaye fondée en 1128. Huit quartiers.

Chapitre de Baume-les-Dames (Besançon), ancien. Seize chanoinesses-comtesses, pouvant prendre avec elles une ou deux nièces-sœurs pour leur succéder ; huit quartiers; vœux sérieux.

Chapitre de Blesle (Saint-Flour), abbaye fondée en 886. Vingt chanoinesses; quatre générations.

Chapitre de Bourbourg (Saint-Omer), abbaye fondée en 1099, dit Chapitre de la Reine, 1782. Dix-neuf chanoinesses ; noblesse prouvée depuis 1400 rigoureusement.

Chapitre de Bouxiers (Nancy), sécularisé au onzième siècle. Quinze chanoinesses; seize quartiers.

Chapitre de Château-Chaslon (Besançon), ancienne abbaye. Vingt-huit chanoinesses; seize quartiers.

Chapitre de Denain (Arras), 764. Dix-huit chanoinesses; seize quartiers rigoureux; nul vœu.

Chapitre d'Épinal, 970. Vingt chanoinesses; deux cents ans de noblesse chevaleresque des deux côtés.

Chapitre d'Estrun (Arras), ancienne abbaye ; huit quartiers; vœux sérieux.

Chapitre de Notre-Dame de Coyse-en-Largentière (Lyon), 1273 ; lettres patentes de mars 1779. Quatre-vingts chanoinesses ; huit degrés paternels prouvés chacun par deux actes authentiques, sans anoblissement ; huit degrés maternels.

Chapitre de Leigneux (Lyon), lettres patentes de 1478. Quarante-cinq chanoinesses ; cinq degrés paternels et mère noble.

Chapitre de Laveine (Clermont), érigé en 1782. Noblesse paternelle prouvée jusqu'en 1400, mère noble.

Chapitre de Lons-le-Saulnier, treizième siècle. Seize quartiers.

Chapitre de Loutre, près de Saarlouis, dix chanoinesses. Noblesse de cent ans.

Chapitre de Maubeuge, septième siècle. Trente chanoinesses ; « preuve, sur titre original, de huit générations ascendantes de noblesse militaire sur chacune de sept autres familles, ou quartiers paternels et militaires, sans anoblissement. »

Chapitre de Migette (Besançon), treizième siècle. Dix-huit prébendes ; seize quartiers ; vœux sérieux.

Chapitre de Montfleury (Grenoble), 1342. Vingt-trois prébendes ; quatre degrés paternels.

Chapitre de Montigny (Besançon), 1286. Huit quartiers paternels et maternels ; vingt-six chanoinesses ; vœux.

Chapitre de Neuville-en-Bresse (Lyon), sécularisé en

1755. Cinquante-huit chanoinesses-comtesses; neuf générations paternelles et la mère noble.

Chapitre de Poulangy (Langres), brevet de 1776. Vingt-deux chanoinesses-comtesses; neuf générations paternelles et quatre maternelles.

Chapitre de Poussei (Toul), dixième siècle. Dix-huit chanoinesses; seize quartiers; pas de vœux.

Chapitre de Remiremont, 620; arrêt de mars 1757. Une abbesse-princesse du Saint-Empire (1290); vingt-six dignitaires-officières et soixante-dix-neuf chanoinesses; deux cents ans de noblesse militaire des deux côtés.

Abbaye de Ronceray (Angers), 1028. Trente religieuses; huit quartiers; vœux sérieux.

Chapitre royal de Saint-Louis de Metz, sécularisé en janvier 1762 par la réunion des abbayes Saint-Pierre et de Sainte-Marie. Quatorze chanoinesses; quatre cents ans de noblesse des deux côtés.

Chapitre Saint-Martin-de-Salles en Beaujolais, sécularisé en juillet 1779. Quarante-trois chanoinesses-comtesses; huit générations paternelles et la mère noble.

Je placerai encore, sous cette même rubrique, la confrérie de Saint-Georges, fondée en 1390 par Philippe de Molan avec quelques gentilshommes, en Bourgogne, pour se défendre entre eux, protéger les veuves et les orphelins et faire de bonnes œuvres. Les membres, sous les ordres d'un bâtonnier, et dont le nombre était illimité, devaient être catholiques et faire preuve de seize quartiers de noblesse : ils pouvaient être ecclésiastiques, militaires ou civils. La décoration consistait en un saint Georges d'or, attaché à la boutonnière par un ruban bleu-céleste moiré.

Tous les chapitres nobles d'hommes avaient, pour signes distinctifs, une croix et un ruban, variés à l'infini ; ceux des femmes, un médaillon et également un ruban. Leurs titulaires timbraient l'écusson de la couronne des titres qui leur étaient reconnus.

Anciennement, les prélats non nobles étaient anoblis personnellement par leur charge et pouvaient se choisir des armes. Cet usage s'est conservé, et actuellement tous les prélats, en prenant possession de leurs siéges, adoptent un écusson et une devise quand ils n'en ont pas de naissance.

BIBLIOGRAPHIE NOBILIAIRE.

Je crois devoir fournir un document assez intéressant pour ceux qui voudront pousser plus loin leurs recherches sur la matière qui vient de m'occuper, en réunissant ici l'indication des principaux ouvrages qui ont traité ce sujet et ceux qui ont été consacrés à l'histoire des familles de chacune de nos provinces. Je n'ai pas eu la prétention de dresser une liste complète, mais bien seulement de donner place à ceux de ces travaux qui méritent d'être signalés par leur importance et leur autorité.

Dictionnaire héraldique, par Gastelier de la Tour. Paris, 1778, petit in-8°.

La Science héroïque, par Vulson de la Colombière. Paris, 1669, in-fol.

Traité de la vraie noblesse. Paris, Longis, vers 1530, in-8°.

Abrégé chronologique d'édits, règlements, etc., concernant le fait de noblesse, de Chérin. Paris, 1788, in-12.

La noblesse considérée sous ses différents rapports, par le même, in-12, 1788.

Le Fondement des titres de noblesse, par Champier. Paris, 1535, in-8°.

Le Traité des nobles et de leurs vertus, par l'Alouète. Paris, 1577, in-4°.

Le Traité de la noblesse, de la Roque. Rouen, 1710 et 1753, in-4°.

Tableau généalogique de la noblesse, par le comte Waroquier de Combles. Paris, 1786, 9 vol. in-12.

Les Nobles dans les tribunaux, traité de droit, par H.-Fr. de Malte. Liége, 1680, in-fol.

Le Dictionnaire de la noblesse de France, de Saint-Allais. Paris, 1816, in-8°.

Essai sur la noblesse, par le comte de Boulainvilliers. Rouen, 1732, in-8°.

Les Différentes espèces de noblesse, du P. Ménétrier. Paris, 1681, in-12.

Blason de la noblesse, du même. Paris et Lyon, 1683, in-8°.

Le Grand Armorial, de Chevillard. In-8°.

Armorial général, de d'Hozier. Paris, 1736, 10 vol. in-fol.

Armorial, de du Buisson. Paris, 1757, 2 vol. in-12.

Armorial de l'empire français, de Simon. Paris, 1812, in-fol.

Dictionnaire généalogique, de la Chesnaye des Bois. Paris, 1767 et 1770, in-12 et in-4°.

Dictionnaire de la noblesse, de de Courcelles. Paris, 1820, 5 vol. in-8°.

Nobiliaire de France, de M. de Saint-Allais. Paris, 21 vol. in-8°, 1816-1841.

Les grands officiers de la couronne, du père Anselme. 1726, 9 vol. in-fol.

Dictionnaire des anoblissements. Paris, 1788, 2 vol. in-8°.

Histoire des pairs de France, par de Courcelles. Paris, 1825, 12 vol. in-4°.

Le Nobiliaire de Picardie, par Haudicquer. Paris, 1693, in-4°.

Histoire de la noblesse de Touraine, par l'Hermite. Paris, 1669, in-8°.

Recherches sur la noblesse de Champagne, par de Caumartin. Châlons, 1673, in-f° et in-8°.

Armorial de Normandie, par la Roque. Caen, 1654, in-fol.

Armorial de Bretagne, de Louis le Borgne. Rennes, 1681, in-4°.

Autre, par M. Pol de Courcy. 1854, in-8°.

Autre, par M. de Beauregard. Paris, 1840, in-8°.

Armorial de Bourgogne et de Bresse, par Chevillard. Paris, 1726, in-8°.

Armorial des États de Languedoc, par Gastelier. Paris, 1767, in-4°.

Principale noblesse de Provence, par de Maynier. Aix, 1719, in-4°.

Histoire universelle de la même, par Artefeuil. Avignon, 1757, 2 vol. in-4°.

La Noblesse du Comtat-Venaissin, par Pithoncourt. Paris, 1745, 4 vol. in-4°.

Nobiliaire du Dauphiné, par Allard. Grenoble, 1671, in-12, et 1672, 4 vol. in-4°.

Nobiliaire de Lorraine, par D. Pelletier. Nancy, 1758, in-fol.

Armorial du Poitou, par M. Baucher-Filleau. Poitiers, 1856, 2 vol. in-8°.

De la chevalerie ancienne et moderne, par le P. Ménétrier. Paris, 1683, in-12.

Mémoires sur la même, par Saint-Palaye. Paris, 1759, 3 vol. in-12.

L'Ordre de chevalerie. Lyon, 1510, in-fol.

Le Vrai Théâtre d'honneur, par la Colombière. Paris, 1648, 2 vol. in-fol.

FIN.

TABLE

Pages.

Introduction. 1

CHAPITRE Ier.

De l'origine de la noblesse. — Hiérarchie féodale. — Deux genres de noblesse : de naissance et d'anoblissement. — De la noblesse de race. — Familles croisées. — Le gentilhomme de parage. — De la noblesse utérine ou coutumière. — Honneurs de la cour. — Imprescriptibilité de la noblesse. — Des preuves. 5

CHAPITRE II.

De l'anoblissement. — Opinion nouvelle à ce sujet. — Abus des anoblissements. — Édits à ce sujet. — L'anobli de quatre races, gentilhomme d'extraction. — De la dérogeance. — Cas de non-dérogeance. — Privilége des Bretons. — Noblesse de Corse. — Réhabilitation. — Noblesse des colonies. 24

CHAPITRE III.

Des noms. — Noms héréditaires. — La plupart des noms tirés des fiefs. — Noms de baptême devenus patronymiques. — Substitutions. — Législation à cet égard. 34

CHAPITRE IV.

Des manières de perdre la noblesse. — Dérogeance. — Non-réhabilitation de l'anobli dérogeant. — Jurisprudence répressive. — Recueil des édits relatifs à cette matière. — Armorial dressé par généralités. — Recherche des nobles. — Révocation des anoblissements. — Mesures fiscales. — Édits somptuaires. — Jurisprudence à cet égard. — Livrée. — Son origine, son usage. 40

CHAPITRE V.

De la noblesse militaire. — Priviléges accordés à l'armée. — Écoles nobles. 54

CHAPITRE VI.

De la noblesse de robe et municipale. — Les gentilshommes-bourgeois du Roussillon. — Des capitouls de Toulouse — Anoblissement faussement prétendu des bourgeois de Paris.. 61

CHAPITRE VIII.

Révolution. — Noblesse impériale. — Restauration. — Charte de 1814. — Charte de 1830. — 1848. — 1852. — État actuel.. . . . 67

CHAPITRE VIII.

Des titres. — Erreur de croire la noblesse inséparable des titres. — Les ducs. — Les princes. — Les grands d'Espagne.* — Marquis. — Comtes. — Vicomtes. — Barons. — Des anciens barons. — Chevaliers, et de la chevalerie. — Baronnets. — Écuyers. — Varlets, damoiseaux, pages. — Vidames. — Captals. — Satrapes. — Avoués. — Châtelains. — Titres viagers — Usurpation de titres. — Lois répressives. — Imprescriptibilité des titres. 78

CHAPITRE IX.

De la pairie. — Ses origines. — Anciens pairs. — Ducs et pairs : leur liste. — Sénat. — Pairie selon la charte de 1814. — Abolition de l'hérédité. — Pairie du gouvernement de juillet. — Liste de toutes les familles revêtues de la pairie de 1814 à 1830. — Sénat. 114

CHAPITRE X.

Grandes charges de la couronne. — Origines. — Distinction avec les grandes charges de la maison du roi. — Les grandes charges sous les deux premières races. — Priviléges sous la troisième race. — Sénéchal. — Connétable. — Chancelier. — Grand maitre. — Grand chambellan. — Grand écuyer. — Amiral. — Grand maitre de l'artillerie. — Maréchal. — Listes de ces dignitaires. 189

CHAPITRE XI.

Des grands officiers de la maison. — Grand aumônier. — Grand veneur. — Grand échanson. — Grand bouteiller. — Grand pannetier — Grand maître de la garde-robe. — Grand fauconnier. — Grand louvetier. — Grand queux. — Grand maréchal des logis. — Grand prévôt de l'hôtel. — Grand maître des cérémonies. — Listes de ces dignitaires. — Porte-oriflammes — Garde des sceaux. — Secrétaires d'État. — Dames d'honneur. — Cour actuelle 264

CHAPITRE XII.

Des ordres de chevalerie français. — Ordres imaginaires. — Ordres antérieurs au seizième siècle. — Ordres de Saint-Michel, — du Saint-Esprit. — Liste des familles honorées des ordres du roi. — Ordres du Mont-Carmel et de Saint-Lazare, — de Saint-Louis, — du Mérite, — de la Légion d'honneur, — de la Réunion, — du Lis. 285

CHAPITRE XIII.

Des ordres hospitaliers militaires, — du Temple, — de Saint-Jean de Jérusalem ou de Malte, — Teutonique. — Chapitres nobles d'hommes et de femmes. — Confrérie de Saint-Georges. — Noblesse épiscopale 309

Bibliographie nobiliaire 322

FIN DE LA TABLE

LIBRAIRIE NOUVELLE
15, BOULEVARD DES ITALIENS, 15

UN FRANC LE VOLUME
BIBLIOTHÈQUE NOUVELLE

Format grand in-18, imprimé avec caractères neufs, sur beau papier satiné.

Édition contenant 500,000 lettres au moins, 350 à 400 pages le volume

H. DE BALZAC (ŒUVRES COMPLÈTES)
(Seule édition des œuvres complètes publiées en 40 volumes à 1 fr.)

VOLUMES EN VENTE :
Scènes de la Vie privée.

LA MAISON DU CHAT-QUI-PELOTE. — LE BAL DE SCEAUX. — LA BOURSE. — LA VENDETTA. — MADAME FIRMIANI. — UNE DOUBLE FAMILLE. 1 vol. de 420 pages....................................	1 fr.
LA PAIX DU MÉNAGE. — LA FAUSSE MAITRESSE. — ETUDE DE FEMME. — AUTRE ETUDE DE FEMME. — LA GRANDE BRETÈCHE. — ALBERT SAVARUS, 1 vol. de 400 pages.........................	1 fr.
MÉMOIRES DE DEUX JEUNES MARIÉES. — UNE FILLE D'ÈVE, 1 vol. de 416 pages..	1 fr.
LA FEMME DE TRENTE ANS. — LA FEMME ABANDONNÉE. — LA GRENADIÈRE. — LE MESSAGE. — GODSECK, 1 vol. de 400 pages.......	1 fr.
LE CONTRAT DE MARIAGE. — UN DÉBUT DANS LA VIE, 1 volume de 370 pages..	1 fr.
MODESTE MIGNON, 1 vol. de 320 pages............................	1 fr.
HONORINE. — LE COLONEL CHABERT. — LA MESSE DE L'ATHÉE. — L'INTERDICTION. — PIERRE GRASSOU, 1 vol. de 340 pages......	1 fr.
BÉATRIX, 1 vol. de 361 pages.....................................	1 fr.

Scènes de la Vie parisienne.

HISTOIRE DES TREIZE. — FERRAGUS. — LA DUCHESSE DE LANGEAIS. — LA FILLE AUX YEUX D'OR, 1 vol. de 420 pages..............	1 fr.
LE PÈRE GORIOT, 1 vol. de 350 pages............................	1 fr.
CÉSAR BIROTTEAU, 1 vol. de 380 pages............................	1 fr.
LA MAISON NUCINGEN. — LES SECRETS DE LA PRINCESSE DE CADIGNAN. — LES EMPLOYÉS. — SARRASINE. — FACINO CANE, 1 volume de 500 pages..	1 fr.
SPLENDEURS ET MISÈRES DES COURTISANES. — ESTHER HEUREUSE. — A COMBIEN L'AMOUR REVIENT AUX VIEILLARDS. — OU MÈNENT LES MAUVAIS CHEMINS, 1 vol. de 400 pages.......................	1 fr.
LA DERNIÈRE INCARNATION DE VAUTRIN. — UN PRINCE DE LA BOHÈME. — UN HOMME D'AFFAIRES. — GAUDISSART II. — LES COMÉDIENS SANS LE SAVOIR, 1 vol. de 380 pages........................	1 fr.
LA COUSINE BETTE (*Parents pauvres*), 1 vol. de 452 pages.......	1 fr.
LE COUSIN PONS (*Parents pauvres*), 1 vol. de 384 pages.........	1 fr.

Scènes de la Vie de province.

LE LYS DANS LA VALLÉE, 1 vol. de 340 pages.....................	1 fr.
URSULE MIROUET, 1 vol. de 360 pages............................	1 fr.
EUGÉNIE GRANDET, 1 vol. de 320 pages...........................	1 fr.
ILLUSIONS PERDUES, 2 vol......................................	2 fr.

Les Rivalités. — La Vieille Fille. — Le Cabinet des antiques, 1 vol. de 340 pages............	1 fr.
Les Célibataires. — Pierrette. — Le Curé de Tours. — Un Ménage de garçon, 2 vol............	2 fr.
Les Parisiens en province. — L'Illustre Gaudissart. — La Muse du département, 1 volume de 310 pages............	1 fr.

Scènes de la Vie de campagne.

Les Paysans, 1 vol............	1 fr.
Le Médecin de campagne, 1 vol............	1 fr.
Le Curé de village, 1 vol............	1 fr.

Scènes de la Vie politique.

Une Ténébreuse Affaire. — Un Épisode sous la Terreur, 1 vol. de 340 pages............	1 fr.
L'Envers de l'Histoire contemporaine. — Z. Marcas, 1 vol. de 340 pages............	1 fr.

Scènes de la Vie militaire.

Les Chouans, 1 volume de 384 pages............	1 fr.

Études philosophiques.

La Peau de chagrin, 1 vol. de 316 pages............	1 fr.
La Recherche de l'Absolu, 1 vol de 350 pages............	1 fr.
L'Enfant maudit, 1 vol de 320 pages............	1 fr.
Les Marana, 1 vol. de 350 pages............	1 fr.
Sur Catherine de Médicis, 1 vol de 390 pages............	1 fr.
Louis Lambert............	1 fr.

Études analytiques.

Physiologie du mariage............	1 fr.

A. DE LAMARTINE

Geneviève, Histoire d'une Servante, 1 vol. de 320 pages.......	1 fr.

ÉMILE DE GIRARDIN

La Politique universelle, 1 vol. de 460 pages............	1 fr.
La Liberté, 1 vol............	1 fr.

GEORGE SAND

Mont-Revêche, 1 vol. de 350 pages............	1 fr.
La Filleule, 1 vol. de 320 pages............	1 fr.
Les Maitres Sonneurs, 1 vol. de 320 pages............	1 fr.
La Daniella, 2 vol............	2 fr.
Adriani, 1 vol............	1 fr.
Le Diable aux champs, 1 vol............	1 fr.

Mme É. DE GIRARDIN (ŒUVRES LITTÉRAIRES)

Nouvelles, 1 vol. de 385 pages............	1 fr.
Marguerite, ou Deux Amours, 1 vol. de 320 pages............	1 fr.
Monsieur le Marquis de Pontanges, 1 vol. de 350 pages.........	1 fr.
Poésies (complètes), 1 vol. de 570 pages............	1 fr.
Le Vicomte de Launay (Lettres parisiennes), avec portrait en taille douce, 3 vol............	3 fr.

ALEXANDRE DUMAS (publié par)

Impressions de Voyage: *de Paris à Sébastopol*, du docteur F. Maynard, 1 vol. de 320 pages............	1 fr.

FRÉDÉRIC SOULIÉ

La Lionne, 1 vol. de 364 pages............	1 fr.
Julie, 1 vol. de 380 pages............	1 fr.
Le Maitre d'école, 1 vol. de 380 pages............	1 fr.
Les Drames inconnus, 5 vol............	5 fr.
Les Mémoires du Diable, 2 vol. de 464 pages............	2 fr.
Le Magnétiseur, 1 vol............	1 fr.

ALPHONSE KARR
Histoires normandes, 1 vol. de 330 pages.................... 1 fr.
Devant les tisons, 1 vol. de 360 pages..................... 1 fr.

JULES SANDEAU
Un Héritage, 2 vol. de 300 pages...................... 1 fr.

LE DOCTEUR L. VÉRON
Mémoires d'un Bourgeois de Paris, 5 vol............... 5 fr.
Cinq cent mille francs de rente, 1 vol. de 384 pages......... 1 fr.

LÉON GOZLAN
La Folle du logis, 1 vol. de 320 pages................... 1 fr.
L'Amour des lèvres et l'Amour du coeur................ 1 fr.

PHILARÈTE CHASLES
Souvenirs d'un Médecin, 1 vol. de 320 pages............ 1 fr.

Mme ÉMILE DE GIRARDIN. T. GAUTIER, SANDEAU, MÉRY
La Croix de Berny, 1 vol. de 320 pages................ 1 fr.

ALEXANDRE DUMAS FILS
Diane de Lys, 1 vol. de 320 pages..................... 1 fr.
Le Roman d'une Femme, 1 vol. de 400 pages............ 1 fr.
La Dame aux perles, 1 vol. de 400 pages.............. 1 fr.
Trois Hommes forts, 1 vol. de 320 pages.............. 1 fr.
Le Docteur Servans, 1 vol. de 500 pages.............. 1 fr.
Le Régent Mustel, 1 vol. de 350 pages................ 1 fr.

CHAMPFLEURY
Les Bourgeois de Molinchart, 1 vol. de 320 pages..... 1 fr.

AMÉDÉE ACHARD
La Robe de Nessus, 1 vol. de 320 pages............... 1 fr.
Belle-Rose, 1 vol. de 560 pages...................... 1 fr.
Les Petits-Fils de Lovelace, 1 vol. de 400 pages..... 1 fr.
La Chasse royale, 2 vol.............................. 2 fr.

JULES GÉRARD (LE TUEUR DE LIONS)
La Chasse au Lion, ornée de 12 magnifiques gravures par G. Doré, 1 vol. de 320 pages................................. 1 fr.

MÉRY
Une Nuit du Midi (scènes de 1815), 1 vol. de 320 pages....... 1 fr.
Les Damnés de l'Inde, 1 vol. de 470 pages.............. 1 fr.

Mme MANOEL DE GRANDFORT
L'Autre Monde, 1 vol. de 320 pages................... 1 fr.

LE COMTE DE RAOUSSET-BOULBON
Une Conversion, 1 vol. de 284 pages.................. 1 fr.

LE DOCTEUR FÉLIX MAYNARD
Souvenirs d'un Zouave devant Sébastopol, 1 vol. de 300 pages... 1 fr.
Voyages et Aventures au Chili, 1 vol................. 1 fr.

DE SAINT-FÉLIX
Mademoiselle Rosalinde, 1 vol. de 360 pages.......... 1 fr.

CHARLES MONSELET
Monsieur de Cupidon, 1 vol. de 360 pages............. 1 fr.

Mme LAFARGE (née MARIE CAPELLE)
Heures de prison, 1 vol. de 320 pages................ 1 fr.

ARNOULD FREMY
Les Maitresses parisiennes, 1 vol. de 320 pages...... 1 fr.
    Id.   (deuxième partie), 1 vol............ 1 fr.
Les Confessions d'un Bohémien, 1 vol. de 336 pages... 1 fr.

MISS EDGEWORTH
Demain, 1 vol.. 1 fr.

CH. DE BOIGNE
Petits Mémoires de l'Opéra, 1 vol. de 360 pages.............. 1 fr.
STENDHAL (BEYLE)
La Chartreuse de Parme, 1 vol. de 500 pages .... 1 fr.
Chroniques et Nouvelles, 1 vol. de 320 pages .... 1 fr.
EUGÈNE CHAPUS
Les Soirées de Chantilly, 1 vol. de 320 pages. .... 1 fr.
Mme ROGER DE BEAUVOIR
Confidences de Mlle Mars, 1 vol. de 320 pages................. 1 fr.
Sous le masque, 1 vol. de 350 pages........................... 1 fr.
CH. MARCOTTE DE QUIVIÈRES
Deux Ans en Afrique, 1 vol. de 320 pages...................... 1 fr.
PAUL FÉVAL.
La Reine des Épées, 1 vol. de 360 pages....................... 1 fr.
Blanchefleur, 1 vol. de 360 pages............................. 1 fr.
MAXIME DU CAMP
Mémoires d'un Suicidé, 1 vol. de 320 pages.................... 1 fr.
Les Six Aventures, 1 vol. de 360 pages........................ 1 fr.
Le Salon de 1857, 1 vol....................................... 1 fr.
HIPPOLYTE CASTILLE
Histoires de Ménage, 1 vol. de 300 pages...................... 1 fr.
Mme MOLINOS-LAFITTE
L'Éducation du foyer, 1 vol. de 320 pages..................... 1 fr.
HENRY MONNIER
Mémoires de Monsieur Joseph Prudhomme, 2 vol................ 2 fr.
ÉDOUARD DELESSERT
Voyage aux Villes maudites, 1 vol. de 288 pages............... 1 fr.
FRANCIS WEY
Le Bouquet de cerises, 1 vol. de 360 pages.................... 1 fr.
L. LAURENT-PICHAT
La Païenne, 1 vol... 1 fr.
MOLIÈRE (ŒUVRES COMPLÈTES)
Nouvelle édition par Philarète Chasles, 5 vol........... le vol. 1 fr.
LÉOUZON LE DUC
L'Empereur Alexandre II, avec portrait, 1 vol................. 1 fr.
STERNE
Œuvres posthumes, avec portrait de Sterne, 1 vol.............. 1 fr.
NESTOR ROQUEPLAN
Regain : la Vie parisienne, 1 vol............................. 1 fr.
PIERRE BERNARD
La Bourse et la Vie, 1 vol.................................... 1 fr.
PAULIN LIMAYRAC
La Comédie en Espagne, 1 vol.................................. 1 fr.
Mme LA COMTESSE D'ASH
Les Degrés de l'échelle, 1 vol................................ 1 fr.
ALBÉRIC SECOND.
Contes sans prétention, 1 vol................................. 1 fr.
ARSÈNE HOUSSAYE
Les Filles d'Ève, 1 vol. de 300 pages......................... 1 fr.
V. VERNEUIL
Mes Aventures au Sénégal, 1 vol. de 300 pages................. 1 fr.
LOUIS ULBACH
La Voix du sang, 1 vol.. 1 fr.
GALOPPE D'ONQUAIRE
Le Diable boiteux à Paris, 1 vol.............................. 1 fr.

TROIS FRANCS LE VOLUME

Format grand in-octavo, de 400 à 500 pages, papier vélin, impression de luxe.

VICTOR COUSIN (DE L'ACADÉMIE FRANÇAISE)

PREMIERS ESSAIS DE PHILOSOPHIE, 1 vol.	3 fr.
PHILOSOPHIE SENSUALISTE, 1 vol.	3 fr.
PHILOSOPHIE ÉCOSSAISE, 1 vol.	3 fr.
PHILOSOPHIE DE KANT, 1 vol.	3 fr.

ALFRED DE VIGNY (DE L'ACADÉMIE FRANÇAISE)

STELLO, 1 vol.	3 fr.
GRANDEUR ET SERVITUDE MILITAIRES, 1 vol.	3 fr.
THÉATRE, 1 vol.	3 fr.
POÉSIES, avec portrait de l'auteur, 1 vol. (*sous presse*)	3 fr.
CINQ-MARS, avec autographes de Richelieu et de Cinq-Mars (sous presse), 1 vol.	3 fr.

ÉMILE DE GIRARDIN

L'IMPÔT, 1 vol. de 500 pages.	3 fr.

MAXIME DU CAMP

LES BEAUX-ARTS A L'EXPOSITION UNIVERSELLE, 1 vol. de 450 pag.	3 fr.

DEUX FRANCS LE VOLUME

Format grand in-12, de 400 à 500 pages, imprimé avec caractères neufs sur beau papier satiné.

VICTOR COUSIN (DE L'ACADÉMIE FRANÇAISE)
Premiers Essais de Philosophie, 1 vol.................. 2 fr.
Philosophie sensualiste, 1 vol..................... 2 fr.
Philosophie écossaise, 1 vol..................... 2 fr.
Philosophie de Kant, 1 vol..................... 2 fr.

L'ABBÉ THÉOBALD MITRAUD
De la Nature des Sociétés humaines, 1 vol............. 2 fr.

CHARLES EMMANUEL
Astronomie nouvelle, ou Erreurs des Astronomes, 2e édition, 1 v. 2 fr.

EDMOND TEXIER
La Grèce et ses Insurrections, avec carte, 1 vol......... 2 fr.

YVAN et CALLÉRY
L'Insurrection en Chine, avec portrait et carte, 1 vol....... 2 fr.

LAURENCE OLIPHANT
Voyage pittoresque d'un Anglais en Russie et sur le littoral de la mer Noire et de la mer d'Azof, 1 vol............. 2 fr.

MAXIME DU CAMP
Le Nil (Égypte et Nubie), avec carte, 1 vol............. 2 fr.

PARMENTIER
Description topographique de la guerre Turco-Russe, 1 vol.. 2 fr.

ÉDOUARD DELESSERT
Six Semaines dans l'île de Sardaigne, avec deux dessins, 1 vol. 2 fr.

ROGER DE BEAUVOIR
Colombes et Couleuvres, poésies nouvelles, 1 vol......... 2 fr.

Mme LOUISE COLET
Ce qu'on rêve en aimant, poésies nouvelles, 1 vol......... 2 fr.

ELIACIN GREEVÉS
Poemes familiers, 1 vol..................... 2 fr.
++++
Doctrine saint-simonienne, 1 vol................. 2 fr.
++++
Mémoires de Bilboquet, 3 vol.............. le vol. 2 fr.

50 CENTIMES LE VOLUME

Format grand in-32, papier vélin, impression de luxe.

Ouvrages publiés

NESTOR ROQUEPLAN
Les Coulisses de l'Opéra, 1 v. 50 c.

ALEXANDRE DUMAS
Marie Dorval, 1 vol........ 50 c.

GUSTAVE CLAUDIN
Palsambleu, 1 vol.......... 50 c.

LÉON PAILLET
Voleurs et Volés, 1 vol...... 50 c.

MICHELET
Pologne et Russie, 1 vol..... 50 c.

H. DE VILLEMESSANT
Les Cancans, 1 vol.......... 50 c.

J. CAYRON
Le 101ᵉ Régiment............ 50 c.

EDMOND TEXIER
Une Histoire d'hier, 1 vol... 50 c.

HENRY DE LA MADELÈNE
Germain, 1 vol.............. 50 c.

MÉRY
Les Amants du Vésuve, 1 vol. 50 c.

Mᵐᵉ LOUISE COLET
Quatre Poemes couronnés par
   l'Académie, 1 vol.......... 50 c.

PETIT-SENN
Bluettes et Boutades, 1 vol. 50 c.

Ouvrages à publier

MAURICE SAND
Deux Jours dans le monde des
   Papillons, 1 vol........... 50 c.

PAULIN LIMAYRAC
Les Surprises de la vie, 1 vol. 50 c.

MÉRY
Hommes et Bêtes, 1 vol...... 50 c.

Mlle TOURANGIN
L'Opéra maudit, 1 vol....... 50 c.

NOUVELLE BIBLIOTHÈQUE THÉATRALE

Choix de Pièces nouvelles, format in-12

GEORGE SAND
Maitre Favilla, drame en trois actes.................. 1 50
Lucie, comédie en un acte et en prose.................. 1 »
Comme il vous plaira, comédie en trois actes et en prose, tirée de Shakspeare........ 1 50
Françoise, comédie en quatre actes et en prose........... 2 »

MADAME ÉMILE DE GIRARDIN
L'Ecole des Journalistes, comédie en 5 actes et en prose. 1 »
Judith, tragédie en trois actes. 1 »

L. LURINE ET R. DESLANDES
L'Amant aux bouquets, comédie en un acte............. » 50
Les Femmes peintes par elles-mêmes, comédie en un acte.. » 50
Le Camp des Révoltées, fantaisie en un acte............. » 50
La Boite d'argent, comédie en un acte.................. » 50

MADAME ROGER DE BEAUVOIR
Le Coin du Feu, comédie en un acte................... » 50

A. MONNIER ET ED. MARTIN
Madame d'Ormessan, s'il vous plait? comédie en un acte, mêlée de couplets.......... » 50

JULES LECOMTE
Le Collier, comédie en un acte. » 50

CLAIRVILLE, LUBIZE ET SIRAUDIN
La Bourse au village, vaudeville en un acte........... » 50

H. MONNIER ET J. RENOULT
Peintres et Bourgeois, comédie en trois actes et en vers. 1 50

ADRIEN DECOURCELLE
Les Amours forcés, pièce en trois actes.............. 1 »

MÉRY
Maitre Wolfram, opéra-comique en un acte, musique de M. Reyer................ » 50

LÉON GUILLARD
Le Mariage a l'Arquebuse, comédie en un acte........ 1 »

LÉON GUILLARD ET ACHILLE BÉZIER
La Statuette d'un grand homme, comédie en un acte..... 1 »

L. GUILLARD ET A. DESVIGNES
Le Médecin de l'ame, drame en cinq actes............. 1 »

L. BEAUVALET ET A. DE JALLAIS
Le Guetteur de nuit, opérette-bouffe en un acte, musique de M. Paul Blaquières...... » 50

MICHEL DELAPORTE
Toinette et son Carabinier, croquis musical en un acte, musique de M. Jules Brémont » 50

A. DECOURCELLE. H. DE LACRETELLE
Fais ce que dois, drame en trois actes, en vers........ 1 »

DECOURCELLE ET LAMBERT THIBOUST
Un Tyran domestique, vaudeville en un acte........... » 50

HECTOR CRÉMIEUX
Le Financier et le Savetier, opérette-bouffe en un acte, musique de M. Jacques Offenbach.................. » 50

ARNOULD FREMY
La Réclame, comédie en cinq actes et en prose........ 1 fr.

LUBIZE ET HERMANT
Le Secret de ma femme, vaudeville en un acte........ » 50

OUVRAGES A PRIX DIVERS

A. DE LAMARTINE
Lectures pour tous, 1 vol. in-18.................................. 1 50

ÉMILE DE GIRARDIN
Solution de la question d'Orient, 1 vol. in-8o............... 2 50
L'Expropriation abolie par la dette foncière consolidée, 1 v. in-8o 2 »
Unité de rente et unité d'intérêt, 1 vol. in-8o.............. 2 »
Les Cinquante-deux, réunis en 11 vol. in-18................. 6 »
L'Ornière des révolutions, 1 vol. in-8o....................... 1 »

GOLDENBERG, ancien représentant à l'Assemblée législative.
De l'Avenir de notre société, 1 vol. n-8o..................... 1 »

ERNEST LAFOND.
Étude sur la vie et les œuvres de Lope de Vega, 1 volume grand in-18.. 3 fr.

LE PRINCE DE LA MOSKOWA
Le Siége de Valenciennes, 1 vol. in-18, avec carte......... 1 »

AURÉLIEN SCHOLL
Les Esprits malades, 1 vol. in-18................................ 1 50

J. CRÉTINEAU-JOLY
Le Pape Clément XIV, seconde et dernière lettre a père Theiner, 1 vol. in-8o.. 3 »

LE Dr FÉLIX ROUBAUD
La Danse des tables, phénomènes physiologiques démontrés, avec gravure explicative, 2e édition, 1 vol. in-18............. 1 »

F. DESSERTEAUX
La Jérusalem délivrée, du Tasse, traduite en vers, octave par octave, 1 vol. in-18.. 3 »

LE CAPITAINE MAYNE REID
Les Chasseurs de chevelures, in-4o, avec illustration..... 1 »

A. PEYRAT
Un Nouveau Dogme, histoire de l'immaculée Conception, 1 v. in-18. 1 »

A. MORIN
Comment l'esprit vient aux tables, 1 vol. in-18............. 1 50

LE MAJOR WARNER
Schamyl, le Prophète du Caucase, 1 vol. in-18............. » 50

UN ASTROLOGUE
La Comète et le Croissant, présages et prophéties sur la guerre d'Orient, 1 vol. in-32.. » 50

HISTOIRE DU CONGRÈS DE PARIS
PAR M. ÉDOUARD GOURDON
Chargé des affaires étrangères à la division de la presse (ministère de l'intérieur)
UN VOLUME GRAND IN-8°, DE 600 PAGES, IMPRIMÉ AVEC LUXE
Prix : 5 francs

QUATRE ANS DE RÈGNE — OU EN SOMMES-NOUS?
PAR LE Dr L. VÉRON
Député au Corps législatif.
UN VOLUME GRAND IN-8°, IMPRIMÉ AVEC LUXE. — PRIX : 5 FRANCS

LES
AVENTURES DU CHEVALIER JAUFRE
ET DE LA BELLE BRUNISSENDE
PAR MARY LAFON
OUVRAGE SPLENDIDEMENT ILLUSTRÉ DE 20 GRAVURES SUR BOIS
TIRÉES A PART ET DESSINÉES
PAR GUSTAVE DORÉ

Un volume grand in-8° jésus, papier glacé satiné............	7 fr.	50 c.
Relié en toile mosaïque, riche plaque, tranche dorée........	12	»
— en demi-chagrin, plats en toile, tranche dorée........	12	»

CONTES D'UNE VIEILLE FILLE A SES NEVEUX
PAR Mme ÉMILE DE GIRARDIN
ILLUSTRÉS DE 14 BELLES GRAVURES

Un volume grand in-8° de plus de 300 pages. — Broché......	6 fr.	»
— id. id. id. gravures coloriées.	8	»
Relié en toile mosaïque, riche plaque, tranche dorée.....	10	»
— demi-chagrin, plats en toile, tranche dorée........	10	»

LA CHASSE AU LION
PAR JULES GERARD
(Le Tueur de lions
Ornée de onze belles gravures et d'un portrait dessinés
PAR GUSTAVE DORÉ

Un vol. grand in-8° jésus, papier glacé satiné. — Broché......	7 fr.	50 c.
Relié en toile mosaïque, riche plaque spéciale, tranche dorée...	12	»
— en demi-chagrin, plats en toile, tranche dorée........	12	»

FIERABRAS

PAR

MARY LAFON

Ouvrage imprimé avec le plus grand soin, illustré de 12 gravures sur bois tirées hors texte, dessinées

Par G. Doré

ET GRAVÉES PAR DES ARTISTES ANGLAIS

Un vol. gr. in-8o jésus, broché, papier de choix, glacé et satiné. 7 fr. 50 c.
Relié toile mosaïque, riche plaque, tranche dorée........... 12 fr. »
— demi-chagrin, plats en toile, tranche dorée. .... 12 fr. »

SCÈNES DU JEUNE AGE

PAR

Mme SOPHIE GAY

ILLUSTRÉES DE 12 BELLES GRAVURES EXÉCUTÉES AVEC LE PLUS GRAND SOIN

Un volume grand in-8o de plus de 300 pages. — Prix...... 6 fr. »
—   id.   id.   id   gravures coloriées. 8 fr. »
Relié en toile mosaïque, riche plaque, tranche dorée..... 10 fr. »
—   demi-chagrin, plats en toile, tranche dorée........ 10 fr. »

L'HERBIER DES DEMOISELLES

OU TRAITÉ COMPLET DE BOTANIQUE

Présenté sous une forme nouvelle et spéciale

Ouvrage orné de planches coloriées et illustré de jolies vignettes

PAR M. EDMOND AUDOUIT

UN VOLUME GRAND IN-18, IMPRIMÉ AVEC LUXE. — PRIX : 5 FRANCS

CHRONIQUES RIMÉES

PAR L. LAURENT-PICHAT

UN VOL. GR. IN-8° CAVALIER

Splendidement imprimé. — Prix : 5 francs.

ALBUMS COMIQUES PAR CHAM

Chaque Album, avec une jolie Couverture gravée, contient 60 dessins d'Actualités

Prix de l'Album : 1 franc

Promenades a l'Exposition.. 1 fr.	Nouvelles Croquades....... 1 fr.
Paris l'Hiver.............. 1	Bourse illustrée.......... 1
Paris l'Eté.......... 1	En Vacances............... 1
Paris au Printemps........ 1	Coups de Crayon........... 1
Croquis d'Automne......... 1	Proudhon en voyage........ 1
Ces bons Parisiens........ 1	Croquis parisiens............ 1
Grammaire illustrée....... 1	Leçons de civilité.......... 1
Saison des Eaux........... 1	Fariboles................. 1
Bal masqué................ 1	Un peu de tout............ 1
Calendrier................ 1	L'Arithmétique illustrée... 1
Salmigondis............... 1	Les Folies parisiennes.... 1
Macédoine................. 1	L'Age d'argent............ 1
Nouveau Croquis de Chasse. 1	Émotions de chasse........ 1
En Carnaval............... 1	Salon de 1857............. 1
Revue du Salon............ 1	

Parisiens et Parisiennes, par Ed. de Beaumont.
Croquis variés, par Daumier.

L'ASTRONOMIE POPULAIRE

EN TABLEAUX TRANSPARENTS

DOUZE PLANCHES COLORIÉES, AVEC TEXTE

Réunies dans un portefeuille recouvert à l'anglaise.

Prix : 13 francs.

LE MONDE ILLUSTRÉ

JOURNAL HEBDOMADAIRE

Paraissant le samedi de chaque semaine

SEIZE GRANDES PAGES IN-FOLIO, DONT HUIT SONT CONSACRÉES AUX DESSINS D'ACTUALITÉS

Le MONDE ILLUSTRÉ, qui compte parmi ses collaborateurs français les écrivains les plus brillants de notre époque, a déjà publié des articles d'actualité de MM. BABINET, de l'Institut, GEORGE SAND, MÉRY, A. DE MUSSET, LÉON GOZLAN, ANDRÉ, XAVIER SAINTINE, LOUIS LURINE, PAUL FÉVAL, Mme LOUISE COLET, ARSÈNE HOUSSAYE, CHARLES MONSELET, EUGÈNE GUINOT, ROGER DE BEAUVOIR, ALBÉRIC SECOND, FULGENCE GIRARD, HIPPOLYTE LUCAS, AUGUSTE VITU, CH. D'ARGÉ, J. DOUCET, GUSTAVE CLAUDIN, OSCAR COMETTANT, ALBERT DE LASALLE, etc., etc. — De nombreux correspondants à l'Étranger le mettent à même de donner promptement la relation des faits importants qui s'y produisent.

BUREAUX D'ABONNEMENT :

15, Boulevard des Italiens, à la LIBRAIRIE NOUVELLE.

On s'abonne également chez les directeurs des postes ou des messageries, — chez les libraires, — aux offices des postes et des pays étrangers — et par un mandat sur la poste ou à vue sur Paris. — Les abonnements partent des 1er et 15 de chaque mois.

UN AN : 18 FR. — SIX MOIS : 9 FR. — TROIS MOIS : 5 FR.
au lieu de 36 fr.   au lieu de 18 fr.   au lieu de 9 fr.

REVUE DE LA MODE

JOURNAL DU GRAND MONDE

Publiant chaque année

52 SPLENDIDES GRAVURES DE MODES PARISIENNES COLORIÉES

Feuilles de Patrons, de Broderies, Confection et Lingerie

PARAISSANT CHAQUE SEMAINE

BUREAUX D'ABONNEMENT :

A LA LIBRAIRIE NOUVELLE, 15, BOULEVARD DES ITALIENS.

UN AN : 24 FR. — SIX MOIS : 12 FR. — TROIS MOIS : 6 FR.

Fonder un nouveau journal de Modes serait une témérité, si l'on ne songeait qu'aux publications de ce genre qui paraissent déjà. Mais c'est une audace heureuse, si l'on se souvient de l'insuffisance de toutes ces publications comme texte et surtout comme gravures. Tandis que la mode s'est élevée et perfectionnée dans ses produits et dans toutes ses fantaisies, les journaux des modes sont restés stationnaires et pour ainsi dire classiques, avec leurs bulletins convenus d'annonces et leurs gravures guindées qui font dire à toutes les femmes du grand monde (du vrai monde) : « Nous ne nous habillons jamais de la sorte ; ces décorations n'ont jamais été celles de notre salon, de notre chambre à coucher ou de notre parloir. »

La *Revue de la Mode* s'est efforcée de ne jamais mériter ces critiques, elle a aspiré à devenir la Revue souveraine et unique du bon goût et du bon ton. Elle a réussi complétement, si l'on en juge par le grand nombre de ses souscripteurs.

Rédaction. *Une Causerie du monde et de la mode*, vrai reflet des salons importans de Paris, due à la plume élégante d'une femme d'esprit et de goût ;

Un *Bulletin spécial de la mode*, scrupuleusement contrôlé, dont les renseignements puisés aux sources les plus vraies, dans les maisons recommandables par la supériorité de leur goût et la richesse de leurs produits, sont le guide le plus sûr pour la femme véritablement élégante ;

Un *Courrier du grand monde à l'étranger*, résumé de correspondances nombreuses adressées au journal, donnant chaque semaine le mouvement des fêtes, réceptions, bals, soirées, salons, etc., etc., du monde élégant des principales capitales de l'Europe ;

Un *Feuilleton-roman*, signé des noms aimés du public ;

Une *Revue des théâtres*, compte rendu détaillé des pièces nouvelles représentées dans la semaine ;

Une *Mosaïque* des faits les plus intéressants, causeries, nouvelles des arts, poésie, industrie, etc.

Gravures. — La *Revue de la Mode*, par son grand format, est le seul journal qui ait donné à ses gravures de modes toute l'importance que comportait un pareil sujet. Ses dessins, types d'une élégance *indiscutable*, sont en outre irréprochables dans leurs détails. Coloriées au pinceau avec le plus grand soin, ces gravures sont de véritables aquarelles. — *Quatre grands dessins doubles*, richement coloriés, donnant les nouveautés les plus remarquables de la saison, sont publiés tous les trois mois.

PRIX DE L'ABONNEMENT : Paris, départements et Algérie : 24 fr. par an, — 12 fr. pour six mois, — 6 fr. pour trois mois. — Prix du numéro : 50 centimes.

On s'abonne en envoyant *franco* un bon sur la poste ou sur Paris, à la **LIBRAIRIE NOUVELLE**, 15, BOULEVARD DES ITALIENS, ou en s'adressant aux libraires et aux messageries.

PRIMES DE LA REVUE DE LA MODE. — Chaque abonné d'un an a droit à HUIT VOLUMES de romans, nouvelles, voyages, etc., à son choix, de la BIBLIOTHÈQUE NOUVELLE, dont le Catalogue est imprimé au verso de la couverture de la *Revue de la Mode*. Parmi les auteurs de ces volumes, nous citerons : Balzac, Lamartine, George Sand, Alexandre Dumas fils, Léon Gozlan, Mery, Mme de Girardin, Jules Sandeau, Alphonse Karr, Frédéric Soulié, Philarète Chasles, etc., etc. Pour les recevoir *franco* par la poste, ajouter au prix de l'abonnement 25 centimes par volume. Chaque Abonné de six mois a droit à QUATRE VOLUMES ; chaque Abonné de trois mois, à DEUX VOLUMES.

www.ingramcontent.com/pod-product-compliance
Lightning Source LLC
Chambersburg PA
CBHW060456170426
43199CB00011B/1225